減価償却課税制度

A Study of Tax Depreciation System

日税研論集

Journal of Japan Tax Research Institute

VOL 69

研究にあたって

成蹊大学特任教授 　成道　秀雄

　昭和 62 年 12 月に日税研論集第 5 号「減価償却制度」が刊行された。減価償却は企業会計の重要な領域として研究が進められてきており，法人税法においては減価償却の会計制度を基礎にして，減価償却費の計上には損金経理要件を課して，いわば一体的に経理処理，税務処理が進められてきた。それは会計と税務の調整の歴史であり，昭和 42 年度の税制改正では耐用年数の短縮の承認制度と特別な減価償却方法の承認制度が導入され，会計制度をできる限り尊重するとの姿勢が執られてきた。しかし，平成 8 年の政府税制調査会の法人課税小委員会報告が公表され，平成 10 年度の税制改正から減価償却の会計制度との関係が微妙に変化していくこととなる。平成 10 年度の税制改正で建物の減価償却方法については定額法と定率法の選択から定額法のみが認められることとなり，平成 19 年度の税制改正では残存価額が備忘価額まで償却可能となるとともに定率法が 250％ 定率法となり，平成 27 年度の税制改正では建物の付属設備には定額法と定率法の選択から定額法のみが認められることとなった。課税ベースの拡大とアメリカ式の財政償却的な減価償却とが入り乱れての，減価償却課税制度は一体どの方向へ進むのか，読み切れていないのが現状ではないか。

　日税研論集第 5 号「減価償却制度」が出版されてからおよそ 30 年が過ぎ，減価償却課税制度は大きな見直しが進んできていることから，ここで再び「減価償却課税制度」を刊行して，その現状を検討することとした。

　本論文の構成内容およびその概要は次の通りとなっている。

研　究　項　目	担当研究員
第 1 章　総説	成道　秀雄
第 2 章　減価償却制度の沿革－昭和 63 年以降－	野田　秀三
第 3 章　減価償却資産の範囲	上松　公雄
第 4 章　取得価額	上松　公雄
第 5 章　耐用年数	野田　秀三
第 6 章　減価償却の方法	佐藤　信彦
第 7 章　特別償却制度	坂本　雅士
第 8 章　減価償却と減損	齋藤　真哉
第 9 章　日本基準と国際会計基準	倉田　幸路
第 10 章　法人税法上の減価償却に関する主要な裁判例 　　　　－昭和 63 年以降－	一高　龍司
第 11 章　アメリカの減価償却制度	古田　美保
第 12 章　ドイツの減価償却制度	藤井　誠

　第 1 章は総論であるが，その内容は減価償却課税制度の現行規定の若干の問題点をあげたに過ぎず，詳細な検討は第 2 章以降の各論によっている。

　第 2 章の「減価償却制度の沿革－昭和 63 年以降－」では，昭和 63 年以前については第 2 号の減価償却制度で詳説されているので，それ以降の内容となっている。先にも述べたように，平成 10 年度と平成 19 年度の税制改正はエポック的なものとして考察されている。

　第 3 章の「減価償却資産の範囲」では，昭和 63 年度の税制改正以後において追加された減価償却資産があげられ，また，定期借地権の設定に係る一時金及び著作権については減価償却資産の範囲に含まれていないものの，期間損益計算の安定性の観点から，償却計算の対象とすることに優位性が認められる場合があると言及している。

　第 4 章の「取得価額」については，昭和 63 年度以後の税制改正で，組織再編成によって移転を受けた場合の減価償却資産の取得価額についての整備

がなされたことと，ソフトウエアについて会計基準が公表されたことに伴い，法人税法上も無形固定資産の範囲に含められ，所要の規定の整備が行われたが，企業会計における処理と法人税の取り扱いについては若干の相違があり，調整を要する問題の存在が認められるとしている。

第5章の「耐用年数」では，平成10年度の税制改正による法定耐用年数の短縮化と平成20年度の税制改正による耐用年数の大括化を中心にして，さらに毎年の税制改正による部分的な見直しについて考察している。

第6章の「減価償却の方法（リース資産，無形資産を含めて）」では，会計基準，会社法及び法人税法などの会社法規における減価償却とその方法に関する規定ないし定めを確認した上で，定額法や定率法などの減価償却の計算方法を中心にして，さらに，適用上の問題として減価償却の適用単位（個別償却と総合償却）を取り上げ検討するとともに，減価償却方法の変更に関する議論の端緒として減価償却方法の選択に関する考え方についての検討を試みている。

第7章の「特別償却制度」において，特別償却制度の評価にあたっては個別的，短期的な視点とともに総合的，長期的な視点にも立脚し，合目的性，合理性の判断を行う必要があるが，その作業は容易ではなく，同制度がどの程度の効果をあげたかは必ずしも実証的に解明されておらず，実効性を伴う評価制度が存在していないと述べている。それゆえ，ひとたび創設されると既得権益を生み，長期間にわたり存続する傾向にあることから，特別償却制度に係る今後の基礎を提供すべく，現行規定の整理・検討を出発点として同制度を分析して，項目数の変遷やその内訳，償却額の推移等を明らかにしている。その結果として，ある政策目的を達成するために必要な特別償却制度の項目への「選択と集中」は漸進しているとの推論が可能と思われ，その点に公平性をある程度犠牲にしてでも，掲げた政策目的を達成すべく制定されるという租税特別措置の本来の機能を見出すのであれば，こと特別償却に関しては保守的な選択も吝かではないとしている。

第8章の「減価償却と減損（資産調整勘定の処理を含めて）」では，事業用資

産の費用化は基本的には減価償却によるが，企業会計上は収益性の低下によ
る資産の生み出す将来キャッシュ・フローが帳簿価額を下回る場合に，回収
可能価額まで帳簿価額を引き下げるという減損処理も適用されているのであ
るから，取得原価主義会計の立場からは，減損処理は費用性資産から貨幣性
資産への変換を意味すると考えられることから，税務上，減損損失を減価償
却から切り離して，その処理を検討するべきとしている。

　第9章の「日本基準と国際会計基準」では，減価償却の会計制度において
国内会計基準と異なる国際会計基準の扱いを示している。主に有形固定資産
については通常の原価モデルだけでなく再評価モデル，いわゆる時価を基礎
価額として減価償却を行うことも認められているが収益に基づく減価償却は
認められていないこと，取得原価を重要な構成部分にに分けて減価償却しな
ければならないこと，無形資産で原価モデルを採用する場合で耐用年数を確
定できない場合には減損テストによること等が考察されている。それらが国
内会計基準に対しても適用が強制となれば，法人税法では公正処理基準とし
て認められるものであるかという難問が用意されていくのではないか。

　第10章「法人税法上の減価償却に関する主要な裁判例－昭和63年以後
－」では，昭和63年以後の法人税法及び関係する租税特別措置法上の減価
償却に関する主要な裁判例を論点ごとに整理して紹介，検討することで，法
人税法の減価償却費の限度計算の定めの基礎にある考え方や特徴，実務上及
び理論上の問題点を明らかにしている。本章では，各裁判例の関係性や主た
る論点の在処を示すのみならず，耐用年数省令に存する複数の別表の相互関
係，各別表内部での区分の持つ意味，具体的耐用年数の算定の基礎にある考
え方を吟味し，さらにそれらの解釈論との関連を考察している。

　第11章の「アメリカの減価償却制度」では，1980年以後は税務減価償却
計算の効果として固定資産の流動化と自己金融の効果が重視され，税務減価
償却制度は経済的減価償却とするべき必然性はないという理解が一般的もの
と思われるが，建物等不動産や無形資産について定率法等による加速度償却
が行われていない点は再投資の奨励が動産に限られており，資産分類や償却

率の設定と合わせて経済政策的意図が選択的に反映されているとも評価しうるとし，今後に於いても企業会計経理を参照することなく，税務独立の傾向は維持され，減価償却方法として定額法への一方向は考えにくく設備投資促進の経済効果への影響を考慮しながら償却率や加速度償却の対象について政策的容認の程度を増加減する内容での改正が行われであろうと結論づけている。

　第12章の「ドイツの減価償却制度」によると，近年の法人税率の急激な低下による税収減を補うために課税ベースの拡大が図られ，減価償却における定額法一本化が実施されるとともに，政策的減価償却規定は大幅に縮減されてきており，また，所得税法では，減価償却方法として定額法を原則とし，逓減法等は例外的な位置づけとされてきた。そして，備忘価値については，秘密積立金の存在が起因となり，これがGoB（「正規の簿記の原則」）に収容されて税務貸借対照表にも現れるに至ったという経緯があるとしている。

目　　次

研究にあたって …………………………………… 成道　秀雄

第1章　総説 ……………………………………… 成道　秀雄・1

Ⅰ　は じ め に ………………………………………… 1

Ⅱ　減価償却課税制度の沿革 ………………………… 2

Ⅲ　減価償却資産の種類 ……………………………… 3

Ⅳ　取 得 価 額 ………………………………………… 4

Ⅴ　耐 用 年 数 ………………………………………… 5

Ⅵ　減価償却方法 ……………………………………… 6

Ⅶ　特別償却制度 ……………………………………… 7

Ⅷ　逆基準性等の問題と法人税法第31条の「償却限度額」の
　　検討 ………………………………………………… 8

Ⅸ　「減価償却と減損」 ………………………………… 9

Ⅹ　無形固定資産の減価償却 …………………………10

Ⅺ　む　す　び ………………………………………11

第2章　減価償却制度の沿革
　　　－昭和63年以降－ …………………… 野田　秀三・13

は じ め に ……………………………………………13

Ⅰ　法人課税小委員会報告（平成8年11月）………………14

Ⅱ　減価償却制度の沿革（昭和 63 年以降）……………………17

　　1　昭和 63 年（1988）………………………………………17

　　2　平成 10 年（1998）………………………………………17

　　3　平成 12 年（2000）………………………………………18

　　4　平成 13 年（2001）………………………………………18

　　5　平成 15 年（2003）………………………………………19

　　6　平成 19 年（2007）………………………………………19

　　7　平成 23 年（2011）………………………………………27

　　8　平成 24 年（2012）………………………………………27

　　9　平成 26 年（2014）………………………………………27

　　10　平成 28 年（2016）……………………………………28

第 3 章　減価償却資産の範囲 ………………… 上松　公雄・31

　Ⅰ　概　　　要……………………………………………………31

　　1　ソフトウェア …………………………………………33

　　2　育 成 者 権 ………………………………………………34

　　3　キウイフルーツ樹及びブルーベリー樹 ………………34

　　4　公共施設等運営権………………………………………35

　Ⅱ　減価償却資産に含まれないもの（性質的に除外されるもの）…35

　　1　土地及び電話加入権，著作権 …………………………35

　　2　その他の「時の経過によりその価値の減少しないもの」…36

　Ⅲ　状態的な理由によって減価償却資産に該当しないとされる

　　ものなど ………………………………………………………38

　　1　「事業の用に供していないもの」………………………38

　　2　「各事業年度終了の時において有する減価償却資産」

　　　に該当しないもの………………………………………39

　　3　少額減価償却等 …………………………………………39

Ⅳ　検討すべき問題（固定資産及び他の資産との関係）……………40

　　1　定期借地権の設定に係る一時金…………………………40

　　2　ソフトウェアに関する諸問題 ……………………………42

　　3　著作権に含まれる諸権利…………………………………44

第4章　取得価額 ……………………………… 上松　公雄・47

Ⅰ　取得等の態様ごとの取得価額（基本的な定め）………………47

　　1　購入した減価償却資産 ……………………………………47

　　2　自己の建設，製作又は製造（以下，建設等という。）
　　　に係る減価償却資産 ………………………………………47

　　3　自己が成育させた牛馬等 …………………………………48

　　4　自己が成熟させた果樹等 …………………………………48

　　5　適格合併，適格分割，適格現物出資又は適格現物分配
　　　により移転を受けた減価償却資産………………………48

　　6　1から5までの方法以外の方法により取得をした減価
　　　償却資産 ……………………………………………………49

Ⅱ　特殊な場合の取得価額………………………………………………49

　　1　グループ法人間の非適格合併により譲渡損益調整資産
　　　の移転を受けた場合の取得価額 …………………………50

　　2　評価換え等が行われた場合の取得価額 …………………51

Ⅲ　ソフトウェアの取得価額 …………………………………………53

　　1　法人税における取扱い ……………………………………53

　　2　意見書及び実務指針における取扱い ……………………55

　　3　法人税における取扱いと意見書及び実務指針における
　　　取扱いとの相違点等 ………………………………………58

Ⅳ　減価償却資産の範囲及び取得価額の両者に関連する特殊問
　　題（平成19年度税制改正後の資本的支出の取扱い）……………59

1	資本的支出に対する原則的な取扱い	60
2	旧定額法等を採用している場合の特例	61
3	定率法を採用している場合の特例	61
4	同一事業年度内に複数の資本的支出が行われた場合の特例	63

第5章　耐用年数 …………………………… 野田　秀三・65

Ⅰ	耐用年数の意義	65
Ⅱ	耐用年数の定め方の基本的な考え方	66
Ⅲ	法定耐用年数の沿革	68
Ⅳ	耐用年数の算定方法	70
	1　新規取得資産の耐用年数	70
	2　中古資産の耐用年数	70
	3　耐用年数の個別の定め方	72
	4　耐用年数の短縮制度	74
	5　法定耐用年数の今後の課題	80
Ⅴ	わが国の耐用年数制度の改善の方向	81

第6章　減価償却の方法 ………………… 佐藤　信彦・85

Ⅰ	は じ め に	85
Ⅱ	会計法規における減価償却とその方法	86
	1　会計基準における定め	87
	2　会社法における規定	88
	3　法人税法における規定	88
Ⅲ	時間を基準とする減価償却方法	90
	1　定　額　法	90

	2	定　率　法 ………………………………………………………	91
	3	級　数　法 ………………………………………………………	97
	4	利子を加味する減価償却方法 ………………………………	98
Ⅳ	利用高を基準とする減価償却方法 ………………………………	100
	1	生産高比例法 …………………………………………………	100
	2	時間比例法 ………………………………………………………	101
	3	利用高比例法の特徴 …………………………………………	101
Ⅴ	減価償却に類似する費用配分方法 ………………………………	101
	1	減　耗　償　却 …………………………………………………	101
	2	取　替　法 ………………………………………………………	102
Ⅵ	減価償却の適用単位－個別償却と総合償却 …………………	103
	1	個　別　償　却 …………………………………………………	103
	2	総　合　償　却 …………………………………………………	103
Ⅶ	特殊な資産の減価償却方法 ………………………………………	104
	1	リース資産の減価償却 ………………………………………	105
	2	のれんの減価償却 ……………………………………………	106
	3	ソフトウェアの減価償却方法－数量基準と収益額基準	
		および定額法併用法 …………………………………………	108
Ⅷ	税務上の減価償却 …………………………………………………	110
	1	250% 定率法 ……………………………………………………	111
	2	200% 定率法 ……………………………………………………	112
Ⅸ	減価償却方法の選択 ………………………………………………	113
	1	規則償却の意味 ………………………………………………	113
	2	減価償却方法の選択基準 ……………………………………	114
Ⅹ	む　す　び …………………………………………………………	116

第7章　特別償却制度 …………………………… 坂本　雅士・119

   I　は じ め に ……………………………………………………………119

   II　現行の特別償却制度 ………………………………………………120

      1　現行制度の概要 ……………………………………………………120

      2　現行制度の特徴分析…………………………………………………126

   III　特別償却制度の通時的分析 ……………………………………132

      1　項目にみる特別償却制度 …………………………………………133

      2　金額にみる特別償却制度 …………………………………………140

   IV　むすびにかえて ……………………………………………………147

第8章　減価償却と減損 ……………………… 齋藤　真哉・149

   I　減損処理の意味と問題の所在 ……………………………………149

   II　減損会計基準の設定前の状況 ……………………………………152

      1　改正前商法における減損に関わる規定 …………………………152

      2　減損会計基準設定前の税務上の減損の取り扱い …………154

   III　企業会計上の減損処理 ……………………………………………155

      1　減損会計基準設定の背景と経緯 …………………………………155

      2　減損会計基準の概要…………………………………………………157

      3　日本の減損会計基準の特徴 ………………………………………163

   IV　減損処理と減価償却の関係〜2つの測定属性の考え方の相

      違からの検討〜 …………………………………………………163

      1　減損処理後の資産または資産グループの評価額に係る

        2つの測定属性 …………………………………………………163

      2　取得原価主義会計 …………………………………………………165

      3　2つの測定属性 ……………………………………………………166

	4	減損会計基準の課題 ……………………………………………	172
V		税務上の対応 ………………………………………………………	173
	1	減損会計基準設定に伴う税務上の混乱 ………………………	173
	2	現行法人税法の枠内での対応 …………………………………	176
	3	資産調整勘定 ……………………………………………………	179
VI		固定資産の減損処理と確定決算主義 ……………………………	180

第9章　日本基準と国際会計基準 ………… 倉田　幸路・185

I		はじめに ………………………………………………………………	185
II		有形固定資産に関する国際会計基準の概要（IAS16）…………	185
	1	定　　　義………………………………………………………	185
	2	取 得 原 価 ………………………………………………………	186
	3	原価モデルと再評価モデル ……………………………………	189
	4	減 価 償 却 ………………………………………………………	190
	5	減価償却方法 ……………………………………………………	192
	6	減　　　損 ………………………………………………………	193
	7	認識の中止 ………………………………………………………	193
III		無形資産に関する国際会計基準の概要（IAS38）………………	194
	1	定　　　義………………………………………………………	194
	2	識別可能性 ………………………………………………………	194
	3	認識及び測定 ……………………………………………………	195
	4	内部創出のれん …………………………………………………	195
	5	内部創出の無形資産……………………………………………	195
	6	費用の認識 ………………………………………………………	197
	7	当初認識後の測定 ………………………………………………	198
	8	耐 用 年 数 ………………………………………………………	200
	9	有限の耐用年数を有する無形資産 ……………………………	202

10	耐用年数を確定できない無形資産 ……………………… 204
11	帳簿価額の回収可能性―減損 ……………………… 204
12	廃棄及び処分 ……………………… 204

Ⅳ 日本基準と比較した国際基準の特徴 ……………………… 205

Ⅴ おわりに ……………………… 210

第10章　法人税法上の減価償却に関する主要な裁判例
　　　　―昭和63年以降― …………………… 一高　龍司・213

はじめに ……………………… 213

Ⅰ 法人税法上の減価償却の定めの概要 ……………………… 213

Ⅱ 昭和63年以降の主要な裁判例の読み取り ……………………… 219

　1 法人税法31条1項の趣旨について ……………………… 219

　2 法定耐用年数 ……………………… 220

　3 法定耐用年数と資産の単位の判定 ……………………… 221

　4 特例措置と減価償却資産の区分 ……………………… 226

　5 賃借店舗に係る中古内部造作の取得 ……………………… 233

　6 減価償却資産の取得と「事業の用に供していない」の
　　 意義 ……………………… 235

　7 短期・少額減価償却資産該当性 ……………………… 241

結びに代えて ……………………… 254

第11章　アメリカの減価償却制度 ………… 古田　美保・257

Ⅰ はじめに ……………………… 257

Ⅱ 企業会計における減価償却制度 ……………………… 258

　1 企業会計における減価償却制度の発達 ……………………… 259

　2 現行会計基準における減価償却制度 ……………………… 261

Ⅲ　連邦所得税法における減価償却制度 ……………………262

　1　連邦所得税法における減価償却規定の変遷 ……………262

　2　現行規定における固定資産の償却計算 …………………272

　3　通常所得計算以外の所得計算における償却費 …………275

Ⅳ　会計と税務の調整 …………………………………………276

　1　企業会計と税務の分離 ……………………………………276

　2　企業会計と税務の一致についての議論 …………………277

　3　税務減価償却制度の意義と償却計算方法 ………………279

Ⅴ　お わ り に ……………………………………………………280

第12章　ドイツの減価償却制度 ……………… 藤井　誠・285

Ⅰ　は じ め に ……………………………………………………285

Ⅱ　法人所得関連税制 …………………………………………286

Ⅲ　通常の減価償却 ……………………………………………288

　1　固 定 資 産 ……………………………………………………288

　2　取得原価・製造原価 ………………………………………288

　3　商法における減価償却 ……………………………………289

　4　税法における減価償却

　　（Absetzung für Abnutzung：AfA）………………………290

　5　使用期間（Nutzungsdauer）………………………………292

　6　少 額 資 産 ……………………………………………………294

　7　無形資産およびのれん（Geschäfts-oder Firmenwert）…294

Ⅳ　例外的な減価償却 …………………………………………296

　1　計画外減価償却（außerplanmäßige Abschreibungen）…296

　2　部分価値減価償却（Teilwertabschreibungen），異常

　　償却（Absetzung für außergewöhnliche technische

　　und wirtschaftliche Abnutzung：AfaA）………………296

3 特別償却（Sonderabschreibungen），割増償却（er-
höhte Absetzungen） ································· 297
V 基準性原則 ································· 298
1 基準性原則（Grundsatz der Maßgeblichkeit） ············· 298
2 正規の簿記の諸原則（Grundsätze ordnungsmäßiger
Buchführung：GoB） ································· 299
3 貸借対照表法現代化法
（Bilanzrechtsmodernisierungsgesetz：MilMoG） ·········· 300
VI 備忘価値（Erinnerungswert） ································· 302
1 備忘価値の目的 ································· 302
2 備忘価値の起源 ································· 303
3 備忘価値の評価単位 ································· 304
4 備忘価値不要論 ································· 305
VII お わ り に ································· 306

減価償却課税制度

第1章　総説

成蹊大学特任教授　**成道　秀雄**

I　はじめに

　税負担の国際的なイコールフッティングのための法人税率の引き下げとともに課税ベースの拡大が進められてきている。平成26年6月27日に政府税制調査会は「法人税の改革について」を公表し，具体的な改革事項のひとつとして「減価償却制度の見直し」をあげている。そのなかで，国際会計基準の導入と事業のグローバル化に伴うグループ内会計の統一化を背景として減価償却方法を定率法から定額法に見直す動きが見られることと（平成10年度の税制改正で，会計の国際化に合わせて，建物に対しては減価償却方法を定額法と定率法の選択から定額法に一本化している（平成10年度「改正税法のすべて」）。），課税ベース拡大の国際的な動きに配慮して，機械，装置等においても定額法と定率法の選択から定額法に一本化にすべきとしている。現在，機械，装置において定額法又は定率法の選択，適用しているのは日本の他にアメリカがあり，定額法のみの適用としているのがドイツ，フランスである。また，所得操作の余地を抑制するため，減価償却費の強制償却が提案されている。減価償却課税制度は企業会計をベースにして確立されてきたものであり，ちなみに平成26年度の減価償却限度額は40兆7千億円で損金算入された減価償却

費の額が 36 兆 7 千億円となっており，税源としては給与の額の次であり，関心の高いものとなっている。

II　減価償却課税制度の沿革

　本論集では昭和 63 年以降の沿革を述べており，まずは平成 10 年度の税制改正によって建物の定率法及び定額法の選択から定額法のみの採用となり，それとセットでソフトランディングのために建物の耐用年数が 10% から 20% ほど短縮された。これは平成 8 年度の政府税制調査会法人課税小委員会報告の課税ベース拡大の提言に沿ったものといえる。また，少額減価償却資産の取得額基準が 20 万円未満から 10 万円未満と引き下げられたが，ドイツの税制を参考にしたとのことである。そして国外リース資産のための償却方法としてリース期間定額法が創設されている。これはリース契約にかかる資産のうち，非居住者又は外国法人の国外における業務に用いられる償却方法に適用され，航空機等にかかる多額の早期償却を利用した，いわゆる節税商品に対しての措置といえる。

　平成 12 年度の税制改正で，ソフトウエアが繰延資産から無形固定資産に区分変更された。一方，中小法人支援対策として，平成 15 年度の税制改正では，中小法人の所有する少額減価償却資産の取得額基準が 30 万円未満（総額で 300 万円）まで引き上げられた。時限立法（平成 30 年 3 月 31 日まで）であるが継続して適用されている。

　平成 18 年度の税制改正で，のれんの償却方法を企業会計に合わせて，随時償却から定額償却に変更し，かつ償却期間を 10 年から 5 年に短縮した。

　平成 19 年度の税制改正では企業の投下資金の早期回収を支援するため，新規取得減価償却資産の償却可能限度額と残存価額を廃止している（備忘価額 1 円を残して償却）。そして 250% 定率法が採用された。この 250% 定率法はアメリカの連邦税法で採用している 200% 定率法（定率法償却率を定額法償却率の 2 倍とする方法）よりも加速償却となっていた。残存価額の廃止は実態

にあった措置といえるが，実業界の強い要望に応えたものといえる。平成20年度の税制改正では，機械及び装置の資産区分が390から55へ大括り化された。昭和36年度の税制改正で法定耐用年数の大改訂が行われたが，50年近く経ての久々の抜本的な見直しであった。さらに平成23年12月の税制改正では税率の引き下げに伴う課税ベースの拡大で250%定率法が200%定率法に変更された。アメリカの200%定率法は財政償却の修正加速償却制度で用いられてきたものであることからすると，それを超える250%定率法はいささか行き過ぎ感はあったであろう。

　そして平成28年度の税制改正で，建物付属設備及び構築物において，改正前においては200%定率法と定額法の選択が認められていたが，定額法のみしか認められなくなった。

　機械，装置においては依然として200%定率法と定額法の選択が認められている。最初に述べたように平成26年の政府税制調査会の「法人税改革について」では定額法への一本化が提言されたが，未だ実現されずに今日に至っている。ただ，外掘りは埋められてきている。

Ⅲ　減価償却資産の種類

　減価償却資産の種類（範囲）としては平成12年度の税制改正で無形固定資産の範囲にソフトウエアが，平成24年度の税制改正で育成者権，公共施設等運営権が追加されている。ソフトウエアについては，平成10年3月13日に企業会計審議会から「研究開発等に係る会計基準の設定に関する意見書」が公表されて繰延資産で定期償却されていたものが無形固定資産に区分変更されたが，その内容に合わせての改正といえる。また育成権については種苗法の公布，施行によって，公共施設等運営権は「民間資金等の活用による公共施設等の整備等の促進に関する法律」によって公共施設等運営権が定められたことに伴って無形固定資産に追加された。

　平成20年度の税制改正では，項目数が多い別表第二（機械，装置等）につ

いて，日本標準産業分類の中分類をもとにして，機械，装置の製造する最終製品等でいずれの業種用のものであるかを判断し，その耐用年数でもって資産区分を 390 から 55 に大括り化された。これはアメリカ税制を参考としつつ，減価償却課税制度の簡素化が進められたのである。

　検討すべき課題としては，近年の技術革新のめまぐるしい進展によって，企業の所有する無形固定資産の種類が増大，かつその金額も上昇してきており，その内容に十分配慮した区分けを行っていくべきである。法人税法では無形固定資産については定額法によっているが，減価の態様を考えて，種類によっては定率法の適用も検討すべきである。

Ⅳ　取　得　価　額

　取得価額については，昭和 63 年以降で，取得の態様においては，「合併，現物出資によって受け入れた減価償却資産の取得価額」が，平成 12 年度の税制改正で創設された組織再編税制で，「適格合併，適格現物分配（残余財産の全部の分配による）並びに適格分割，適格現物分配（残余財産の全部の分配を除く）によって受け入れた減価償却資産の取得価額」に代わっている。要するに適格組織再編成で受け入れた減価償却資産の取得価額は，その減価償却資産の償却限度額の計算の基礎とすべき取得価額に事業の用に供するために直接要した費用を加えて計算される。それに対して非適格組織再編税制によって受け入れた減価償却資産の取得価額は，その取得価額のために通常要する価額（時価）に事業の用に供するために直接要した費用を加えて計算される。ただし，100% 法人グループ法人間での非適格組織再編成で受け入れた減価償却資産の取得価額は，その対象が譲渡損益調整資産であれば，その譲渡損益は繰り延べることとされている。それゆえ時価を取得価額とせずに帳簿価額を引き継ぐことになる。

　平成 19 年度の税制改正によって，平成 19 年 4 月 1 日以後になされた資本的支出については新たに減価償却資産を取得したものとして，本体とは切り

離して減価償却が行われることとされた。しかし，一つの減価償却資産に対して幾度も資本的支出を行えば，いくつもの減価償却資産を所有することと同様となるので，減価償却課税制度の簡素化に逆行する措置ともいえよう。それゆえ，資本的支出において本体と同様の減価償却方法を用いるのであれば，平成19年度改正前のように本体に加算する方式を用いるべきである。もとより，そのように追加的に資本の支出をしても，本体が除却，廃棄されれば，その資本的支出の部分も同様に除却，廃棄するのであるから，本体に加算して減価償却する方が実態にあった処理といえよう。

　平成28年度税制改正で建物付属設備及び構築物においては定額法のみが用いられることになったが，特則でもって，その本体が平成19年度税制改正前に取得したもので定率法を用いてきたのであれば，資本的支出部分はその本体に加算して定率法でもって減価償却することができる。

Ⅴ　耐　用　年　数

　法定耐用年数においては，昭和63年以降では，平成10年度の税制改正で建物の耐用年数がおおよそ10年短縮された。平成20年度の税制改正で耐用年数の短縮制度の承認手続が簡素化され，さらに平成23年度の税制改正では，耐用年数の短縮制度を受けた減価償却資産と材質等が同じ資産を新たに取得した場合は，届け出のみで承認は必要でなくなった。この耐用年数短縮制度の一部届出制の導入は，税制の簡素化に叶った改正といえる。

　ところで平成28年度の税制改正で移転価格税制の文書化が進められることとなったが，耐用年数の短縮制度も一歩進んで届出制のみにして，その正当事由を文書化する義務を課しておくということで対応できないであろうか。正当事由として，例えば類似機能を有している減価償却資産の耐用年数の実績とか減価償却資産の設置されている工場の移転計画の公表や減産計画の公表等である。

　法定耐用年数は課税当局の実態調査で定期的に見直されていくが，あくま

で過去の実績で決められていくものであり，個々の減価償却資産の事情を反映しているものではない。それに対して生産高比例法は個々の減価償却資産の事情を反映して毎事業年度の減価償却費の額が決定されていく。また，平成10年3月に公表された研究開発費会計基準では，無形固定資産として計上された市販目的のソフトウエアの製品マスターの取得原価は，その特質に応じて見込販売数量に基づく償却方法その他合理的な方法により償却しなければならないとしており，このような償却方法も税法上もその採用を前向きに検討すべきである。生産高比例法は現在，鉱業権及び鉱業減価償却資産へ適用されているが，もっと広くその適用を認めていくべきである。

VI　減価償却方法

　現行法人税法では，建物，建物付属設備，構築物については定額法が，機械，装置については200%定率法又は定額法の選択が，鉱業権，鉱業用減価償却資産（建物，建物付属設備，構築物に該当するものを除く）には定額法又は生産高比例法の選択が，所有権移転外ファイナンスリースが適用されているリース資産にはリース期間定額法が用いられている。公開企業では200%定率法等から定額法に変更する事例が多く，その理由として海外子会社・海外資産の増加に伴う会計処理の統一のようであるが，国際会計基準では減価の態様に合わせての減価償却方法を選択すべきとされていて，特に定額法が機械，装置に合っているとはしていない（古田美保「任意償却制度の現状と問題点」『税研』54頁　183号　2015年9月）。また，課税上有利なように定額法と200%定率法を選択するのではないかという危惧は，企業が今後の業績を事前に適確に予想することは困難であり，むしろ償却限度額の枠内での調整も対応可能であり，この点は一本化の論拠には弱いともいえよう（猪熊浩子「定額法に一本化した場合の影響－上場企業・中小企業者等の実態を踏まえて－」『税研』40頁　183号　2015年9月）。費用の平準化からして，老朽化が進むと修繕費が嵩むことからして，定率法の方が優れているという意見もある。

ここで機械，装置において定額法に一本化すれば，減価償却について税法は企業会計との関わりを絶ち，政策税制を前面に押し出すこととなろう。

現状では，定額法への一本化を強力に推し進める論拠も見出し得ず，実業界の200％定率法存続の要請も大きいことから，将来において定額法一本化が実現するのかは不透明である。

平成28年度の税制改正で建物付属設備の定額法一本化が決められた。しかしエアコンなどのハイテク・省エネ機械設備は陳腐化が進むことから，減価の態様からして定率法の方が合っており，定額法のみの適用を認めたことは適切な改正といえるであろうか。

Ⅶ　特別償却制度

アベノミクスでは経済復興を最優先しており，租税特別措置もそのあり方を検討していくことになろう。特別償却制度は，それを適用できる企業にとって有利に働くことから，課税の公平性が損なわれるおそれがある。その点，平成22年3月に，いわゆる租税特別措置透明化法が制定されており，租税特別措置に含まれる個々の特別償却の必要性と効果を検証して，真に必要とされるものに限定していく必要があろう（前掲「法人税の改革について」）。特別償却制度は正規の減価償却制度とかけ離れていることから，損金経理方式に代えて特別償却準備金として積み立てる準備金方式が用意されている。特別償却制度による減価償却費の額が正規の減価償却費の額に近似しているのであれば別として，企業会計との調整のために準備金方式によるべきといえる。減価償却方法を定額法に一本化することによって課税ベースが拡大し，かつ特別償却制度が多用されて財政償却の面も見られ，租税負担能力に配慮した適正な課税所得の計算からかけ離れてきているともいえる。

Ⅷ　逆基準性等の問題と法人税法第31条の「償却限度額」の検討

　昭和40年度の税制改正で減価償却費に損金経理要件が付されてから，法人税が企業会計に影響を与えているとして，いわゆる逆基準性に対して批判がなされてきた。日本公認会計士協会が税法基準も尊重し，認めるとしているが（監査・保証実務委員会実務指針第81号），法人税法上の減価償却費の額と企業会計上の減価償却費の額が大きく乖離しているようなことがあれば，そういうわけにもいかないであろう。さらに国際会計基準と国内会計基準との整合性が図られていけば，また，最近の政策税制の多用を考え合わせると，今までのように逆基準性をそのまま認めていってよいのかという意見もあろう。

　逆基準性を完全に解消しようとすれば，現行規定での償却限度額までの随時償却ではなく，所得税法でとっている強制償却とすることになる。

　この方法を適用すると減価償却課税制度は税法と企業会計で完全に分断される。

　しかし，沿革的にみてみると減価償却課税制度は企業会計を基礎にして発展してきたのであるから，企業会計にリンクさせて逆基準性への対応を見指すべきともいえる。

　そこで，法人税法上の減価償却費の額が企業会計上の減価償却費の額を上回る場合に，企業会計上の減価償却費の額を，損金経理要件を満すために法人税法上の減価償却費の額まで引き上げる傾向があることから，この「逆基準性」に対応しようとすれば，法人税法第22条第4項の公正処理基準に法人税法の趣旨目的が入れ込まれているという解釈に立って（東京高裁平成25年7月19日判決等），それが租税回避防止の原則であれば（ここでは逆基準性を租税回避行為とみなしている）法人税法上の減価償却費の額まで企業会計上の減価償却費の額を引き上げることで租税回避が行われていると解して，その

ような企業会計上の減価償却費の引上げ計上は法人税法第22条第4項の公正処理基準による会計処理とみなさないとして否認するのである。要するに法人税法上の減価償却費の額まで引き上げる前の企業会計上の減価償却費の額を法人税法第22条第4項の公正処理基準に適う減価償却費の額とするのである。ただ，現実問題として，そのような否認が可能であろうか。そこで，ある減価償却資産の経験的，経済的耐用年数が法定耐用年数の倍以上あるような場合に経験的，経済的耐用年数による減価償却費の額までの損金算入を認めるというような一定の要件を設けることも考えられよう。もっとも，資産調整勘定の償却期間が定額償却で5年，企業結合会計での償却期間が20年であることから，その調整のために損金経理要件が付されておらず，同様に減価償却資産に対しても損金経理要件を付さないということも不可能ということでもないであろう。

　次に法人税法上当事業年度に欠損が生じるか，あるいは繰越欠損金の切り捨てが生じる場合に，それらが生じない程度に法人税法第31条の償却限度額内で減価償却費を決定すれば，法人税法が企業会計に影響を与える逆基準性がみられるともいえる。この点については前掲「法人税の改革について（案）」で指摘しているところである。このように逆基準性については永久に欠損金の繰越控除を認めれば解消できるが，今のところそのような改正は見込めない。ただ，ここでの逆基準性は当事業年度の課税所得を減じるものではないので，積極的に租税回避を防止する必要があるのかという疑問点は残る。

IX　「減価償却と減損」

　平成14年8月に「固定資産の減損に係る会計基準」が公表され，企業会計からは減価償却資産の帳簿価額の引き下げを減価償却費と減損の両面から可能となったが，法人税法では個別事情のみの評価損の計上しか認めていないので，減損の損金算入はできない。国際会計基準では減損の範囲までの戻

し益は認めているが，国内会計基準では認めていない。もし国内会計基準が国際会計基準に統一化されて，国内会計基準が国際会計基準のように減損までの戻し益が可能となれば，法人税法においても，減損までの戻し益があれば強制することを条件として減損を認めてもよいのではないか。もし法人税法が減損の損金算入を認めるようになれば，上場有価証券の評価損の損金算入と同様に（上場有価証券の評価損に関するQ＆A　平成21年4月　国税庁），専門性を有する第三者の客観的な鑑定を義務づけることも検討すべきである。

なお，平成15年の通達改正により，減価償却限度額として損金経理した減価償却費の額に減損の金額を含める対応が行われたので，実質的には限定的に減損が認められているともいえる。

X　無形固定資産の減価償却

法人税法では無形の減価償却資産は残存価額をゼロとして定額法で減価償却される。具体的には特許権，実用新案権，意匠権，商標権，鉱業権，ソフトウエア，営業権などがあげられる（法令13（8））。特許権，実用新案権，意匠権の法定耐用年数は法律上の権利の持続期間の約半分であり，ソフトウエアは企業会計上と法人税法上では差が見られない。のれんについては，法人税法では非適格合併等で計上される資産調整勘定は5年間で定額法で減価償却されるが，企業結合会計基準では20年以内の定額法で減価償却される。そのため，法人税法では損金経理要件を課していない。法人税基本通達ではさらに繊維工業における織機の登録権利，許可漁業の出漁権，タクシー業のナンバー権のように法令の規定，行政官庁の指導等による規制に基づく登録，認可，許可，割当て等の権利を取得するために支出する費用は営業権としている。もしこれらの営業権が存在するのであれば，これらの営業権の額を控除して資産調整勘定の額となる。

上記特許権，実用新案権，意匠権の法定耐用年数が法的権利の持続期間の約半分であるのは，それらの法的権利は陳腐化が著しいことを考慮してのも

のといえるが（尾上選哉「無形固定資産に係る減価償却の現状と問題点」『税研』61頁　183号　2015年9月），法定耐用年数が過ぎても法的権利が残っていることからすれば，法的権利が消滅する期間内においてはいくらかの残存価額は残すべきではないか。また，ソフトウエアについては企業会計上と法人税法上の耐用年数は同じであるが，企業会計では耐用年数以内として随時償却に近いものとなっていることから，法人税法においては定率法に近い級数法等の減価償却方法を認めてよいように思われる。のれんについては，企業会計での耐用年数は20年以内，国際会計基準では減損のみであることから，法人税法では法定耐用年数を10年とするのはどうであろうか。課税ベースの拡大ということからも，無理のないところでよいようにも思われる。もっとも，平成10年度の税制改正でその法定耐用年数が10年から5年に短縮されたので，改正前に戻すということである。

XI　む　す　び

　減価償却課税制度は企業会計をベースとして発展してきたが，近年の税制改正では200％定率法，残存価額ゼロへと投資の早期回収のための財政償却が進められるようになってきた。一方で前掲の「法人税の改革について」では，200％定率法と定額法との選択制から定額法一本への課税ベース拡大を意識した提言がなされてきており，現に本年の税制改正では建物付属設備と構築物は定額法一本となった。ドイツでは機械，設備については定額法一本となっているが，アメリカでは我が国と同じく定率法と定額法との選択である。今後日本がドイツと同じ道を選ぶとすれば，企業会計と一線を画することとなり，我が国の減価償却課税制度は大きな曲がり角を迎えることになる。

減価償却課税制度

第2章　減価償却制度の沿革
－昭和63年以降－

桜美林大学教授　　**野田　秀三**

は じ め に

　我が国の法人税法における減価償却制度の初期は，一部の固定資産の減価
償却費を損金に算入することが容認されるようになった明治36年（1903）
のことであった。これは，日本郵船株式会社及び大阪商船株式会社が国側と
の裁判の結果，固定資産の減価償却費を損金に計上したことが適法であると
認定されたことによる。

　すなわち，日本郵船株式会社の場合は，建物について50年，船舶につい
て25年にわたって定額の減価償却を行い，減価償却引除金を計上したこと
につき税務当局から否認されたことから，税務監督局長に対して行政訴訟を
起こし国側が敗訴し，ここに建物及び船舶の減価償却費に限り，当該企業の
損金経理を認める裁決となった。また，大阪商船株式会社の場合も，船舶に
ついて25年で定額償却したことに対する国側との裁判で国側が敗訴し，こ
こに船舶のみ企業の損金経理が妥当なものとされた。これらの裁判では，建
物及び船舶がしだいに腐朽し価額が減退するのを裁判所が認定し，企業が定
めた耐用年数を建物及び船舶に適用することが妥当であるとした。ただし，
この二件とも固定資産について耐用年数を定めて減価償却費を損金経理する

ことが裁判により認定されているものの，定額の減価償却が認められたのは
船舶及び建物に限られていたために，その他の固定資産の減価償却費の損金
計上は否認されていた。

　その意味で我が国の税務において広い範囲の固定資産を対象にした耐用年
数を初めて定めたのは，大正7年（1918）7月19日に大蔵省（現在の財務省）
の内規として示された主秘177号主税局長通牒「固定資産ノ減価償却及時価
評価損認否取扱方ノ件」であった。

　法人税法における減価償却費の初期の取り扱いについて明らかにしたが，
ここでは昭和63年以降における減価償却制度の沿革について明らかにする。

I　法人課税小委員会報告（平成8年11月）

　平成8年11月に政府税制調査会から法人課税小委員会報告（以下「小委員
会報告」という）が公表された。小委員会報告では，法人税率の引き下げと
法人税の課税ベースのあり方について専門的・技術的な検討を行っており，
その中で減価償却制度についても検討を行い様々な指摘をしている。

　小委員会報告で指摘された減価償却制度については，平成10年度以降の
法人税法における減価償却制度の改正に大きな影響を及ぼしている。ここで
は，小委員会報告で指摘された減価償却制度における償却方法，耐用年数，
償却可能限度額，少額減価償却資産について取り上げることとする。

(1)　償 却 方 法

①　減価償却方法としては，減価償却資産の償却方法は選択適用が認められ
　ている。すなわち，有形減価償却資産については定額法と定率法の選択が
　認められている。鉱業用の有形減価償却資産については，これらの償却方
　法に加えて生産高比例法の選択適用が認められている。無形固定資産と生
　物は定額法，鉱業権は定額法と生産高比例法の選択適用，営業権について
　は任意償却とされている。なお，課税当局の承認を受けた場合はこれらと
　異なる方法を選択適用できる。

② 定額法と定率法の選択適用については,「資産の種類に応じて最も適切と考えられる方法に一本化することが望ましい。」としている。

建物,機械及び装置,器具及び備品等,営業権については,次のような指摘をしている。

「イ 建物については,一般的に長期安定的に使用される資産であること,その使用形態は生産性や収益性に左右されないこと,主要諸外国においても定額法により償却するものとされていることを考慮すれば,その償却方法を,時の経過に応じて均等に償却する定額法に限ることが適当である。また,構築物についても同様の観点から検討すべきである。

ロ 機械及び装置,器具及び備品等の償却方法についても,定額法に一本化すべきかどうかの問題がある。これらの資産には,初期段階での生産性が高い資産や技術の進展等に伴い比較的短期間に更新されるものも少なくないとみられること等から,従来どおり定率法による償却を認めることが適当である。」

③ 営業権については,任意償却は適当でないとして,一定期間にわたって均等償却に改めるべきであるとしている。

建物の減価償却方法については,この小委員会報告を受けて,平成10年度税制改正で定額法に統一されている。

⑵ 耐 用 年 数

小委員会報告では,耐用年数については,昭和61年(1986)に機械及び装置について実態調査が行われているが,長期にわたるものもあり,次のように耐用年数の見直しをすることを提案している。

「① 減価償却資産の法定耐用年数は,資産の物理的寿命に経済的陳腐化を加味して客観的に定められるべきものであり,技術的進歩による陳腐化の状況等に配慮しつつ,資産の使用実態に応じ個別に見直しが進められている。

現行の耐用年数は,機械及び装置以外の有形減価償却資産について

は，建物，構築物，船舶，航空機，車両及び運搬具，工具，器具及び備品といった種類に分類され，これらは，さらに構造や用途によって細分化されている。機械及び装置については，設備の種類によって分類され，それぞれについて耐用年数が定められている。

② 機械及び装置については，昭和61年（1986）に平均使用年数の実態調査が行われ，これに基づき所要の見直しが行われた。建物及び構築物については，長年にわたって本格的な耐用年数の見直しが行われていない。建物や構築物のように，相当長期間にわたって使用される資産の耐用年数について実態調査を行い適正な年数を見積もるには，相当の時間を必要とする。しかし，建物及び構築物の耐用年数の中には，資産の使用の実態はともかく，費用配分の期間としてみた場合あまりに長期に過ぎるものも見受けられるので，これらの償却方法を定額法に改める機会に，耐用年数があまりに長期に過ぎるものについては，現行の年数を短縮することも考えられる。

その他の資産についても随時所要の見直しが行われているが，今後も，使用実態等を踏まえた適正化を図っていくことが適当である。」

耐用年数の見直しでは，平成10年（1998）に建物の耐用年数の短縮，機械及び装置については平成20年（2008）に390区分から簡素化して55区分にまとめられている。

(3) 償却可能限度額

小委員会報告では，有形固定資産の残存価額が取得価額の10%とされており，償却可能限度額が原則として取得価額の95%までとされ，堅固な建物等については，備忘価額の1円までとなっていることに対して，「耐用年数経過後も実際に資産を使用している場合には備忘価額に達するまでの償却を認めるべきである」との指摘をしており，これは平成19年度税制改正に反映されている。

(4) 少額減価償却資産

小委員会報告では，「使用可能期間が1年未満の資産又は取得価額が20万

円未満の資産については，これらを事業の用に供した事業年度でその全額を損金の額に算入することができる。これらの資産を多量に購入しても年間の償却額に上限はない。」として，総額制限を設ける等の見直しをする必要があるとしていた。この指摘を受けて，その後，平成 10 年度の税制改正で減価償却資産の取得価額が全額損金算入できる限度額を 10 万円未満に引き下げている。

Ⅱ　減価償却制度の沿革（昭和 63 年以降）

1　昭和 63 年（1988）

少額資産の損金算入限度額が 10 万円から 20 万円に改正された。

2　平成 10 年（1998）

⑴　平成 10 年は，中古で取得した中古資産の耐用年数の見積年数の算定方法が定められた。

⑵　建物の耐用年数は，10% から 20% 程度の短縮が行われ，最長 65 年のものは 50 年に短縮された。

⑶　建物の減価償却方法が定額法に統一された。

⑷　平成 10 年 4 月 1 日以後に取得した建物の減価償却方法は，定額法（残存価額 10%）のみとなった。

⑸　平成 10 年 3 月 31 日以前に取得した建物は，従前どおり定額法と定率法（旧定率法における定率法）の選択適用とされた。

⑹　少額減価償却資産の取得価額が 20 万円未満から 10 万円未満に引き下げられた。20 万円未満の減価償却資産は，3 年間で償却する方法を選択することができることになった。

⑺　事業年度の中途で事業の用に供した減価償却資産の初年度における 2 分の 1 の簡便償却制度が廃止された。

⑻　営業権の償却方法が任意償却から定額法（耐用年数 5 年）に改正され

た。

　営業権は，平成 10 年 4 月 1 日以後に取得したものについては，償却
方法を任意償却から定額法による償却とし，償却期間は 10 年から 5 年
に短縮されている。

⑼　リース取引でファイナンス・リース取引の賃貸資産については，非居
住者又は外国法人の国外において業務の用に供される資産の償却方法は，
リース期間定額法とされた。

⑽　平成 10 年 11 月の種苗法（平成 10 年法律第 83 号）の制定により，種苗
法施行令が全面改正された。これに伴い法人税法施行令が改正され，
「育成者権」が新たに無形固定資産に加えられた。

3　平成 12 年（2000）

　平成 12 年は，ソフトウエアが繰延資産から無形固定資産の区分に変更に
なり，複写して販売するための原本は 3 年，その他のものは 5 年の耐用年数
とされた。

4　平成 13 年（2001）

　平成 13 年に組織再編成税制が設けられ，適格組織再編成において，固定
資産を引き継いだ法人が受け入れた固定資産の耐用年数については，次のよ
うな取り扱いとなった。

　適格分社型分割，適格現物出資又は適格事後設立により資産を受け入れた
分割承継法人，被現物出資法人又は被事後設立法人は，分割法人，現物出資
法人又は事後設立法人がその資産について中古資産の耐用年数の特例を受け
ている場合は，その中古資産の耐用年数によることとされた。

　分割承継法人等が適格分社型分割等により分割法人等から移転を受け入れ
た減価償却資産の耐用年数は，法定耐用年数，移転時の中古資産の見積耐用
年数，分割法人等の使用していた見積耐用年数のいずれかを選択適用するこ
とが認められた。

5 平成15年 (2003)

組織再編成において，適格合併等により引継ぎを受けた減価償却資産について，中古資産の耐用年数の見積りができることになった。これは，平成15年4月1日以後に行う適格合併又は適格分割型分割によって引継ぎを受けた減価償却資産に適用された。

6 平成19年 (2007)

平成19年度の税制改正で，減価償却制度の見直しが行われ，減価償却可能限度額の廃止，減価償却方法の定率法に250%定率法が導入され，耐用年数の見直しが行われた。

平成19年度の減価償却制度の改正は，改正前の税法上の減価償却制度については，①減価償却可能限度額の廃止，②減価償却方法の見直し，③耐用年数の短縮と整理をすることを要望する意見が多かったことを受けて行われている。

「平成19年度税制改正の要綱」（平成19年1月19日閣議決定）が公表され，平成19年度税制改正では，減価償却可能限度額と残存価額の廃止，減価償却方法の見直しが行われている。耐用年数については，半導体製造設備等について大幅な耐用年数の短縮が行われているが，耐用年数の整理と改正されていない設備等の耐用年数の見直しは，平成20年度税制改正に向けて耐用年数の実態調査を含めた検討が行われた。

(1) 平成19年度減価償却制度見直しの概要

平成19年度税制改正における減価償却制度の見直しの主な内容は，次のとおりである。

① 平成19年度税制改正では，平成19年（2007）4月1日以後に取得する減価償却資産については，償却可能限度額（取得価額の95%相当額）及び残存価額を廃止し，耐用年数経過時点に1円（備忘価額）まで償却できることとする。

② 定率法を採用する場合の償却率は，定額法の償却率（1／耐用年数）を

2.5 倍した数とし，特定事業年度以降は残存年数（耐用年数から経過年数を控除した年数）による均等償却に切り換えて1円まで償却できることとする。この特定事業年度とは，償却中のある事業年度における残存簿価について耐用年数経過時点に1円まで均等償却した場合の減価償却費が定率法により計算した減価償却費を上回ることとなった場合の当該事業年度とする。なお，特定事業年度の判定に資するよう，償却資産の耐用年数に応じた速算表を示すこととする。

③　平成19年3月31日以前に取得した減価償却資産については，償却可能限度額まで償却した事業年度等の翌事業年度以後5年間で1円まで均等償却ができることとする。

　改正前の法人税法では，減価償却資産の種類別に一定の減価償却方法に基づく償却可能限度額を定めていた。償却可能限度額は，税法では，減価償却資産の種類ごとに，取得価額から残存価額を控除した価額を限度額としていた。残存価額については，「減価償却資産の耐用年数等に関する省令」旧別表第10において，有形減価償却資産では残存割合を取得価額の10％，無形減価償却資産，ソフトウエア並びに鉱業権及び坑道はゼロ，生物は種別により5％から50％としており，償却可能限度額は，残存価額を控除した範囲で定めていた。

　有形減価償却資産の場合は，定率法による数理計算の関係から残存割合を10％としていたが，耐用年数経過事業年度の償却可能限度額はさらに残存割合5％まで償却可能としており，95％を償却可能限度額としていた（旧法令61）。

　有形減価償却資産のうち鉄骨鉄筋コンクリート造等の建物・構築物・装置では，税務署長の承認を受ければ，残存価額を帳簿価額1円とする償却可能限度額まで，残存使用期間にわたり月割りで各事業年度の減価償却することが認められていた（旧法令61②，法令61の2）。

　改正前の法人税法では，有形減価償却資産の償却可能限度額は，原則として取得価額の95％まで認められていたが，堅固な建物等に限り税務署長の

承認を得ることを条件に，残存価額を帳簿価額の1円までとして減価償却をすることが認められていた。

税法では，減価償却資産の種類ごとに残存価額を定めて償却可能限度額を明らかにしていたが，平成19年度税制改正では，減価償却資産の償却可能限度額と残存価額が廃止されている。

有形減価償却資産において，税法において取得原価の10% を残存価額として取得原価の5% まで償却可能とする規定が設けられてきたのは，旧定率法の償却率の算定根拠に基づいている。

旧定率法の償却率の計算方式（$1-n\sqrt{}$（残存価額/取得原価））（n は耐用年数）では，耐用年数が経過した時点における残存割合を10% としてきたが，これは残存割合を変動させた場合に毎年の減価償却額に大きな影響を及ぼす結果となることから計算方式で簡便な残存割合を適用してきた。例えば，耐用年数10年の場合の定率法による償却率は0.206であるが，残存割合を1% とした場合には0.369となり，耐用年数5年の定率法償却率の0.369と同率となり，減価償却期間の早期に償却が早まる結果となる。

減価償却資産の残存価額は，その減価償却資産が耐用年数を経過した時点における取得価額から償却累計額を控除した残りの価額であり，残骸価額あるいは屑物価額である。残存価額は減価償却資産の処分価値を意味するが，減価償却計算では見積りによるため，耐用年数経過時点で残存価値があるかどうかということも問題となっていた。我が国の減価償却制度では，旧定率法あるいは旧定額法を採用しているときに，残存価額10% で減価償却し，耐用年数経過時に残存割合5% まで償却することを認めていた。しかし，残りの残存部分は廃棄するまで償却することはできないという状態が続いていた。

減価償却資産は，耐用年数経過時点では実質的に残存価値がないことが多く，逆に処分に要する費用が残存価額を上回ることが多いことから，計算上の残存価額を取得原価の10% としている制度には問題があった。

(2) 減価償却方法

法人税法では，減価償却資産の償却限度額を計算するうえで選択適用できる減価償却方法は，定額法，定率法，生産高比例法，あるいは承認を受けた特別な方法によることとされた（法令48〜50）。

平成19年度税制改正で償却限度額と残存価額が廃止されたことに伴い，従来の旧定率法を採用している場合は，残存価額が取得価額の10％まで達した後に引き続き取得価額の5％まで減価償却が可能であるが，その後は，5年間にわたって月割りで均等償却することになった（法令61②）。

平成19年度税制改正では，減価償却資産の取得日により，次のような減価償却方法を適用することになった（法令48）。

① 平成19年3月31日以前に取得された減価償却資産

イ 平成10年3月31日以前に取得された建物（鉱業用減価償却資産を除く。）

(イ)旧定額法（取得価額から残存価額10％を控除した金額にその償却費が毎年同一となるように耐用年数に応じた償却率を乗じて計算した金額を各事業年度の償却限度額として償却する方法）

(ロ)旧定率法（取得価額又は未償却価額にその償却費が毎年一定の割合で逓減するように当該資産の耐用年数に応じた償却率を乗じて計算した金額を毎事業年度の償却限度額として償却する方法）

ロ 平成10年4月1日以後に取得された建物

(イ)旧定額法

ハ 建物の附属設備，構築物，機械及び装置，船舶，航空機，車両及び運搬具，工具・器具及び備品

(イ)旧定額法 (ロ)旧定率法

ニ 鉱業用減価償却資産

(イ)旧定額法 (ロ)旧定率法 (ハ)旧生産高比例法

旧生産高比例法は，鉱業用減価償却資産の取得価額からその残存価額（取得価額の10％）を控除した金額を当該資産の耐用年数の期間内における当該

鉱区の採掘予定数量で除した1単位当たりの金額に各事業年度の採掘量を乗じて計算した金額を当該事業年度の償却限度額とする方法である。

　鉱業用減価償却資産とは，鉱業を営むものが生産活動に使用している減価償却資産であり，鉱業経営上直接必要な減価償却資産で鉱業の廃止により著しくその価値を減ずるものをいう。鉱業は，金鉱等の鉱物の試掘，採掘及びこれに附属する選鉱，製錬その他の事業をいうが，税法上は，鉱業権の範囲として，租鉱権及び採石権その他土石を採掘し又は採取する権利を含めていることから，鉱業用減価償却資産には鉱物の生産活動以外にも土石採取業の採石用坑道も含まれる。

　ホ　無形固定資産及び生物

　　㋑旧定額法

　ヘ　鉱業権

　　㋑旧定額法　㋺旧生産高比例法

　ト　国外リース資産（平成20年20年3月31日までに締結されたもの）

　　㋑旧国外リース期間定額法

　旧国外リース期間定額法は，国外で非居住者又は外国法人に賃貸されているリース資産で，その取得価額から見積残存価額を控除した残額を，当該改正前リース取引に係る契約で定められている当該国外リース資産の賃貸借期間の月数で割って計算した金額に，当該事業年度のリースの月数を乗じて計算した金額を，各事業年度の償却限度額として償却する方法である。

　②　平成19年4月1日以後に取得した減価償却資産

　イ　建物（鉱業用減価償却資産及びリース資産を除く。）

　　㋑定額法（残存価額ゼロ，以下同じ）

　ロ　建物の附属設備，構築物，機械及び装置，船舶，航空機，車両及び運搬具，工具，器具及び備品

　　㋑定額法　㋺定率法（250%定率法）

　ハ　鉱業用減価償却資産（鉱業権及びリース資産を除く。）

　　㋑定額法　㋺定率法（250%定率法）　㋩生産高比例法

ニ　無形固定資産及び生物

　　(イ)　定額法

ホ　鉱業権

　　(イ)　定額法　(ロ)生産高比例法

ヘ　リース資産

　　(イ)リース期間定額法

　リース期間定額法は，リース資産の取得価額（残価保証額がある場合は，残価保証額を取得価額から控除した金額）をリース期間で割って計算した金額に当該リース事業年度の月数を乗じて計算した金額を各事業年度の償却限度額として償却する方法である。

　旧定率法にかわるものとして，会計理論上の定率法から定額法の償却率を基にした250％定率法が採用されたことにより，平成19年4月1日以後に取得した減価償却資産に定率法を採用した場合は，250％定率法を適用することになる。

　わが国が採用した250％定率法は，米国が採用している200％定率法よりも償却率が高いために，米国の制度よりも加速償却となる制度である。

　250％定率法の償却率は，定額法の償却率（1／耐用年数）を2.5倍した数を定率法の償却率としている。この場合，減価償却資産の償却限度額が廃止されたことにより，耐用年数の途中で均等償却するようにする減価償却方法となる。

　250％定率法から均等償却する時期は，特定事業年度以降の残存年数（耐用年数から経過年数を控除した年数）による1円まで均等償却した場合の減価償却費が定率法により計算した減価償却費を上回ることとなった場合に，当該事業年度から均等償却に切り換えて1円まで償却することとしている。

　250％定率法を採用した場合は，政令によると，当該減価償却資産の取得価額又は未償却価額に耐用年数に応じた償却率による償却額（調整前償却額）が，取得価額に保証率を乗じて計算した金額である償却保証額に満たない場合には，当該調整前償却額の基となる取得価額に改定償却率を乗じた金額を

償却限度額としている（法令 48 の 2①ニ，⑤一，ニ）。なお，減価償却資産の耐用等に関する省令別表 10 では，平成 19 年 4 月 1 日以後に取得した減価償却資産の償却率，改定償却率及び保証率が掲記されている。

250% 定率法では，耐用年数の経過時点で残存部分が 1 円とはならないために，償却期間の途中から均等償却に切り換えることにより減価償却資産の償却費を 1 円まで償却する期間を耐用年数の範囲内にするために行われるのであるが，それは耐用年数の後半において費用（損金）の平準化をはかるためでもある。

米国においても，200% 定率法を 1954 年度税制改正から採用しているが，米国の場合は，減価償却資産の償却方法としては，税法において 1945 年以前までは定額法と生産高比例法に限り認めていたが，その場合の定額法は残存価額を見積もったうえで耐用年数の前半の期間を 2 倍とした定額法を認めていた。そのため，耐用年数の前半で償却済みに近く，後半の未償却期間は少額の減価償却となるかあるいは償却済みとなる結果となり，税務当局は，この方法を制限するために，1945 年度からは定額法の償却率の 150% の定率法を定率法の減価償却方法とすることに制限したのである。

しかし，この 150% 定率法では，例えば耐用年数 10 年の場合の償却率は 15% であるが，会計理論上の定率法の償却率の 20.6% よりも定率が 5.6% 低いこととなるという問題があった。

米国では，1954 年に税制改正が行われ，150% 定率法の償却方法を 200% 定率法に変更した。そして，納税者が見積もった残存価額より上回る未償却残高がある限り 200% 定率法から均等償却への変更を納税者が行うことを自由に認めたのである。米国では，もともと定額法（均等償却方法）が法定償却方法であったことによる。

米国においても 200% 定率法から均等償却に変更する時期については，速算表を明らかにしており，我が国でもその速算表を別表で掲記している。

⑶　資本的支出の会計処理

減価償却資産への支出額が資本的支出となれば，平成 19 年 4 月 1 日以後

に取得した減価償却資産については新たに取得した減価償却資産となり，旧減価償却資産と追加償却資産とは区別しなければならない。

平成19年3月31日以前に取得した減価償却資産であれば，減価償却資産の取得原価に付加される。

それに対して，その支出額が修繕費となれば，支出年度の費用として処理され，課税所得計算上損金で処理される。

ここで，資本的支出となれば，第1にその支出額が既存の減価償却資産の付加物として当該減価償却資産に含まれるか，あるいは当該減価償却資産とは異なる固定資産として区分されるかという問題がある。

平成19年度税制改正で，異なる固定資産に区分される場合は，適用される耐用年数は同一のものとなる。第2にその支出額が既存の固定資産の付加物として当該固定資産に含まれる場合においても，それが既存の固定資産の価額の価値増加額となるだけか，その支出額が当該固定資産の価値増加とともに耐用年数の延長をもたらすものであるかどうかという問題もある。

(4) リース資産の取り扱い

リース取引，特にファイナンス・リース取引の所有権移転外ファイナンス・リース取引に係る取り扱いがリース会計基準との調整のために改正が行われた。

企業会計基準委員会では，リース会計基準の見直しに当たって，試案を平成18年（2006）7月5日，公開草案第17号「リース取引に関する会計基準（案）」（平成18年12月27日）及び適用指針公開草案第21号「リース取引に関する会計基準の適用指針（案）（平成18年12月27日）を公表したが，意見集約後，企業会計基準第13号「リース取引に関する会計基準（以下「リース会計基準」という）（平成19年3月30日）及び企業会計基準適用指針第16号「リース取引に関する会計基準の適用指針（平成19年3月30日）を公表し，所有権移転外ファイナンス・リース取引を売買取引のみ認め，賃貸借取引に準ずる会計処理を廃止することにした。

平成19年度税制改正においてリース取引に係る取り扱いを見直し，税法

上は，所有権移転外取引を賃貸借取引としてきたが，リース会計基準が確定することを見越して，平成20年4月1日以降のリース取引では売買取引とすることとした。

7 平成23年（2011）

平成23年6月の税制改正で陳腐化償却制度が廃止された。従来は耐用年数の短縮の申請をして認められた場合は，短縮された耐用年数に基づく償却限度額と承認前の耐用年数に基づく償却限度額との差額を陳腐化償却として損金の額に算入することができた。陳腐化償却制度廃止後は，未経過使用可能期間で償却を完了することに変更された。

この改正は，平成21年（2009）12月4日に，企業会計基準第24号「会計上の変更及び誤謬の訂正に関する会計基準」が公表され，会計上の見積りの変更に伴う影響額は将来の期間に反映させる方針を採用したことから，減価償却資産の耐用年数の見積りの変更に伴う影響額を臨時償却することは廃止し，将来の期間に費用配分する方法に変更したことを受けたものである。

8 平成24年（2012）

平成23年12月2日に税制改正があり，平成24年4月1日以後に終了する事業年度から減価償却資産に適用されている定率法の償却率が250%から200%に短縮された。この200%定率法が適用されるのは，平成24年4月1日以後に取得する資産に適用されることになった。平成24年3月31日以前に取得した減価償却資産は従前どおり250%の定率法を適用することが認められた（改正法令附則3②③）。

9 平成26年（2014）

書画骨とう等で時の経過によりその価値が減少しないものは減価償却資産に該当しないものとしていたが，法人税基本通達の一部改正（平成26年12月19日付課法2-12ほか課共同）により，平成27年1月1日以後に取得する美

術品等については，新たな取り扱いによることとなった（法基通7-1-1）。

改正内容は，次のとおりである。

〔1〕減価償却資産とならない美術品等

① 古美術品，古文書，出土品，遺物等のように歴史的価値又は希少価値を有し，代替性のないもの。

② ①以外の美術品等で，取得価額が1点100万円以上であるもの（時の経過によりその価値が減少することが明らかなものを除く。）。

〔2〕 減価償却資産となる美術品等

① 取得価額が1点100万円未満の美術品等（時の経過によりその価値が減少しないことが明らかなものは除く。）。

従来の取り扱いでは，書画骨とうに該当するかどうか明らかでない美術品等でその取得価額が1点20万円（絵画にあっては，号当たり2万円）未満であるものについては，減価償却資産として取り扱うことにしていたが，この通達改正により減価償却資産となるものは，時の経過によりその価値が減少することが明らかなもので，1点100万円未満に引き上げられた。

なお，時の経過によりその価値が減少することが明らかなものには，例として，会館のロビーや葬祭場のホールのような不特定多数の者が利用する場合の装飾用や展示用（有料で公開するものに限る。）が例示されている。

10　平成28年（2016）

平成28年度税制改正では，企業の成長志向を促進し国際的な競争力を高め，海外からの投資を促進するために法人実効税率の20%台への引き下げが検討された。その財源の確保を目的に課税ベースの拡大策として，減価償却制度の見直しが行われた。

具体的には，定率法と定額法等との選択が認められている一部の減価償却資産の減価償却方法について，定率法の選択適用を廃止し，定額法に一本化したことである。

対象となった減価償却資産は，平成28年4月1日以後に取得した建物附

属設備，構築物，そして，鉱業用減価償却資産である。

それぞれの減価償却資産は，次のように取り扱われることになった。

(1)建物附属設備（鉱業用のものを除く。）　　定額法

(2)構築物（鉱業用のものを除く。）　　　　　定額法

(3)鉱業用減価償却資産（建物，建物附属設備及び構築物に限る。）

定額法又は生産高比例法

平成 28 年 3 月 31 日以前に取得した建物附属設備，構築物及び鉱業用減価償却資産は，従前どおり，定率法の選択適用が認められている。

参考文献

武田昌輔編『DHC コンメンタール法人税法』第一法規

野田秀三（2010）『減価償却の理論と実務』税務経理協会

第3章　減価償却資産の範囲

税理士　**上松　公雄**

I　概　　要

　法人税法上，減価償却資産の範囲については，法人税法第2条第23号において「建物，構築物，機械及び装置，船舶，車両及び運搬具，工具，器具及び備品，鉱業権その他の資産で償却をすべきものとして政令で定めるものをいう」と規定され，これを受けて，法人税法施行令第13条において，「棚卸資産，有価証券及び繰延資産以外の資産のうち次に掲げるもの（事業の用に供していないもの及び時の経過によりその価値の減少しないものを除く。）とする」として，その具体的な資産が掲げられている。

①　建物及びその附属設備（暖冷房設備，照明設備，通風設備，昇降機その他建物に附属する設備をいう。）

②　構築物（ドック，橋，岸壁，桟橋，軌道，貯水池，坑道，煙突その他土地に定着する土木設備又は工作物をいう。）

③　機械及び装置

④　船舶

⑤　航空機

⑥　車両及び運搬具

⑦　工具，器具及び備品（観賞用，興行用その他これらに準ずる用に供する生物を含む。）

⑧　次に掲げる無形固定資産

イ　鉱業権（租鉱権及び採石権その他土石を採掘し又は採取する権利を含む。）

ロ　漁業権（入漁権を含む。）

ハ　ダム使用権

ニ　水利権

ホ　特許権

ヘ　実用新案権

ト　意匠権

チ　商標権

リ　ソフトウエア

ヌ　育成者権

ル　公共施設等運営権

ヲ　営業権

ワ　専用側線利用権（鉄道事業又は軌道を敷設して行う運輸事業を営む者（以下「鉄道事業者等」という。）に対して鉄道又は軌道の敷設に要する費用を負担し，その鉄道又は軌道を専用する権利）

カ　鉄道軌道連絡通行施設利用権（鉄道事業者等が，他の鉄道事業者等，独立行政法人鉄道建設・運輸施設整備支援機構，独立行政法人日本高速道路保有・債務返済機構又は国若しくは地方公共団体に対して当該他の鉄道事業者等，独立行政法人鉄道建設・運輸施設整備支援機構若しくは独立行政法人日本高速道路保有・債務返済機構の鉄道若しくは軌道との連絡に必要な橋，地下道その他の施設又は鉄道若しくは軌道の敷設に必要な施設を設けるために要する費用を負担し，これらの施設を利用する権利）

ヨ　電気ガス供給施設利用権（一般配送電事業，送電事業若しくは発電事業又は一般ガス事業若しくは簡易ガス事業を営む者に対して電気又はガスの供給施設（ガス導管事業又は大口ガス事業の用に供するものを除く。）を設ける

ために要する費用を負担し，その施設を利用して電気又はガスの供給を受ける権利)

　タ　水道施設利用権（水道事業者に対して水道施設を設けるために要する費用を負担し，その施設を利用して水の供給を受ける権利)

　レ　工業用水道施設利用権（工業用水道事業者に対して工業用水道施設を設けるために要する費用を負担し，その施設を利用して工業用水の供給を受ける権利)

　ソ　電気通信施設利用権（電気通信回線設備を設置する電気通信事業者に対して電気通信事業の用に供する電気通信設備の設置に要する費用を負担し，その設備を利用して電気通信役務の提供を受ける権利（電話加入権及びこれに準ずる権利を除く。))

⑨　次に掲げる生物（⑦に掲げるものに該当するものを除く。)

　イ　牛，馬，豚，綿羊及びやぎ

　ロ　かんきつ樹，りんご樹，ぶどう樹，梨樹，桃樹，桜桃樹，びわ樹，くり樹，梅樹，柿樹，あんず樹，すもも樹，いちじく樹，キウイフルーツ樹，ブルーベリー樹及びパイナップル

　ハ　茶樹，オリーブ樹，つばき樹，桑樹，こりやなぎ，みつまた，こうぞ，もう宗竹，アスパラガス，ラミー，まおらん及びホップ

以上のとおりとなるが，昭和63年度税制改正以後の改正としては，①ソフトウェア（平成12年度税制改正），②育成者権（種苗法公布による改正（施行日は平成12年4月1日)），③キウイフルーツ樹及びブルーベリー樹（平成20年4月改正），④公共施設等運営権（平成23年6月改正）が追加されている。そこで，次に，それぞれの経緯について簡単に整理するものとする。

1　ソフトウェア

ソフトウェアについては，平成12年度税制改正において追加された。

改正前においては，取得形態別に，①購入又は外部制作の場合には繰延資産として5年間均等償却，②自社制作の場合には，その制作費用を即時損金

処理する（資産計上しない）ものとされていたところであるが（旧法基通 8-1-7），「研究開発費等に係る会計基準の設定に関する意見書（以下，意見書という。なお，このなかに含まれる「研究開発費等に係る会計基準」については，以下，会計基準という。）平成 10 年 3 月 13 日（企業会計審議会）」並びに「研究開発費及びソフトウェアの会計処理に関する実務指針について（平成 11 年 3 月 31 日　公認会計協会）」（以下，実務指針という。）が公表されたことに伴い，税法上も無形固定資産とすることとされたものである（「税制改正のすべて（平成 12 年度）」207 頁）。

2　育成者権

　育成者権は，種苗法（平成 10 年 5 月 29 日法律第 83 号）の公布，施行に伴い（施行日は平成 12 年 4 月 1 日），無形固定資産として追加された（平成 10 年 12 月 14 日大蔵省令第 175 号）。

　種苗法は，農林水産植物に係る新品種の保護を目的としており，育成者権は，品種登録によって発生し（種苗法 19①），育成者権者は，登録品種及び登録品種と特性により明確に区別されない品種を業として利用する権利を専有するものとされている（種苗法 20①）。

3　キウイフルーツ樹及びブルーベリー樹

　キウイフルーツ樹及びブルーベリー樹は，平成 20 年 4 月の法人税法施行令の改正により追加された。ただし，これらの果樹が追加された理由についての解説は見当たらず，「平成 20 年度税制改正要望（農林水産省　平成 19 年 8 月 31 日）」においても，別記事項として「減価償却制度の見直しに当たっては，生物等の減価償却資産について，他の減価償却資産との均衡に配慮すること（所得税・法人税等）」と記載されたのみで，キウイフルーツ樹及びブルーベリー樹について，減価償却資産たる生物の範囲に追加する必要性やその理由については明らかにされていない。

4 公共施設等運営権

民間資金等の活用による公共施設等の整備等の促進に関する法律（PFI法）において「公共施設等運営権」が定められたことに伴い，減価償却資産たる無形固定資産として追加された。これは，公共施設の民間開放と民間資金活用事業の推進の方策として，PFI制度に公共施設等運営権制度（コンセッション方式）が導入されたことを背景としている（「改正税法のすべて（平成23年度版）288-289頁」）。

なお，公共施設等運営権制度（コンセッション方式）とは，利用料金の徴収を行う公共施設について，施設の所有権を公共主体が有したまま，施設の運営権を民間事業者に設定する方式をいうものとされている（内閣府・PFI推進委員会第30回総合部会資料2-3「公共施設等運営権制度の概要」）。

II 減価償却資産に含まれないもの（性質的に除外されるもの）

税法上，減価償却資産は限定されていることに加えて，固定資産のうち減価償却資産の範囲に含まれないものについても定められている。

1 土地及び電話加入権，著作権

減価償却資産とは，税法上の固定資産に内包されるものであり，固定資産とは，棚卸資産，有価証券及び繰延資産以外の資産のうちで，①土地（土地の上に存する権利を含む。），②減価償却資産，③電話加入権，④①〜③に掲げる資産に準ずるものと定められている（法2ⅩⅩⅡ，法令12）。

換言すると，固定資産のうち減価償却資産の範囲に含められないものとして具体的に掲げられている資産としては，土地及び電話加入権が存する。なお，法人税法施行令第13条においては，「時の経過によりその価値の減少しないもの」は減価償却資産の範囲から除かれる旨定めているが，土地及び電話加入権が，減価償却資産の範囲に含まれないのは，「時の経過によりその

価値の減少しない」ことが理由とされるところである。

もっとも，電話加入権（正式には，施設設置負担金（旧称，設備料，工事負担金など））については，1985（昭和60）年当時72,000円とされた金額が2005（平成17）年以後37,800円に改定されている上，その廃止が検討されるなどの状況にある。さらに，「平成26年分財産評価基準書（国税庁）」における電話加入権の標準価額は1,500円とされており，現行の電話加入権に対する取扱いが，これらの実態に合致しているか疑問である。

ここで，電話加入権に類似するものとして，携帯電話又は自動車電話に加入する際に支払う契約事務手数料があるが，こちらは，電気通信施設利用権（無形固定資産）に該当するものとされている。したがって，減価償却が行い得ることに加えて，少額減価償却資産に係る一時損金算入の規定（法令133）の適用を受けることも可能となっている（国税庁HPタックスアンサーNo. 5383）。

なお，法人税法施行令第13条の規定は，減価償却資産に含まれるものについて限定列挙したものと理解されるので，いわゆる知的財産権のうち著作権は減価償却資産の範囲に含まれないこととなるが，これについても，原則として，「時の経過によりその価値の減少しない」ことが理由とされるものと理解される。ただし，後述するように，著作権法で保護されるプログラムを主たる内容とするソフトウェアが無形固定資産に含まれている例が認められる。

また，上記の固定資産に含まれるものとして掲げられる「④①〜③に掲げる資産に準ずるもの」については，その具体的内容は明らかではない。

2　その他の「時の経過によりその価値の減少しないもの」

「時の経過によりその価値の減少しないもの」について，税務の取扱いにおいては，2つものを挙げている。

第一は，一定の美術品等であり，①古美術品，古文書，出土品，遺物等のように歴史的価値又は希少価値を有し，代替性のないもの及び②①以外の美

術品等で，取得価額が1点100万円以上であるものは減価償却資産に該当しないものとされている（法基通7-1-1）。

ただし，②の資産については，時の経過によりその価値が減少することが明らかなものは減価償却資産に含まれるとされ，この例として，次のものが挙げられている（法基通7-1-1（注）1）。

「会館のロビーや葬祭場のホールのような不特定多数の者が利用する場所の装飾用や展示用（有料で公開するものを除く。）として法人が取得するもののうち，移設することが困難で当該用途にのみ使用されることが明らかなものであり，かつ，他の用途に転用すると仮定した場合にその設置状況や使用状況から見て美術品等としての市場価値が見込まれないもの」

なお，減価償却資産に該当しない美術品等に係る金額基準として「1点100万円以上である」ことが掲げられており，反対解釈として「1点100万円未満」の美術品等は減価償却資産に該当することになるが，あくまで「1点100万円未満」であっても「時の経過によりその価値が減少しないことが明らかなもの」は減価償却資産に含まれないものとして取り扱われるので，この点に注意を要する。

この美術品等に係る取扱いは，平成26年12月19日課法2-12による法人税基本通達の改正後の取扱いであって，改正前の取扱いは，次のとおりである。

（書画骨とう等）

旧7-1-1　書画骨とう（複製のようなもので，単に装飾的目的にのみ使用されるものを除く。以下7-1-1において同じ。）のように，時の経過によりその価値が減少しない資産は減価償却資産に該当しないのであるが，次に掲げるようなものは原則として書画骨とうに該当する。

⑴　古美術品，古文書，出土品，遺物等のように歴史的価値又は希少価値を有し，代替性のないもの

⑵　美術関係の年鑑等に登載されている作者の制作に係る書画，彫刻，工芸品等

> (注) 書画骨とうに該当するかどうかが明らかでない美術品等でその取得価額
> が1点20万円（絵画にあっては，号2万円）未満であるものについては，
> 減価償却資産として取り扱うことができるものとする。

　さらに，この取扱いの沿革を確認すると，旧法人税基本通達7-1-1注書き
における金額基準は「1点20万円（絵画にあっては，号2万円）未満」とされ
ているが，これは平成元年直法2-7の改正によってに引き上げられたもので
あり，改正前は「1点10万円（絵画にあっては，号2万円）未満」とされてい
たところである。

　いま一つ，「時の経過によりその価値の減少しないもの」として，貴金属
の素材の価額が大部分を占める固定資産（ガラス繊維製造用の白金製溶解炉，光
学ガラス製造用の白金製るつぼ，か性カリ製造用の銀製なべ等）が挙げられている
（法基通7-1-2）。

Ⅲ　状態的な理由によって減価償却資産 に該当しないとされるものなど

　その資産の種類や区分においては減価償却資産に該当するものであっても，
その状態的な理由から減価償却資産に該当しないとして取り扱われるもの，
または，減価償却の対象から除外されるものが存する。

1　「事業の用に供していないもの」

　その資産の種類や区分においては減価償却資産の範囲に含まれる資産であ
っても，「事業の用に供していないもの」は，その範囲から除外するものと
されている。

　ここで問題となるのは，「事業の用に供する」ことの意義内容となるが，
たとえば，税務の取扱いにおいては，稼働休止資産であっても，その休止期
間中必要な維持補修が行われており，いつでも稼働し得る状態にあれば減価

償却資産に該当するものとして定められている（法基通 7-1-3）。また，建設中の建物や機械装置について完成した部分の事業の用に供されている部分は減価償却資産に該当するものとされている（法基通 7-1-4）。

その他に，航空機の予備エンジン，電気自動車の予備バッテリー等のように減価償却資産を事業の用に供するために必要不可欠なものとして常備され，繰り返して使用される専用の部品（通常他に転用できないものに限る。）は，その減価償却資産本体と一体のものとして減価償却をすることができるものとされている（法基通 7-1-4 の 2）。

2 「各事業年度終了の時において有する減価償却資産」に該当しないもの

その償却費として，所得金額の計算上，損金算入が認められるのは，原則として，法人が当該減価償却資産について所有していることが必要とされている（リース資産を除く）。

減価償却資産を所有しているかどうかを巡って争われた裁判事例があり，すなわち，完成された物を引渡すことを内容とする請負契約によって機械装置を取得する場合には，請負人がその機械装置の試運転及び調整作業を完了し引渡しがされた時に，減価償却資産の取得があったというべきであるとして，納税者における減価償却費の損金算入が否認されている（平成 3 年 10 月 30 日名古屋地裁平成 1 年（行ウ）8 号，平成 4 年 10 月 29 日名古屋高裁平成 3 年（行コ）15 号）。

3 少額減価償却等

減価償却資産に該当する資産であっても，その使用可能期間が 1 年未満であるもの又は取得価額が 10 万円未満であるものは，減価償却によらず，その事業の用に供した事業年度において，その取得価額の全額を一時の損金算入とすることが認められる（法令 133）。

また，青色申告法人たる中小企業者等（平成 28 年 4 月 1 日以後は，常時使用

する従業員の数が1,000人以下の法人に限られる。）の場合には，平成18年4月1日から平成30年3月31日までに取得等をし，かつ，事業の用に供した減価償却資産で，取得価額が30万円未満のものについて一時損金算入が認められている（措法67の5）。

　上記のものは，減価償却資産ではあるが，減価償却計算が行われないものである。

Ⅳ　検討すべき問題（固定資産及び他の資産との関係）

1　定期借地権の設定に係る一時金

　借地権の設定（一時金の支払い）は，土地の一部取得と同様に理解されており，税法上，土地には，「土地の上に存する権利を含む」ものとされているので（法令12Ⅰ），借地権は土地の範囲に含まれている。したがって，借地権は固定資産ではあるものの減価償却資産とはならないものとなる。これは，借地権が土地の範囲に含まれている点とは別に検討しても，借地権には期限がなく，その性質上，時の経過や使用によって価値が減少するものではないことからも適当な取扱いと理解されるところである。

　これに対して，平成4年8月1日に施行された改正借地借家法においては，契約上，存続期間を定める定期借地権の制度が導入された。そして，定期借地権は，法令上，更新を行わない（再契約は可能）ものとされている（借地借家法22〜24）。

　ここで，定期借地権を設定するために支出する一時金について税務上の取扱いが問題となる。

　この一時金の性質は，その契約内容に応じて，①契約期間の終了時点で返還されるもの，②契約期間の終了時点で返還されないもの（貸主において消却されるもの），③賃料の一括前払いとしての一時金の3つに区分される。そして，税務上の取扱いもそれぞれ次のとおりとされている。なお，①及び②に対する取扱いは，一般的な保証金，敷金と同様の取扱いとなっている。

(1) 契約期間の終了時点で返還される一時金

　契約期間が終了した時点で返還される一時金は，支払者において資産（保証金など），受領者においては負債（預り保証金など）として処理すべきものとなり，費用，収益の問題は生じないこととなる。

(2) 契約期間の終了時点で返還されないもの（貸主において消却されるもの）

　契約期間が終了した時点で返還されず，貸主において消却されてしまう一時金は，受領者においては，その受領した時点で，その全額（あるいは，返還されない部分）を収益として計上すべきものとされる。

　また，支払者においては資産計上（定期借地権など）が行われる。ここまでは，通常の借地権と同様となるが，契約期間の終了した時点で無価値になるので，契約終了の時点で一時の損金算入とするものとされている。

　この場合に，契約期間の終了した時点で無価値となるものについては，必ずしも「時の経過により価値が減少」するものとはいい難いが，使用期間中の収益との対応関係を考慮した場合には，契約期間終了時点での一時費用化（損金算入）ではなく，その契約期間に渡って費用として期間配分することも検討されるべきであると考える。

　また，貸主における収益の計上時期と支払者における費用計上（損金算入）の時期が大きくずれることも問題点の一つであると考える。

(3) 賃料の一括前払いとしての一時金

　賃料の一括前払いとしての一時金については，支払者において「前払費用」，受領者においては「前受収益」として処理し，契約に基づき，賃料に充当される部分を当該事業年度の損金又は益金とすることを認めるものとされている（文書回答事例「定期借地権の賃料の一部又は全部を前払いとして一括して授受した場合における税務上の取扱いについて（照会）（平成16年12月16日国土企第14号）」）。

　このように，賃料の一括前払いとしての一時金については，その契約の内容及びその実態に応じて費用の均等配分が認められている。しかしながら，この取扱いは，定期借地権自体を減価償却資産としたものではなく，

さらには，この場合の一時金は，定期借地権として資産計上されるのではなく，前払費用として処理される点に注意を要する。

　以上のとおり，定期借地権についても普通借地権と同様に，現行の税務の取扱いにおいては減価償却資産の範囲には含まれず，償却計算も認められていないのであるが，たとえば，類似する項目として，「建物を賃借するために支出する権利金」が存する。すなわち，「建物を賃借するために支出する権利金」は，税法上の繰延資産である「資産を賃借するための権利金等」に含められている（法令14①Ⅸロ，法基通8-1-5(1)）。

　「建物を賃借するために支出する権利金」と定期借地権を設定するために支出する一時金とは，その性質において類似性が認められるので，両者を別に取り扱う必要はないように考える。

2　ソフトウェアに関する諸問題

(1)　無形固定資産とされるソフトウェアの制作費

　税法上，ソフトウェアは無形固定資産に含まれるものとして定められているが（法令13Ⅷリ），ソフトウェア自体について，法人税の法令上は定義規定が置かれていない。一般に用いられるソフトウェアの用語自体は，コンピュータで使用するワードプロセッサーや表計算などソフトウェア（アプリケーションソフト）を始め映像，音楽，ゲームのソフトウェアなどを含む広い概念であると考えるが，税法上の無形固定資産に該当するソフトウェアが何を意味しているのかは，必ずしも明らかではない。

　ただし，上記「Ⅰ1」において述べたとおり，ソフトウェアについては，意見書及び実務指針によって企業会計における基準の設定や会計処理が明らかにされたことに伴って，税法上も無形固定資産に含めることとされたものであり，この経緯からは，意見書及び実務指針が対象とするソフトウェアが前提とされているものと理解される。

　ここで，意見書においては，ソフトウェアについて，「コンピュータを機能させるように指令を組み合わせて表現したプログラム等をいう」もの

と定義されており（意見書「研究開発費等に係る基準」一2），さらに，実務指針においては，より詳細に，その概念・範囲について，次のように述べられている（実務指針6）。

「本報告におけるソフトウェアとは，コンピュータ・ソフトウェアをいい，その範囲は次のとおりとする。

イ　コンピュータに一定の仕事を行わせるためのプログラム

ロ　システム仕様書，フローチャート等の関連文書」

また，ソフトウェアの用語は，コンテンツを含めた意味において使われることが一般的であると思われるが，実務指針においては，原則として，「コンテンツは，ソフトウェアとは別個のものとして取り扱い，本報告におけるソフトウェアには含めない」ものとし（実務指針7），例外的に「ソフトウェアとコンテンツが経済的・機能的に一体不可分と認められるような場合には，両者を一体として取り扱うことができる」ものとしている（実務指針7ただし書）。

このソフトウェアとコンテンツとの相違については，一般に理解し難いものと思われるが，この点，実務指針においては，「ソフトウェアがコンピュータに一定の仕事を行わせるプログラム等であるのに対し，コンテンツはその処理対象となる情報の内容である」として両者の違いを明確にしている（実務指針29）。そして，コンテンツの例として，データベースソフトウェアが処理対象とするデータや，映像・音楽ソフトウェアが処理対象とする画像・音楽データ等を挙げている。

すなわち，映像や音楽に係るソフトウェア（DVDソフトやCDソフト）については，コンテンツである映像や音楽のデータ部分は，無形固定資産とは別個に取り扱われることになるものと考える。

なお，ゲームソフトについては，一般的にソフトウェアとコンテンツが高度に組み合わされて制作されるという特徴があるものとしている（実務指針29）。

ところで，ソフトウェアの存在自体は認識できるとした場合であって

も，ソフトウェアを自己において制作する場合に，無形固定資産たるソフトウェアは，どのような費用支出から構成されるのかについて問題があるが，この点は，「第4章　取得価額」において取り上げている。

(2)　ソフトウェアの内容たるプログラムと著作権との関係

ソフトウェアは，コンピュータに一定の仕事を行わせるためのプログラムを主たる内容とするものとされているので，減価償却資産とされるソフトウェアと著作権との関係を確認する必要があると思われる。

すなわち，著作権法において，プログラムとは，「電子計算機を機能させて一の結果を得ることができるようにこれに対する指令を組み合わせたものとして表現したものをいう」ものとされ（著作権法2ⅩのⅡ），著作権法で保護すべき著作権及びその隣接権の対象となる著作物の一つとして「プログラムの著作物」を掲げている（著作権法10①Ⅸ）。

これによれば，著作権の対象となるプログラムを主要な内容とするソフトウェアが減価償却資産とされていることとなる。

税法上，著作権は減価償却資産として掲げられていないので，一見したところでは，ソフトウェアは，この例外となっているものと捉えることもできるが，そもそも著作権法により保護される権利のすべてが，絶対的に減価償却資産に含まれないとすることでもなく，個々の権利に応じて個別的に検討されるべきものと考える。

3　著作権に含まれる諸権利

税法上，著作権は減価償却資産として掲げられていないが，この理由としては，著作権法により保護される各種の権利は，著作権法によって保護されるため価値が減少しないことが挙げられる。しかしながら，著作権法には多種多様な権利が包含されており，その内容によっては減価償却資産（あるいは繰延資産）として償却計算をすることが適当なものも含まれているものと考える。

実際に，現行の税務の取扱いにおいても，出版権（著作権法79①）につい

ては，その性格に基づき法人税法施行令第 14 条第 1 項第 6 号ホに規定する繰延資産（その他自己が便益を受けるための費用）に該当するものとして取り扱われている（法基通 8-1-10）。

　ここで，繰延資産は，その費用としての支出の効果が次年度以後にも及ぶために期間損益計算の必要上，資産として計上される擬制的資産とされるのに対して，出版権は，著作権法上，一定の条件下で譲渡することも認められており（著作権法 87），換金能力を有する。このことからは，擬制的資産である繰延資産ではなく無形固定資産とすることについて検討の余地があるものと考える。

　ところで，これまで著作権については，減価償却によって，その取得価額を期間配分するのではなく，評価の問題として対応されてきた側面があるものと理解されるが，デジタルコンテンツビジネスの進展に伴い，著作権に含まれる諸権利の売買も活発化すると予想され，さらに，一般的に著作物自体には寿命が存すると推察されるところであり，期間損益計算の安定性の観点から，減価償却による期間配分に有意性が認められるものと考える。

　なお，著作権に含まれる諸権利としては，①複製権，②上演権及び演奏権，③上映権，④公衆送信権等，⑤口述権，⑥展示権，⑦頒布権，⑧譲渡権，⑨貸与権，⑩翻訳権，翻案権等，⑪二次的著作物の利用に関する原著作者の権利があり，これらは財産権とされる（著作権法 21〜28）。

　これらの他に，著作者人格権として，①公表権，②氏名表示権，③同一性保持権があり（著作権法 18〜20），また，実演家，レコード製作者，放送事業者，有線放送事業者に対しては著作隣接権が認められている（著作権法 89）。

　なお，出版権は，財産権たる複製権及び公衆送信権等に対して設定される（著作権法 79）。

減価償却課税制度

第4章　取得価額

税理士　**上松　公雄**

I　取得等の態様ごとの取得価額（基本的な定め）

　法人税法上，減価償却資産の取得価額は，1　購入，2　自己の建設等，3　自己による成育，4　自己による成熟，5　組織再編成による移転，6　その他の方法による取得の6つの取得等の態様ごとに，それぞれ次に掲げる金額の合計額とするものと定められている（法令54①）。

1　購入した減価償却資産

①　購入の代価

　購入代価の他に，引取運賃，荷役費，運送保険料，購入手数料，関税（附帯税を除く。）その他当該資産の購入のために要した費用がある場合には，その費用の額を加算する。

②　その資産を事業の用に供するために直接要した費用の額

2　自己の建設，製作又は製造（以下，建設等という。）に係る減価償却資産

①　建設等のために要した原材料費，労務費及び経費の額

② その資産を事業の用に供するために直接要した費用の額

3 自己が成育させた牛馬等

① 成育させるために取得をした牛馬等に係る購入の代価若しくはその取得の時における当該資産の取得のために通常要する価額又は種付費及び出産費の額並びに当該取得をした牛馬等の成育のために要した飼料費，労務費及び経費の額

② 成育させた牛馬等を事業の用に供するために直接要した費用の額

　ここで，「成育させるために取得」の範囲には，適格合併又は適格分割型分割による被合併法人又は分割法人からの引継ぎが含まれる。この場合には，下記5①イ若しくは②イに掲げる金額と事業の用に供するために直接要した費用の額との合計額が取得価額となる。

　この範囲及び取得価額の取扱いについては，下記4の「成熟させるために取得」の場合についても同様である。

4 自己が成熟させた果樹等

① 成熟させるために取得をした果樹等に係る購入の代価若しくはその取得の時における当該資産の取得のために通常要する価額又は種苗費の額並びに当該取得をした果樹等の成熟のために要した肥料費，労務費及び経費の額

② 成熟させた果樹等を事業の用に供するために直接要した費用の額

5 適格合併，適格分割，適格現物出資又は適格現物分配により移転を受けた減価償却資産

① 適格合併等（適格合併又は適格現物分配（残余財産の全部の分配に限る。））により移転を受けた減価償却資産

　イ　当該適格合併等に係る被合併法人等（被合併法人又は現物分配法人）が当該適格合併の日の前日又は当該残余財産の確定の日の属する事業年度

において当該資産の償却限度額の計算の基礎とすべき取得価額

ロ　当該適格合併等に係る合併法人又は被現物分配法人が当該資産を事業の用に供するために直接要した費用の額

② 適格分割等（適格分割，適格現物出資又は適格現物分配（残余財産の全部の分配を除く。））により移転を受けた減価償却資産

イ　当該適格分割等に係る分割法人，現物出資法人又は現物分配法人が当該適格分割等の日の前日を事業年度終了の日とした場合に当該事業年度において当該資産の償却限度額の計算の基礎とすべき取得価額

ロ　当該適格分割等に係る分割承継法人，被現物出資法人又は被現物分配法人が当該資産を事業の用に供するために直接要した費用の額

6　1から5までの方法以外の方法により取得をした減価償却資産

① その取得の時における当該資産の取得のために通常要する価額（時価）

② その資産を事業の用に供するために直接要した費用の額

　上記の減価償却資産に係る原則的な取得価額に関する定めは，従来より，基本的に大きな改正は行われていない。ただし，「5　適格合併，適格分割，適格現物出資又は適格現物分配により移転を受けた減価償却資産に係る取得価額」については，平成13年度税制改正において組織再編成税制が創設されたことに伴い整備された。

　なお，非適格組織再編成によって取得した減価償却資産については，上記6によって取得価額を算定する。

II　特殊な場合の取得価額

　法人税法施行令第54条第2項から第5項までにおいては，特殊な事由が存する場合，すなわち，①自己の建設等に係る減価償却資産について適正な原価計算が行われている場合（法令54②），②圧縮記帳が行われた場合（法令54③），③グループ法人間の非適格合併により譲渡損益調整資産の移転を受

けた場合（法令54④）及び④評価換え等が行われた場合（法令54⑤）の，それぞれにおける取得価額について特例が定められている（なお，平成28年度税制改正により，一定の医療法人が普通法人となった場合の救急医療等確保事業用資産の取得価額についての特例が新設された（新法令54④）。施行は平成29年4月1日以後）。

　ここでは，上掲の③及び④の，グループ法人間の非適格合併により譲渡損益調整資産の移転を受けた場合及び評価換え等が行われた場合の規定について，その内容を確認するものとする。

1　グループ法人間の非適格合併により譲渡損益調整資産の移転を受けた場合の取得価額

　減価償却資産が，グループ法人間において行われた非適格合併により移転を受けた譲渡損益調整資産である場合には，その取得の時におけるその資産の取得のために通常要する価額（時価）及びその資産を事業の用に供するために直接要した費用の額の合計額から，その資産に係る譲渡利益額に相当する金額を減算し，または，その合計額にその資産に係る譲渡損失額に相当する金額を加算した金額をもって，その減価償却資産の償却限度額の計算の基礎となる取得価額とみなされる（法令54④）。

　この取得価額に係る特例は，グループ法人税制の内容を徹底するためのものと理解される。すなわち，非適格合併が行われた場合，資産の移転は時価による移転として捉えられるので，被合併法人においては所有資産に係る含み損益が実現することとなるが，一方で，グループ法人税制においては，譲渡損益調整資産について，グループ法人間で譲渡があった場合には，その譲渡損益については繰り延べることとされている（法61の13）。そこで，グループ法人間において行われる非適格合併の場合にも譲渡損益調整資産についての損益は繰り延べることが定められている（法61の13⑦）。

　このことを前提として，グループ法人間において行われた非適格合併により，合併法人が移転を受けた減価償却資産のうちに譲渡損益調整資産がある

場合には，その譲渡損益調整資産については，時価を取得価額とするのではなく，被合併法人の帳簿価額を引き継ぐこととなる。すなわち，上記「I 6」に対する例外的取扱いとなる。

なお，譲渡損益調整資産とは，固定資産，土地（土地の上に存する権利を含み，固定資産に該当するものを除く。），有価証券，金銭債権及び繰延資産とされている（法 61 の 13①）。ただし，次に掲げる資産は除かれる（法令 122 の 14①）。

① 売買目的有価証券
② その譲渡を受けた他の内国法人において売買目的有価証券とされる有価証券
③ その譲渡の直前の帳簿価額が 1,000 万円に満たない資産

2 評価換え等が行われた場合の取得価額

減価償却資産につき評価換え等が行われたことにより，その帳簿価額が増額された場合には，当該評価換え等が行われた事業年度後の各事業年度においては，当初の取得金額に，その増額された金額を加算した金額に相当する金額をもってその償却限度額の計算の基礎となる取得価額とみなされる（法令 54⑤）。

ここで，評価換え等とは，法人税法施行令第 48 条第 5 項第 3 号に規定する評価換え等をいうものとされ，具体的には，次のとおりとなる。

① 更生計画認可の決定等があった場合の評価換え（法 25②，33 条②③）
② 民事再生等評価換え

これは，法人税法第 25 条第 3 項又は同法第 33 条第 4 項に規定する事実が生じた日の属する事業年度又は連結事業年度において，法人税法第 25 条第 3 項又は同法第 33 条第 4 項に規定する資産に係る評価損益の額を当該事業年度の所得金額又は当該連結事業年度の連結所得金額の計算上，益金の額又は損金の額に算入することをいう。

③ 連結時価評価

これは，連結開始直前事業年度（法61の11①）又は連結加入直前事業年度（法61の12①）において，連結納税の開始に伴う資産の時価評価損益又は連結納税への加入に伴う資産の時価評価損益を当該連結開始直前事業年度又は連結加入直前事業年度の所得金額又は連結所得金額の計算上益金の額又は損金の額に算入することをいう。

④　非適格株式交換等時価評価

これは，非適格株式交換等に係る株式交換完全子法人等の有する資産の時価評価損益（法62の9①）を非適格株式交換等の日の属する事業年度又は連結事業年度の所得金額又は連結所得金額の計算上，益金の額又は損金の額に算入することをいう。

なお，上記の各評価換え等によっては，評価損益の益金算入又は損金算入に伴い帳簿価額が増額又は減額される場合が生ずるが，この規定の対象となるのは，帳簿価額が増額された場合だけである点に注意を要する。

この規定は，平成16年度税制改正において追加されたものであり，この立法趣旨については，次のように解説されている（「改正税法のすべて（平成16年度版）」162頁）。

「評価替え又は時価評価が行われたことによりその帳簿価額が増額された減価償却資産については，その帳簿価額が当初の取得価額を超えることも考えられること，自己創設の営業権のように新たに計上された減価償却資産については当初の取得価額がないことなどを勘案し，その後の償却限度額の計算の基礎となる取得価額は，その増額された金額を当初の取得価額に加算した金額とすることとされたものです。」

ここで，この規定に従って取得価額が増額された後の償却限度額の計算について，計数に基づいて確認する。

（設例）

次の減価償却資産について，償却開始後2事業年度を経過した時点（3事業年度期首）において，評価換えを行い，帳簿価額を400増額した。

　　当初の取得価額：1,000（帳簿価額：800）

耐用年数：10年（定額法償却率：0.100）

残存価額：ゼロ

この場合，評価換え後のみなし取得価額は1,400（＝1,000＋400）となり，この金額を基礎として償却限度額を計算することとなる。したがって，以後の各事業年度における償却限度額は140（＝1,400×0.100）となる。

ここで，評価換え等が行われたことにより，その帳簿価額が増額された場合に，会計帳簿に記載された金額が，評価換え等後の税務上の帳簿価額に満たない場合（この設例における計数によると，会計帳簿に記載された金額が800，税務上の帳簿価額が1,200となる場合（注1））には，その差額400は損金経理の機会を失うことになるため，税法上，みなし損金経理の規定が整備されている（法31⑤，法令61の4）。このみなし損金経理に係る規定は，上記②から④までの評価換えの場合について適用される。

注(1)　たとえば，民事再生等評価換えは，法人税法の規定に基づいて行われるもので，必ずしも会社法や企業会計における評価換えを前提としたものではないため，会計帳簿に記載された金額が評価換えにより増額された後の税務上の帳簿価額に満たない場合があることが想定されている。

Ⅲ　ソフトウェアの取得価額

1　法人税における取扱い

ソフトウェアの取得価額の算定について，法人税法上は，特別の規定を置いていないので，上記「Ⅰ」のとおり，その態様ごとに，その取得価額を算定することとなる。

ソフトウェアに係る一般的な取得の態様としては，購入する場合と自己制作する場合とが想定される。

ここでまず，ソフトウェアを購入した場合，取得価額の算定に際しては，

購入の代価（附随費用を含む。）とソフトウェアを事業の用に供するために直接要した費用の額との合計額をもって取得価額とする。

　次に，ソフトウェアを自己制作する場合の取得価額については，税務上は，次の取扱いが定められている（なお，取扱いにおいては，「製作」の用語が用いられている）。

（自己の製作に係るソフトウエアの取得価額等）
7-3-15の2　自己の製作に係るソフトウエアの取得価額については，令第54条第1項第2号の規定に基づき，当該ソフトウエアの製作のために要した原材料費，労務費及び経費の額並びに当該ソフトウエアを事業の用に供するために直接要した費用の額の合計額となることに留意する。
　　この場合，その取得価額については適正な原価計算に基づき算定することとなるのであるが，法人が，原価の集計，配賦等につき，合理的であると認められる方法により継続して計算している場合には，これを認めるものとする。
（注）他の者から購入したソフトウエアについて，そのソフトウエアの導入に当たって必要とされる設定作業及び自社の仕様に合わせるために行う付随的な修正作業等の費用の額は，当該ソフトウエアの取得価額に算入することに留意する。

　これによると，自己制作に係るソフトウエアの取得価額については，自己の建設等をした場合の規定に従って算定するものとされている。

　また，取得価額の算定に当たって，適正な原価計算に基づき算定することが原則とされるが，「合理的であると認められる方法により継続して計算」している場合には，簡易な方法によることも容認されている。これは，ソフトウエアの自己制作は，あらゆる業種・業態において様々な形で行われている実態にあることから，製造業における原価計算のように精緻な原価計算を求めることが事務的に煩瑣であって，実務上も困難な場合も少なくないことによるものと解説されている（大澤幸宏編著「法人税基本通達逐条解説（七訂版）」税務研究会，548頁）。

2 意見書及び実務指針における取扱い

第3章においても触れたところであるが，ソフトウェアの会計処理に関しては，意見書及び実務指針が公表されているところであり，次に，意見書及び実務指針におけるソフトウェアの取得価額を構成する制作費に関する記述の内容を確認する。

まず，大きな枠組みとして，ソフトウェアの制作過程には，研究開発に当たる活動が含まれているとし，ソフトウェア制作費のうち，研究開発に該当する部分は研究開発費として費用処理するものとされている（意見書二）。次いで，研究開発費に該当しないソフトウェア制作費に係る会計基準は，取得形態別ではなく，制作目的別に設定されていることが明らかにされている（意見書三3(1)）。

そして，その制作目的に応じて，まず，①販売目的のソフトウェアと②自社利用のソフトウェアに区分され，①販売目的のソフトウェアは，さらに，①-1受注制作のソフトウェアと①-2市場販売目的のソフトウェアに区分した上で，それぞれ，次のとおり，その会計処理が定められている（意見書三(2)，会計基準四）。

①-1　受注制作のソフトウェアの制作費

受注制作のソフトウェアの制作費は，請負工事の会計処理に準じて処理するものとされている。

①-2　市場販売目的のソフトウェア

市場販売目的のソフトウェアについては，製品マスターの制作過程のうち，研究開発に該当する部分については研究開発費として処理し，研究開発の終了後のソフトウェア制作費は無形固定資産として計上することとされている（意見書三(3)，会計基準四2)。

なお，ここでの研究開発とは，「最初に製品化された製品マスター」の完成時点までの制作活動をいい，「最初に製品化された製品マスター」の完成時点は，具体的には次の2点によって判断するものとされている（実務指針8)。

イ　製品性を判断できる程度のプロトタイプが完成していること

ロ　プロトタイプを制作しない場合は，製品として販売するための重要な
　機能が完成しており，かつ重要な不具合を解消していること

　また，研究開発の終了後のソフトウェア制作費の処理については，具体的
に，製品マスター又は購入したソフトウェアの機能の改良・強化を行う制作
活動のための費用は，著しい改良と認められない限り，無形固定資産たるソ
フトウェアの取得価額に算入するものとされているが，バグ取り等，機能維
持に要した費用は，機能の改良・強化を行う制作活動には該当せず，発生時
に費用として処理することとなる（意見書三(3)ロ）。

　さらに，実務指針においては，製品マスターについては，「適正な原価計
算によってその取得原価を算定する」ものと定められている（実務指針10）。

②　自社利用のソフトウェア

　自社利用のソフトウェアについては，そのソフトウェアの利用により，将
来の収益獲得又は費用削減が確実と認められる場合は無形固定資産に計上し，
確実であると認められない場合又は確実であるかどうか不明の場合には費用
処理するものとされている（意見書三(3)ロ，会計基準四3，実務指針11）。

　なお，実務指針においては，自社利用のソフトウェアが，資産計上される
場合の一般的な例が示されているので，参考までに，次に，これを掲げる。

---

①　通信ソフトウェア又は第三者への業務処理サービスの提供に用いるソフトウ
　ェア等を利用することにより，会社（ソフトウェアを利用した情報処理サービ
　スの提供者）が，契約に基づいて情報等の提供を行い，受益者からその対価を
　得ることとなる場合

②　自社で利用するためにソフトウェアを制作し，当初意図した使途に継続して
　利用することにより，当該ソフトウェアを利用する前と比較して会社（ソフト
　ウェアの利用者）の業務を効率的又は効果的に遂行することができると明確に
　認められる場合

　　例えば，当該ソフトウェアを利用することにより，利用する前に比し間接人
　員の削減による人件費の削減効果が確実に見込まれる場合，複数業務を統合す

るシステムを採用することにより入力業務等の効率化が図れる場合，従来なかったデータベース・ネットワークを構築することにより今後の業務を効率的又は効果的に行える場合等が考えられ，ソフトウェア制作の意思決定の段階から制作の意図・効果が明確になっている場合である。

③　市場で販売しているソフトウェアを購入し，かつ，予定した使途に継続して利用することによって，会社（ソフトウェアの利用者）の業務を効率的又は効果的に遂行することができると認められる場合

その他，実務指針においては，ソフトウェアを自社利用する場合を前提として，導入費用の取扱いについて定められている。

まず，外部から購入したソフトウェアについて，そのソフトウェアの導入に当たって必要とされる設定作業及び自社の仕様に合わせるために行う付随的な修正作業等の費用は，当該ソフトウェアの取得価額に含めるものとされている。ただし，これらの費用について重要性が乏しい場合には費用処理することも認められる（実務指針14）。

次いで，自社で過去に制作したソフトウェア又は販売されているパッケージソフトウェアの仕様を大幅に変更して，自社のニーズに合わせた新しいソフトウェアを制作するための費用は，将来の収益獲得又は費用削減が確実であると認められる場合に限り購入ソフトウェアの価額を含めて当該費用を無形固定資産として計上するものとされている（実務指針15）。なお，当該ソフトウェアの利用による将来の収益獲得又は費用削減が認められない，あるいは，不明である場合には，この費用は，研究開発目的のための費用に該当し，費用処理すべきものとされている。

また，ソフトウェアを利用するために必要な，データをコンバートするための費用及びトレーニングのための費用については，それぞれ，その発生した事業年度の費用とし，取得価額には算入されない（実務指針16）。

さらに，ソフトウェアであっても，機械又は器具備品等に組み込まれて，有機的一体として機能する機器組込みソフトウェアは，ソフトウェアとして独立した科目として区分するのではなく，当該機械等の取得原価に算入する

ものとされている（実務指針 17）。

3 法人税における取扱いと意見書及び実務指針における取扱いとの相違点等

ソフトウェアに関する法人税における取扱いと意見書及び実務指針における取扱いは，以上において，それぞれ整理したとおりであるが，ここでは，両者における相違点，留意点について確認するものとする。

① 無形固定資産として計上する費用の範囲

まず，意見書及び実務指針においては，市場販売目的のソフトウェアに係る制作費用ついて，その全部について無形固定資産たるソフトウェアに計上するのではなく，「最初に製品化された製品マスター」の完成時点までの制作活動は研究開発として，その制作費を研究開発費として費用処理するものとされている。

これに対して，法人税の取扱いとして，次のものが存する。

（ソフトウエアの取得価額に算入しないことができる費用）

7-3-15 の 3 次に掲げるような費用の額は，ソフトウエアの取得価額に算入しないことができる。

　⑴ 自己の製作に係るソフトウエアの製作計画の変更等により，いわゆる仕損じがあったため不要となったことが明らかなものに係る費用の額

　⑵ 研究開発費の額（自社利用のソフトウエアについては，その利用により将来の収益獲得又は費用削減にならないことが明らかなものに限る。）

　⑶ 製作等のために要した間接費，付随費用等で，その費用の額の合計額が少額（その製作原価のおおむね 3% 以内の金額）であるもの

これによると，「研究開発費の額」は，ソフトウェアの取得価額に算入しないことができるものとされており，これによって意見書及び実務指針との不一致の解消が図られているものと理解される。

ただし，ソフトウェアの取得価額に算入しないことができる研究開発費と

なる範囲については，意見書及び実務指針と法人税の取扱いにおいて若干の違いがある。すなわち，意見書及び実務指針においては，そのソフトウェアの利用により「将来の収益獲得又は費用削減が確実であることが認められる」に至らない場合に，その製作費が研究開発費とされている（会計基準四2,3，実務指針11）。これに対して，法人税の取扱いでは，ソフトウェアの「利用により将来の収益獲得又は費用削減にならないことが明らかなもの」に限定されている。

要するに，意見書及び実務指針においては，「将来の収益獲得又は費用削減」について，それが不明であるグレーのものについても研究開発費に含めるものとしているが，法人税の取扱いにおいては，はっきりと，その効果が認められないものに限定されている。したがって，この点の処理について注意が必要となる。

② 取得原価の算定

法人税の取扱い及び実務指針は，ともに，取得価額の算定に当たって，適正な原価計算に基づき算定することを原則としている。ただし，法人税の取扱いにおいては，「合理的であると認められる方法により継続して計算」している場合には，簡易な方法によることも容認されている。つまり，必ずしも精緻な原価計算によることに限定されていないので，この点は調整を要する問題となるものと考える。

Ⅳ　減価償却資産の範囲及び取得価額の両者に関連する特殊問題（平成19年度税制改正後の資本的支出の取扱い）

平成19年度税制改正により250％定率法などが導入されたことに伴い，資本的支出に対する取扱いも大きく改正された。改正の内容についての詳細は，以下において確認するが，この改正によって，資本的支出は特異な減価償却資産として認識すべきところとなったと同時に，その取扱いには種々の問題点も存するので，ここでは，それらについて確認するものとする。

1　資本的支出に対する原則的な取扱い

　平成 19 年度税制改正前においては，減価償却資産について資本的支出を行った場合には，その資本的支出の金額を当該減価償却資産の取得価額に加算するものとされていたところ（旧法令 55），改正によって，資本的支出の金額を取得価額として，その資本的支出の対象となった減価償却資産と種類及び耐用年数を同じくする減価償却資産を新たに取得したものとすることとされた（法令 55①）。

　この取扱いにより，平成 19 年 4 月 1 日以後に行われる資本的支出に対して改正後の減価償却制度を適用することが可能となる。

　すなわち，平成 19 年度税制改正により，減価償却制度については，250％定率法の導入，残存価額及び償却可能限度額の廃止などの抜本的な改正が行われ，これらの改正事項は平成 19 年 4 月 1 日以後に取得等される減価償却資産から適用することとされた。

　ここで，平成 19 年 3 月 31 日以前に取得等された既存の減価償却資産に対して行った資本的支出の金額を，従来どおりに，取得価額に加算することとなると，当該資本的支出が平成 19 年 4 月 1 日以後に行われたものであっても，改正前の制度に基づいて減価償却計算が行われることとなる。

　そこで，平成 19 年 4 月 1 日以後に行われた資本的支出については，その対象となった既存の減価償却資産から分離して，新規に同種の減価償却資産を取得したものとすることで，改正後の減価償却制度の適用を可能とすることとした旨説明されている（「改正税法すべて（平成 19 年度版）」254 頁）。

　これによれば，資本的支出に対する原則的な取扱いの改正は，納税者に配慮した改正といえるが，計算技術的な対応という性格が強く，資産の実在性と乖離する点で問題も存するものと考える。たとえば，資本的支出の対象となった既存の減価償却資産を後日，除却などをした場合に，資本的支出部分は，それとは関係なく減価償却計算を継続するなどの問題がある。また，評価換え等を行う場合に，どのように評価対象を特定するのかの問題が生ずる。

　さらに，平成 19 年 4 月 1 日以後に取得等された減価償却資産については，

改正後の減価償却制度が適用されているので，250％定率法と200％定率法との問題を別とすれば資本的支出を分離せしめる必要性に乏しいものと思われる。

2　旧定額法等を採用している場合の特例

平成19年3月31日以前に取得等された減価償却資産について，旧定額法又は旧定率法などの法人税法施行令第48条に規定する償却方法を採用している場合には，資本的支出に対する従前の原則的な取扱いと同様に，その対象となった減価償却資産の取得価額に加算することが認められる（法令55②）。

これは，従前の取扱いどおりとする実務の継続性に配慮し，混乱を生じせしめないものとする意図があるものと推察される。

また，資本的支出の対象となる減価償却資産が旧定率法を採用する建物である場合，平成19年4月1日以後に行われた資本的支出であっても旧定率法による減価償却計算を可能とすることも意図しているものと説明されている（「改正税法のすべて（平成19年度版）」256頁）。すなわち，上記1の原則的取扱いによると，平成19年4月1日以後に行う建物に対する資本的支出については，新規の建物を取得したものとされるので，これについては定額法の適用となるが，この特例によって，平成19年4月1日以後に行われた資本的支出であっても旧定率法による減価償却計算を行うことができる。

3　定率法を採用している場合の特例

前事業年度又は前連結事業年度において資本的支出を行った場合において，その資本的支出の対象となった旧減価償却資産につき定率法を採用し，かつ，その資本的支出により新たに取得したものとされた追加償却資産についても定率法を採用しているときは，当該事業年度の開始の時において，その時における旧減価償却資産の帳簿価額と追加償却資産の帳簿価額との合計額を取得価額とする一の減価償却資産を新たに取得したものとすることが認められ

る（法令55④）。

　なお，250％定率法を採用している旧減価償却資産と200％定率法を採用している追加償却資産との帳簿価額を合計して，一の減価償却資産を新たに取得したものとすることは認められない。換言すると，平成24年4月1日以後に資本的支出を行った場合で，その対象となる減価償却資産が250％定率法を採用するものである場合には，本特例の適用はできないこととなるので，この点に注意を要する。

　ところで，すでに述べたとおり，現行の資本的支出に対する原則的な取扱いにおける問題点の一つとして，資本的支出の対象となる減価償却資産が平成19年4月1日以後に取得等されたものである場合には，敢えて資本的支出を別の減価償却資産として減価償却計算を行う必要性に乏しいと評価し得る点が挙げられる。

　本特例は，この問題点について対応したものと理解されるが，適用対象が，定率法を採用している場合に限られている点は疑問であり，また，定率法に限定している点については明確な説明が行われていない。

　さらに，旧減価償却資産と追加償却資産の取得価額を合算する時期は，その資本的支出をした翌事業年度の期首とされ，資本的支出をした事業年度ではない点にも留意すべきである。なお，この理由についても明確にされていない。恐らくは，資本的支出を行った時期によって資本的支出部分について月割計算をしなければならないことなどの関係であると考えるが，改正前においては，資本的支出を行った場合に，その支出額をその対象となる減価償却資産の取得価額に加算することとしていたのであるから，特に，資本的支出を行った事業年度における合算を認めることに困難な問題があるようにも思われない。

　私見としては，上記2の特例の適用対象を拡大することで，本特例は不要となるのではないかと考える。すなわち，資本的支出の額をその資本的支出の対象となった減価償却資産の取得価額に加算する取扱いについて，資本的支出の対象となった減価償却資産について旧定額法等を採用している場合に

第4章　取得価額　63

限定せずに，新定率法同士など同一の減価償却方法を採用する場合には（ただし，250%定率法と200%定率法とは区別すべきものと考える。），すべて適用対象とすることが適当であると考える。

4　同一事業年度内に複数の資本的支出が行われた場合の特例

　前事業年度又は前連結事業年度において複数の資本的支出がある場合において，その資本的支出により取得した追加償却資産について，そのよるべき償却の方法として定率法を採用しているときは，上記3の適用を受けない追加償却資産のうち，種類及び耐用年数を同じくするものの当該事業年度の開始の時における帳簿価額の合計額を取得価額とする一の減価償却資産を，その開始の時において新たに取得したものとすることが認められる（法令55⑤）。

　本特例は，複数の資本的支出について定率法を採用している場合に適用されるが，上記3で指摘したところと同様に，定率法を採用している場合に適用が限定されている点及び帳簿価額を合算する時期についての問題があるものと考える。

減価償却課税制度

第5章　耐用年数

桜美林大学教授　**野田　秀三**

I　耐用年数の意義

　耐用年数は，固定資産の使用又は所有の価値の減価を各年度に費用配分していく場合の計算の基礎となる年数である。耐用年数は減価償却資産の使用可能な期間を表すものであるが，減価償却の計算要素の一つであることからあらかじめ耐用年数を見積もることが必要となる。

　会計理論では，耐用年数は主に①減価償却資産の費用配分の基礎となる期間，及び②投下資本の回収計算の基礎となる期間として認識している。

　企業会計では，減価償却とは，固定資産に投下された減価償却資産をその使用する期間にわたって費用配分していくことを意味している。この考えのもとでは，減価償却資産は一定の減価償却方法により配分される期間にわたり徐々に費用化していく。費用配分される期間は，使用又は時の経過による物理的な原因による減価と陳腐化あるいは不適応といった機能的な原因による減価により異なってくるが，物理的原因による減価と機能的原因による減価を織り混ぜて算定するのが一般的である。

　投下資本の回収計算の基礎となる期間として耐用年数を認識する場合は，投下資本の回収期間が決定されると回収計画が作成され，回収計画に基づい

て新たな固定資産の企業内への再投資が計画的に行いうることになる。

会計理論では，各企業が独自に個々の減価償却資産の耐用年数を見積もり，合理的に計算した減価償却費を見積もった耐用年数にわたって費用に計上することとする。一方では，わが国では，税務上，確定した決算に基づき算出された企業利益を基にして，課税所得を計算するシステムを採用していることから，企業は税務上の耐用年数と企業会計の耐用年数を財務省令で定めている税務上の耐用年数に一本化して適用しているのが現状である。財務省令で定めている耐用年数は，課税の公平性及び中立性の見地から統一した耐用年数となっている。

Ⅱ　耐用年数の定め方の基本的な考え方

現在の耐用年数は，財務省の「減価償却資産の耐用年数等に関する省令」（以下「耐用年数省令」という。）により細かく規定されているが，その統一された耐用年数の定め方の基本的な考え方は，昭和 26 年（1951）に公表された「固定資産の耐用年数の算定方式」で明らかにされている。その内容は次のとおりである。

① 固定資産の耐用年数は，原則として通常の維持補修を加える場合において，その固定資産の本来の用途用法により現に通常予定される効果を挙げることができる効用持続年数による。

② 効用持続年数は，わが国企業設備の後進性等から考えられる程度の一般的な陳腐化を織り込んでいる。

③ 将来の事情の変化により特別の陳腐化，不適応等が生じた場合は，特別償却することとし，効用持続年数には，これらの事情を考慮しない。

④ 次のような機械及び装置の陳腐化，不適応等が生じた場合は，それを耐用年数に織り込む。

　イ　新規産業でその製造設備が試験期にある等のため全体として安定しておらず，その機械設備が陳腐化，不適応により早急に更新，廃棄される

傾向が顕著であるものは，現在の状況において予測される短縮された効用持続年数とする。

ロ　機械及び装置の全部又は一部が現に陳腐化し，設備の更新が相当規模で行われているもの並びに新製造方法の出現による陳腐化等で，相当規模で設備更新が確実に行われると認められる場合には，設備更新の状況を考慮して短縮された耐用年数を別建てで定める。

⑤　効用持続年数は，固定資産を製作し又は建設する場合において，現況を基準とする技術及び素材の材質等により定める。

⑥　効用持続年数は，原則として，普通の場所に設置され，普通の作業条件により使用される場合の一般的に考えられる年数による。なお，特殊な立地条件，作業条件等により，一般的年数と区別して年数を定める必要がある場合は，その旨を明記して特別に示す。

⑦　機械設備における総合償却年数は，中庸と認められるモデルプラント（標準的設備）を選び，作業区分ごとに個別機械の資産価額構成割合により平均年数を算出し，これをもとにして当該の機械産業設備全体についてその作業区分ごとに資産価額構成割合による総合耐用年数を算出する。「固定資産の耐用年数の算定方式」では，以上の基本的な耐用年数の定め方をもとにして各資産についての効用持続年数を求める方法を個別に明らかにしている。

現在の耐用年数は，使用又は時の経過による物理的な減価原因及び陳腐化又は機能的な原因による価値の減価をもとにして，固定資産の本来の用途用法により現に通常予定される効果を挙げることができる効用持続年数となっている。

税法上の固定資産の耐用年数はこのような考えのもとに定められていることから，当該の固定資産の用途及び用法が時代とともに変化してきており，法定耐用年数については定期的に見直すことが必要となる。

Ⅲ　法定耐用年数の沿革

(1)　大正7年（1918）から昭和26年（1951）

我が国の法人税法上の耐用年数は，大正7年（1918）の大蔵省（現在の財務省）の内規で示された主秘177号主税局長通牒「固定資産ノ減価償却及時価評価損認否取扱方ノ件」で初めて定められている。その後，昭和26年（1951）に「固定資産の耐用年数の算定方式」で耐用年数の定め方が明らかにされている。

(2)　昭和27年（1952）から平成9年（1997）

昭和27年（1952）以降も毎年のように機械及び装置を中心として実情に則するように耐用年数の短縮と新しい設備等の新設が行われてきたが，企業を取り巻く経営環境も先端技術の研究開発の急激な発展により，機械及び装置を中心とした耐用年数の陳腐化が進み，耐用年数の全般的な見直しをすることが産業界から求められていた。

(3)　平成10年（1998）

平成10年（1998）は，中古で取得した中古資産の耐用年数の見積年数の算定方法が定められた。建物の耐用年数は，10%から20%程度の短縮が行われ，最長65年のものは50年に短縮された。

営業権は，平成10年4月1日以後に取得したものについては，償却方法を任意償却から定額法による償却とし，償却期間は10年から5年に短縮されている。

(4)　平成12年（2000）

平成12年（2000）は，ソフトウエアが繰延資産から無形固定資産の区分に変更になり，複写して販売するための原本は3年，その他のものは5年の耐用年数とされた。

(5)　平成13年（2001）

平成13年（2001）に組織再編成税制が設けられ，適格組織再編成におい

て，固定資産を引き継いだ法人の受け入れた固定資産の耐用年数について，次のような取り扱いとなった。

① 適格分社型分割，適格現物出資又は適格事後設立により資産を受け入れた分割承継法人，被現物出資法人又は被事後設立法人は，分割法人，現物出資法人又は事後設立法人がその資産について中古資産の耐用年数の特例を受けている場合は，その中古資産の耐用年数によることとされた。

② 分割承継法人等が適格分社型分割等により分割法人等から移転を受け入れた減価償却資産の耐用年数は，法定耐用年数，移転時の中古資産の見積耐用年数，分割法人等の使用していた見積耐用年数のいずれかを選択適用することが認められている。

電子計算機の耐用年数は，改正前の 6 年からパーソナルコンピュータ（サーバー用を除く）は 4 年，その他のものは 5 年に短縮された。

⑹ 平成 15 年 (2003)

平成 15 年（2003）は，組織再編成税制において，適格合併等により引き継ぎを受けた減価償却資産について，中古資産の耐用年数の見積もりができることになった。これは，平成 15 年 4 月 1 日以後に行う適格合併又は適格分割型分割によって引き継ぎを受けた減価償却資産に適用された。

⑺ 平成 16 年 (2004)

りんご樹の耐用年数が 27 年から，わい化りんご樹は 20 年，その他のりんご樹は 29 年に改正された。

⑻ 平成 19 年 (2007)

半導体用フォトレジスト製造設備は，8 年から 5 年に短縮された。フラットパネルディスプレイ製造設備又はフラットパネル用フィルム材料製造設備は，10 年から 5 年に短縮された。

⑼ 平成 20 年 (2008)

機械及び装置の耐用年数の区分は，390 の区分になっていたが，それを 55 の区分にまとめ，耐用年数も簡素化がはかられた。

70

耐用年数短縮特例では，内国法人が短縮特例の適用を受けた減価償却資産の一部について更新資産と取り替えた場合に，新規取得資産の申請をした場合は新たに耐用年数の短縮特例の承認申請は必要ないとされた。

内国法人が短縮特例を受けた減価償却資産と材質等が同じ資産を新たに取得した場合は，届け出により，新たに取得した資産として，短縮特例の申請は必要ないとされた。

⑽　平成25年（2013）

ブルドーザー，パワーシャベルその他の自走式作業用機械設備の耐用年数が8年としてされた。

Ⅳ　耐用年数の算定方法

1　新規取得資産の耐用年数

新規に取得した資産の耐用年数には，個別耐用年数と総合耐用年数とがある。税法では，減価償却資産の区分ごとに定めた個別耐用年数を適用している。機械及び装置については，原則として総合耐用年数を適用するが，耐用年数が短い等のために総合耐用年数で算定すると不合理になる場合には個別耐用年数を適用する。

2　中古資産の耐用年数

個人又は法人で事業に供されている減価償却資産を取得して事業の用に供した場合には，中古資産として，その中古資産の耐用年数を見積もるが，見積もりができない場合には，簡便法等により見積もる（耐用年数省令3条）。

⑴　取得後の見積もり

個人又は事業で使用された減価償却資産を中古資産として取得した場合は，その取得後の耐用年数の見積もりは，取得後の使用可能期間とする（耐用年数省令3①一）。

第5章　耐用年数　71

⑵　見積もりの簡便法

中古資産の耐用年数を見積もることが困難であるときは，次に示す算定方法による（耐用年数省令3①二）。

イ　法定耐用年数の全部を経過したもの

残存耐用年数＝当該の法定耐用年数×20%

ロ　法定耐用年数の一部を経過したもの

残存耐用年数＝（法定耐用年数－経過年数）＋経過年数×20%

⑶　簡便法が適用できない中古資産

中古資産を取得し事業に使用するにあたって，改良等の資本的支出をした金額が取得価額の50%を超えているときは，簡便法による見積もりはできない。この場合の残存耐用年数は，「耐用年数の適用等に関する取扱通達（以下「耐用年数通達」という）。」により，次の計算式による（耐用年数通達1-5-6）。

$$\text{残存耐用年数}=\frac{\text{当該中古資産の取得価額（資本的支出の額を含む。）}}{\dfrac{\text{当該中古資産の取得価額（資本的支出の額を含まない。）}}{\text{簡便法による残存耐用年数}}+\dfrac{\text{当該中古資産の資本的支出の額}}{\text{当該中古資産に係る法定耐用年数}}}$$

⑷　資本的支出の額が再取得価額の50%を超えるとき

法定耐用年数による（耐用年数通達1-5-2）。

⑸　取得した中古の総合償却資産の見積もり（耐用年数通達1-5-8）

イ　個々の中古資産の残存耐用年数の見積もりが可能なもの

$$\text{残存耐用年数}=\frac{\text{当該中古資産の取得価額の合計額}}{\text{当該中古資産を構成する個々の資産の全部につき，それぞれ個々の資産の取得価額を当該個々の資産について使用可能と見積もられる耐用年数で除して得た金額の合計額}}$$

ロ　個々の中古資産の残存耐用年数の見積もりが困難なもの

当該資産の種類又は設備の種類について定められた法定耐用年数の基礎となった当該個々の資産の個別耐用年数をもとにして，簡便法あるいは資本的支出が含まれた場合の算式で見積もる。

⑹ リース資産の耐用年数

リース資産の耐用年数は，法定耐用年数を適用することが原則であるが，他に貸与している個々の資産についてリース契約期間を耐用年数とする事例もあり，貸与を受けている者の用途等に応じて判定することとされる（耐用年数通達1-1-5）。

3 耐用年数の個別の定め方

現在の財務省令に定められている耐用年数は，前述のように昭和26年に公表された算定方式に基づいている。算定方式では，減価償却資産に共通する耐用年数の定め方に関する基本的な事項を明らかにしたうえで，個別事項の耐用年数の具体的な定め方が示されている。

⑴ 共通事項

① 耐用年数の見直し

算定方式では耐用年数を効用持続年数という概念で明らかにし一般的な陳腐化は織り込まれているとされるが，技術革新が急速に進行している昨今の状況において，一般的な陳腐化は一部の減価償却資産に限られていない。一部の減価償却資産の耐用年数を短縮することによる対応では限界があり，耐用年数の見直しが必要である。

② 機械設備における総合償却年数は，中庸と認められるモデルプラント（標準的設備）を選んで算定されているが，選択されたモデルプラントについての検討は昭和36年以来行われていない。現在のように急速な技術革新によりモデルプラントの構成内容は，相当変化してきていると考えられる。その意味で機械及び装置のモデルプラントの構成内容を吟味し新たなモデルプラントを選定し，それに基づいた総合耐用年数を定めることが求められる。

⑵ 機械及び装置

機械産業では，機械の精度の重要度により，最も精度を要する機械産業，次に位すると思われる機械産業，最も精度を要しない機械産業に分類し，各産業ごとに精度を一級から三級までの三階級に区分し，それぞれの階級で見

積もられた償却年数による級別の償却額の総額に基づいて各産業の総合平均耐用年数が算出されている。機械産業以外での機械及び装置は，使用時間，化学薬品の影響，腐蝕，磨耗等を考慮して耐用年数が定められている。

機械及び装置は，これらの諸要因を基にして耐用年数が定められているが，耐用年数の算定の対象となる機械及び装置の構成内容は技術革新の高まりとともに変化してきているうえに，算定の基礎となる項目の測定方法も科学的な方法の発展により徐々に変化してきていることを考えると耐用年数の算定方式の見直しが望まれる。

⑶　建物

建物は，建物の構造により鉄骨鉄筋コンクリート造又は鉄筋コンクリート造，れんが造，石造又はブロック造，金属造のもの，木造又は合成樹脂造，木骨モルタル造等に細分類され，それぞれの用途別に 9〜14 の耐用年数が定められているが，その用途別の耐用年数については簡素化するのが望ましい。

⑷　構築物・船舶・航空機・その他

構築物は，その用途は様々なものがあり，その耐用年数はその置かれた場所，環境，使用状況等により算定される。船舶は船舶の強度を物理的に算定し，安全度並びに周期的に行う精密検査等を加味して耐用年数を定めている。航空機は，使用時間，使用回数等を加味して耐用年数が定められているが，金属疲労の度合を科学的に測定することにより耐用年数を定めることも重要である。

これらの他に，車両及び運搬具，工具，器具及び備品の耐用年数は，その使用の用途の状況により定められている。

⑸　設備の耐用年数の区分

平成 20 年度税制改正で，耐用年数別表 2 の機械及び装置の設備の種類が，395 から 55 にまとめられたことから，平成 20 年 12 月の耐用年数通達の改正では，「設備の種類」は，55 の種類に該当する小分類の製造設備及びその主な具体例を示している。

例えば，別表 2 の機械及び装置の種類で，「食料品製造業用設備」に該当

する製造業及びその具体例は，次のとおりである。

別表2「機械及び装置」

「食料品製造業用設備」

畜産食料品製造業

部分肉・冷凍用製造業，ハム製造業，乳製品製造業，はちみつ処理加工業

水産食料品製造業

水産缶詰・瓶詰製造業，かまぼこ製造業

野菜缶詰・果実缶詰・農業保存食料品製造業

野菜缶詰・缶詰製造業，乾燥野菜製造業，かんぴょう製造業，野菜漬物製造業

調味料製造業

味そ製造業，しょう油製造業，食酢製造業

糖類製造業

砂糖精製業，ぶどう糖製造業

精穀・製粉業

精米業，小麦粉製造業，米粉製造業

パン・菓子製造業

食パン製造業，氷菓製造業，チューインガム製造業

動植物油脂製造業

牛脂製造業，マーガリン製造業

その他の食料品製造業

レトルト食品製造業，粉末ジュース製造業，パン粉製造業

4 耐用年数の短縮制度

(1) 耐用年数の短縮ができる事由

税法における法定耐用年数は，通常の維持補修を加えることを前提に標準

第 5 章　耐用年数　75

的なモデル・プラントを基にして，本来の用途・用法により予定される効用
持続年数とされる。したがって，個々の具体的な資産の耐用年数（使用可能
期間）が特別な事由により法定耐用年数より短くなっている場合は，納税地
の税務署長を経由して，耐用年数の短縮の承認申請書を国税局長に提出し承
認を受けることが必要である。

　耐用年数を短縮できる要件は，次の事項である（法令57①，基通7-3-18）。

① 　法人が所有している減価償却資産であること。

② 　特別の事由が生じていること。

③ 　見積もられた使用可能期間が，法定耐用年数よりも一割以上短いこと。

④ 　耐用年数の短縮の承認申請書を所轄国税局長に提出し承認を受けてい
　　ること。

ここで特別の事由とされるものは，次の場合である（法令57，法施規16）。

イ　資産の材質，製作方法の相違

ロ　地盤の隆起または沈下の発生（立地条件の特異性）

ハ　著しい陳腐化，不適応

ニ　著しい腐蝕

ホ　著しい損耗

ヘ　資産構成の相違

ト　機械及び装置である場合には，当該資産の属する設備が耐用年数省令
　　別表第二（機械及び装置の耐用年数表）に特掲されていない資産

チ　その他上記イからト7に準ずる事由

　国税庁では，イからチの短縮事由の例として，次のものを挙げている
（「耐用年数の短縮制度について」平成19年（2007）4月）。

　㈦　イの事由の例示

　事務所等として定着的に使用する建物を，通常の建物とは異なる簡易な材
質と製作方法により建設した場合など。

　㈥　ロの事由の例示

　地下水を大量に採取したことにより，地盤沈下したため，建物，構築物等

に特別な減損を生じた場合など。

(ハ)　ハの事由の例示

従来の製造設備が旧式化し，その設備ではコスト高，生産性の低下等により，経済的に採算が悪化した場合など。

(ニ)　ニの事由の例示

汚濁された水域を常時運行する専用の船舶について，船体の腐食が著しい場合など。

(ホ)　ホの事由の例示

レンタル用建設軽機等で，多数の建設業者の需要に応じることから，著しく損耗した場合など。

(ヘ)　への事由の例示

ある製造設備で，その製造設備のモデルプラントにはない資産が組み込まれており，その全体の構成が通常の構成に比して著しく異なる場合など。

(ト)　トの事由の例示

ドライビングシミュレータ（模擬運転装置）のように耐用年数省令第二に特掲されていない設備で，その使用可能期間が，同省令別表第二の「369 前掲の機械及び装置以外のもの」の法定耐用年数に比して著しく短くなる場合など。

(チ)　チの事由の例示

オートロック式パーキング装置（無人駐車管理装置）のように構造及び機能の主要部分が電子計算機であり，屋外等の温度差のある場所において使用されるため，その使用可能期間が法定耐用年数に比して著しく短くなる場合など。

(2)　短縮資産の単位

耐用年数の短縮の対象となる資産の単位は，減価償却資産の種類ごとに，耐用年数が異なるものについては，その異なるものごとに適用する。減価償却資産の種類に構造若しくは用途，細目又は設備の種類の区分が定められているものについては，その構造若しくは用途，細目又は設備の種類の区分ご

とに適用する。ただし，次に掲げる資産は，次の区分ごとに適用する（法基通7-3-19）。

イ　機械及び装置（2以上の工場に同一の種類に属する設備を有するときは，工場ごと）

ロ　建物，建物附属設備，構築物，船舶，航空機又は無形減価償却資産（個々の資産ごと）

ハ　他に貸与している減価償却資産（その貸与している個々の資産ごと，個々の資産が借主における一の設備を構成する機械及び装置の中に2以上含まれているときは2以上の資産）

機械及び装置では，2以上の工場の機械及び装置を合わせて一の設備の種類を構成している場合は，工場別ではなく，設備の種類別となる。

耐用年数の短縮の対象となる資産の単位は，総合償却資産と個別償却資産において次のように取り扱われる。

①　総合償却資産は，同一の総合償却資産ごととする。ただし，2以上の工場に同一種類の設備を有している場合は，工場ごととする。

②　個別償却資産は，個々の資産ごととする。

③　他に貸与している減価償却資産は，貸与している個々の資産ごと

(3)　実際耐用年数の算定方法

実際耐用年数（使用可能期間）は，次の方法により算定する。

イ　個別償却資産の使用可能期間

機械及び装置以外の個別償却資産の耐用年数の短縮に係る実際の耐用年数は，当該資産の取得後の経過年数と耐用年数の短縮をする時以後の見積年数を合計した年数とする。この場合における見積年数は，当該減価償却資産につき使用可能期間を算定しようとする時から通常の維持補修を加え，通常の使用条件で使用するものとした場合において，通常予定される効果をあげることができなくなり更新又は廃棄される時期までの年数である（法基通7-3-20）。

$$使用可能期間 = \frac{短縮事由に該当することとなった}{資産の取得後の経過年数} + \frac{短縮事由に該当すること}{となった後の見積年数}$$

ロ　総合償却資産の使用可能期間

機械及び装置の総合償却資産の耐用年数は，機械及び装置の個々の資産の取得価額を償却基礎価額とし，個々の使用可能期間から個別の減価償却額を算出し総合し，償却基礎価額の総額をその減価償却総額で除した耐用年数とする（法基通 7-3-21）。

$$使用可能期間 = 償却基礎価額の総額 \div 減価償却総額$$

（例）

A 機械　取得価額　300,000 円　使用可能期間　5 年
B 機械　取得価額　200,000 円　使用可能期間　8 年
C 機械　取得価額　100,000 円　使用可能期間　6 年
A 機械の個別減価償却額　300,000 ÷ 5 年 = 60,000 円
B 機械の個別減価償却額　200,000 ÷ 8 年 = 25,000 円
C 機械の個別減価償却額　100,000 ÷ 6 年 ≒ 16,667 円
A 機械，B 機械及び C 機械の総合償却資産の使用可能期間
A 機械，B 機械及び C 機械の取得価額の合計額　600,000 円
A 機械，B 機械及び C 機械の減価償却額の合計額 101,667 円

$$\frac{A 機械，B 機械及び C 機械の}{総合償却資産の使用可能期間} = 600,000 円 \div 101,667 円 = \frac{5.9 年（使用可能期間 5 年）}{（小数点以下切り捨て）}$$

⑷　申請に必要な書類（国税庁資料による）

イ　耐用年数の短縮の承認申請書（2 部）

ロ　添付書類（2 部）

　㈗承認を受けようとする使用可能期間の算定の明細書

　㈛申請資産の取得価額が確認できる資料（例：請求書等）

　㈜個々の資産の内容及び使用可能期間が確認できる資料

　　　　　（例：見積書，仕様書，メーカー作成資料等）

　㈠申請資産の状況が明らかとなる資料（例：写真，カタログ，設計図等）

　㈥申請資産がリース物件の場合，貸与を受けている者の用途等が確認で

きる書類

(例：リース契約書の写し，納品書の写し等)

(5) 申請書類の提出方法

国税庁によれば，申請書類には，添付書類を漏れなく添付し，申請者（連結法人の場合は連結親法人）の納税地の所轄税務署長を経由して，所轄国税局長あてに提出することになっている。

なお，所轄国税局又は税務署から，追加資料の提出が求められる場合がある。

耐用年数の短縮の申請にあたっては，申請者の耐用年数短縮申請の内容が，税務当局の承認を得るだけの挙証責任があるといえる。

(6) 耐用年数の短縮の適用開始時期

承認を受けた資産については，承認を受けた日の属する事業年度から承認を受けた耐用年数が適用できる。申請書類の提出時期が事業年度末の場合には，承認の日が翌事業年度になる場合があり，申請書類の提出は，早めに提出することが望ましい。

(7) 耐用年数短縮後の償却限度額

内国法人において，耐用年数の短縮が認められた場合の承認を受けた年度以後の償却限度額は，承認を受けた日の属する事業年度以後各事業年度の償却限度額の計算は，その承認に係る未経過使用可能期間をもってその残りの耐用年数とみなすことになっている（法令57①）。

この規定は，平成23年6月の税制改正で陳腐化償却制度が廃止されたことにより，未経過使用可能期間で償却を完了することになったことに伴い改定されたものである。改定以前は，耐用年数の短縮の申請をして認められた場合は，短縮された耐用年数に基づく償却限度額と承認前の耐用年数に基づく償却限度額との差額を陳腐化償却として損金の額に算入することとしていた。

この改正は，平成21年（2009）12月4日に公表された企業会計基準第24号「会計上の変更及び誤謬の訂正に関する会計基準」において，会計上の見

積もりの変更に伴う影響額は将来の期間に反映させる考えを採用し，減価償却資産の耐用年数の見積もりの変更による影響額は，残存耐用年数の期間に減価償却費に含めて費用配分することにしたことに伴うものである。

すなわち，法人税法上でも減価償却資産の耐用年数の見積りの変更に伴う影響額を臨時償却することは廃止し，将来の期間に費用配分する方法に変更したことを受けたものである。

5　法定耐用年数の今後の課題

法人税法上の耐用年数は，法人税法，同施行令，法人税基本通達，減価償却資産の耐用年数等に関する省令，耐用年数の適用等に関する取扱通達で細部にわたり取り扱いが明らかにされている。ここでは，耐用年数に係わることに関して，いくつか検討しておきたい。

法人税法において耐用年数の短縮が認められる場合の当該の減価償却資産の単位は「減価償却資産の種類（その種類につき構造若しくは用途，細目又は設備の種類の区分が定められているものについては，その構造若しくは用途，細目又は設備の種類の区分）ごとに，かつ，耐用年数の異なるものごとに適用する。」（法基通7-3-19）としている。ただし，機械及び装置は，2以上の工場に同一種類のものがある場合は工場ごととされるが，この場合でも減価償却資産の区分は種類別，耐用年数の異なるものごとに区分される。しかしながら，このような減価償却資産の単位では，現在の製造過程のシステム化が進んでいる企業において，耐用年数の短縮を行うのは困難であり，したがって，製品別，工程別及び工場別に，該当する減価償却資産の耐用年数の短縮を一括して行うことができるようにすることが望ましい。

耐用年数の短縮を申請する場合に，特別の事由が生じていることが要件となっているが，その特別の事由に需要構造の変化を付け加えるべきである。技術革新が今日のように急速に進展しているなかで，新製品を製造販売しても新製品のライフサイクルはしだいに短くなっており，新製品を製造する機械及び装置も部分的あるいは全面的に新しい技術によるものと取り替えなけ

ればならない。このような状況を考慮して需要構造の変化も耐用年数短縮の特別の事由に含めるべきである。

V　わが国の耐用年数制度の改善の方向

わが国の現在の法人税法における耐用年数は，昭和26年（1951）に公表された「固定資産の耐用年数の算定方式」における耐用年数の基本的な考え方に基づいて定められている。

耐用年数の改正は，その後昭和39年（1964）に機械及び装置を中心に平均15%の短縮が行われ，機械及び装置の種類の区分が369になり，昭和41年（1966）には建物の耐用年数が工場用建物，倉庫等を中心に平均15%程短縮された。その後も部分的な耐用年数の改正は行われ，平成10年には建物を中心に耐用年数の短縮が行われた。

耐用年数は，昭和39年（1964）に機械装置を中心として平均15%の短縮が行われ，昭和41年（1966）に建物の耐用年数が工場用建物，倉庫等を中心に15%程短縮された。その後も，部分的な耐用年数の短縮は行われている。

平成19年度税制改正において，減価償却方法が大幅に簡素化され，耐用年数においても，平成20年度税制改正で機械及び装置については，390から55の区分に大幅にまとめられ，耐用年数の大幅な改正が行われている。

今まで法人税法における減価償却資産の耐用年数の定め方についてはいろいろと議論されたところであり，平成20年度税制改正で耐用年数が簡素化されたが，耐用年数の定め方については，次のような問題点を指摘しておきたい。

第一に，現在の耐用年数の算定方式に技術革新や需要構造等の変化による経済的陳腐化等を織り込んで簡素化されたが，今後とも固定資産の種類別に実態調査を行って種類別の耐用年数を定めるべきである。

第二に，固定資産の種類別の耐用年数は，機械及び装置においては，55

の区分にまとめられたが，さらに種類の再統合をして業種の耐用年数を簡素化すべきである。ここで種類別の耐用年数は，1年刻みの耐用年数ではなく，少なくとも3年刻み程度のものでよいと考える。固定資産の種類によっては，更に5年刻み程度にするのが望ましい。なお，ここで種類別の名称は，あまり細かいものとせず，一般的なものにするのが望ましい。

　第三に，耐用年数表に掲げるべき固定資産の種類別の名称は，一般的に現在通用しているものとし，使用されない名称は見直すべきである。

　第四に，耐用年数の定期的な見直しをすべきである。わが国では毎年税制改正で耐用年数の部分的な見直しが行われている。平成10年度の税制改正では建物の耐用年数を10%から20%短縮し，最長50年とする改正が行われた。

　平成20年度には，機械及び装置の耐用年数の区分の見直しが行われ，390の区分から55の区分にまとめ，耐用年数も簡素化がはかられている。

　経済的な急激な変化が生じた場合などの時には，耐用年数の全般的な見直しが必要である。私見では，経済的な要因も絡むことではあるが，おおよそ5年ないし10年の期間ごとに全般的な見直しをするのが望ましいと考える。

　第五に，現在の耐用年数の短縮制度については，短縮の申請をする場合の手続きが繁雑で時間がかかることから，手続きを簡素化すべきである。

　耐用年数の短縮を申請する減価償却資産は，機械及び装置が中心となっているが，機械及び装置以外の減価償却資産においても広い範囲にわたり耐用年数が短縮傾向にあると思われ，産業界からも耐用年数の見直しの要望がだされていることから，耐用年数の短縮制度と並行して減価償却資産全体の耐用年数の見直しをする必要があると思われる。

　第六に，特別償却制度を活用すべきである。租税特別措置法で認められている一時償却と割増償却の特別償却は，国の産業政策上から行われるもので，昭和59年3月の公認会計士協会監査第一委員会報告で当該の特別償却は正規の減価償却としては認められなくなったので税法固有の償却とされた。なお，耐用年数の短縮による臨時償却並びに通常の使用時間を超えて固定資産

を使用する場合の増加償却は，普通償却限度額に含まれることになったので，耐用年数を定める場合の要因となっている。

　法人税法では，耐用年数は，減価償却資産の損金算入限度額を確定するために財務省令により定められている。それは同時に法人税法の課税所得が株主総会で確定した企業利益に基づいて決定されることから，減価償却額の算定基礎である耐用年数は，原則として，法人税法上の耐用年数と企業会計上の耐用年数とは一致したものになっている。その意味から法人税法上の耐用年数は，企業活動の実態にあったものであることが要請されるのであり，この点について，今後さらに検討されなければならない。

参考文献

　武田昌輔編『DHC コンメンタール法人税法』第一法規

　野田秀三（2010）『減価償却の理論と実務』税務経理協会

減価償却課税制度

第6章　減価償却の方法

熊本学園大学教授　**佐藤　信彦**

Ⅰ　は じ め に

　本稿は，減価償却の方法に関する過去から現在に至る議論をまとめ，その中での主要な論点と考えられるところを再検討することを目的としている。通常，減価償却の方法に関連しては，①簿記処理法としての減価償却の記帳方法，②貸借対照表における減価償却累計額の表示方法，③減価償却の適用単位，④減価償却費の計算方法および⑤減価償却方法の変更といった論点が主として存在すると考えられる。

　まず，①減価償却の記帳方法は，簿記処理法として，減価償却を実施したときに減価償却対象資産の帳簿価額を直接減額し，減価償却対象資産の勘定残高を減価償却累計額控除後の金額とするのか，それとも減価償却累計額勘定を用いて間接的に減額し，減価償却対象資産の取得原価を勘定残高として維持するのかという問題であり，前者は直接控除法，後者は間接控除法と呼ばれている。

　次に，②減価償却累計額の表示方法は，建物や機械装置などの個々の科目ごとに取得原価から減価償却累計額を控除して表示する個別控除方式，個々の科目は取得原価を表示しておき，有形固定資産の部のすべての減価償却累

計額の合計額を一括して当該部の末尾に控除する形式で表示する一括控除方式および個々の科目について減価償却累計額を控除後の金額で貸借対照表上記載し，減価償却累計額を注記する注記方式などのような各種の貸借対照表上の表示方法の問題であり，企業会計原則注解【注17】に関連する定めがある。

さらに，③減価償却の適用単位は，個々の資産単位について個別的に減価償却計算および記帳を行なうのか，それとも，複数の資産をひとまとめにして減価償却計算および記帳を行なうのかという問題であり，前者は個別償却，後者は総合償却と呼ばれている。

また，④減価償却費の計算方法は，減価償却対象資産の取得原価を耐用年数中のどの会計期間にどれだけ費用化（減価償却）するのかに関する問題であり，定額法・定率法・級数法等が想起されるであろう。

最後に，⑤減価償却方法の変更は，いったん採用した減価償却方法を，正当な理由に基づいて他の方法に変更することに関する問題である。この問題は，正当な理由との関連で考えると，当初に適切であると結論した方法よりも，その後の状況変化によって別の方法が適切になったということであるから，結局は当初に減価償却方法として何を選択するのが適切であるかという点に帰着することになる。

紙幅の都合から，これらのすべてを取り上げることはできないので，本稿では，④減価償却費の計算方法を中心に，適用上の問題として③減価償却の適用単位を取り上げ検討するとともに，⑤減価償却方法の変更に関する議論の端緒として減価償却方法の選択について若干の検討を試みることにする。

Ⅱ　会計法規における減価償却とその方法

最初に，会計基準および会社法や法人税法における減価償却に関する定めないし規定を確認しておこう。なお，ここでは，一般的な固定資産に関する定めないし規定のみを取り上げ，リース資産やソフトウェアなどの特殊な資

産に関しては，節を改めて検討することとする。

1 会計基準における定め

　会計基準においては，次のとおり企業会計原則の貸借対照表原則第五で，減価償却を実施することを定めた上で，企業会計原則注解【注20】に減価償却の方法に関する定めがおかれている[1]。

　五　（中略）有形固定資産は，当該資産の耐用期間にわたり，定額法，定率法等の一定の減価償却の方法によって，その取得原価を各事業年度に配分し，無形固定資産は，当該資産の有効期間にわたり，一定の減価償却の方法によって，その取得原価を各事業年度に配分しなければならない。（後略）

［注20］　減価償却の方法について（貸借対照表原則五の二）

　固定資産の減価償却の方法としては，次のようなものがある。

(1)　定額法　固定資産の耐用期間中，毎期均等額の減価償却費を計上する方法

(2)　定率法　固定資産の耐用期間中，毎期期首未償却残高に一定率を乗じた減価償却費を計上する方法

(3)　級数法　固定資産の耐用期間中，毎期一定の額を算術級数的に逓減した減価償却費を計上する方法

(4)　生産高比例法　固定資産の耐用期間中，毎期当該資産による生産又は用役の提供の度合に比例した減価償却費を計上する方法

　この方法は，当該固定資産の総利用可能量が物理的に確定でき，かつ，減価が主として固定資産の利用に比例して発生するもの，例えば，鉱業用設備，航空機，自動車等について適用することが認められる。

　なお，同種の物品が多数集まって一つの全体を構成し，老朽品の部分

---

(1)　周知のとおり，減価償却およびその類似概念に関しては，さらに詳しい記述が連続意見書第三にある。

> 的取替を繰り返すことにより全体が維持されるような固定資産について
> は，部分的取替に要する費用を収益的支出として処理する方法（取替
> 法）を採用することができる。

　この【注20】では，定額法，定率法，級数法および生産高比例法を減価
償却方法として取り上げながら，このほかに，取替資産に対して適用する取
替法が取り上げられている。

2　会社法における規定

　次に，会社法においては，会社法自体に規定はないものの，会社計算規則
第5条第2項に「償却すべき資産については，事業年度の末日（事業年度の
末日以外の日において評価すべき場合にあっては，その日。以下この編において同
じ。）において，相当の償却をしなければならない。」との規定がある。この
第5条第2項の規定には，「相当の償却」という用語が存在するだけで，詳
細な記述があるわけではない[2]。そのため，何がそれに該当するかについて
は，解釈にゆだねられているといえよう。一般的に，これは，後述の「規則
償却」を意味するものと解釈されているようである[3]。

3　法人税法における規定

　最後に，法人税法においては，第31条において，次のとおり，損金経理
額と償却限度額に関する説明を行った上で，法人税法施行令第48条から第
53条でさらに，後述する旧定額法，旧定率法，旧生産高比例法，定額法，
定率法（250％定率法・200％定率法），生産高比例法およびリース期間定額法
について規定している[4]。

---

(2)　また，このほかに，会社計算規則第5条第3項第2号に，減損に関する規定が
　　おかれ，「相当の減額」を要する旨の規定がおかれている。
(3)　秋坂（2007）10-11頁，弥永（2007）12頁など参照。
(4)　これらの減価償却方法のほかに，取替法についても規定している。

第6章　減価償却の方法　89

法人税法

（減価償却資産の償却費の計算及びその償却の方法）

「第31条　内国法人の各事業年度終了の時において有する減価償却資産につきその償却費として第22条第3項（各事業年度の損金の額に算入する金額）の規定により当該事業年度の所得の金額の計算上損金の額に算入する金額は，その内国法人が当該事業年度においてその償却費として損金経理をした金額（以下この条において「損金経理額」という。）のうち，その取得をした日及びその種類の区分に応じ，償却費が毎年同一となる償却の方法，償却費が毎年一定の割合で逓減する償却の方法その他の政令で定める償却の方法の中からその内国法人が当該資産について選定した償却の方法（償却の方法を選定しなかつた場合には，償却の方法のうち政令で定める方法）に基づき政令で定めるところにより計算した金額（次項において「償却限度額」という。）に達するまでの金額とする。」

　なお，法人税法施行令第48条の4では，「減価償却資産の特別な償却の方法」として，「内国法人は，その有する第13条第1号から第8号まで（減価償却資産の範囲）に掲げる減価償却資産（次条又は第50条（特別な償却率による償却の方法）の規定の適用を受けるもの並びに第48条第1項第1号ロ及び第6号並びに第48条の2第1項第1号及び第6号（減価償却資産の償却の方法）に掲げる減価償却資産を除く。）の償却限度額を当該資産の区分に応じて定められている第48条第1項第1号から第5号まで又は第48条の2第1項第2号から第5号までに定める償却の方法に代え当該償却の方法以外の償却の方法により計算することについて納税地の所轄税務署長の承認を受けた場合には，当該資産のその承認を受けた日の属する事業年度以後の各事業年度の償却限度額の計算については，その承認を受けた償却の方法を選定することができる。」との規定をおき，これにより級数法などを採用することができるようにして

いる[5]。

Ⅲ　時間を基準とする減価償却方法

　期間を配分基準とする減価償却計算の根本問題は，耐用年数の決定に存する
るが，これが決定されている場合，各事業年度の減価償却費を計算する方法
として次のようなものがある。それは，固定資産が時の経過とともに利用さ
れ，その時間の長さだけ利用されたと考え，それに伴い時の経過とともに減
価償却費が発生するとの仮定に基づいた計算を行うのである。

1　定　額　法

　まず，最も単純に考えるならば，時の経過とともに同じ金額ずつ償却費が
発生するとの仮定がある。この仮定に基づく計算方法が定額法である。つま
り，毎期の減価償却費は次の計算式で計算できる。

$$毎期の減価償却費 = \frac{取得原価 （C）- 残存価額 （S）}{耐用年数 （N）}$$

次の事例で考えてみよう。

（設例 1）備品（取得原価：100 万円，耐用年数：4 年，残存価額：
129,600 円）。
なお，会計期間は 4 月 1 日から 3 月 31 日までの 1 年である。

　この備品の事例では，次のような減価償却費と期末未償却残高が計算され
る（単位：円）。

---

(5)　武田（1995）113 頁参照。

	1年度	2年度	3年度	4年度	合　計
減価償却費額	217,600	217,600	217,600	217,600	870,400
期末未償却残高	782,400	564,800	347,200	129,600	

　このように一定額ずつ帳簿価額が減額していくことから，この方法は，直線法（straight line method）と呼ばれることもある。

2　定　率　法[6]

　これに対して，時の経過とともに固定資産の償却費が発生するという点では定額法と同様であるが，その際，時の経過に応じて一定の割合ずつ毎期の減価償却費額が減少するものと考えて費用化する方法もある。たとえば，毎期○○％ずつ減価償却費額が減少すると仮定するのであるが，このとき具体的には，未償却残高の○○％ずつを減価償却費として計上するという形となる。このような方法を定率法という。

　前述の設例1で考えてみよう。この場合，一定割合だけ減価していくと仮定するので，次のとおり，40％ずつ費用化することになる（単位：円）。

	1年度	2年度	3年度	4年度	合計（D）	C－D
減価償却費額	400,000	240,000	144,000	86,400	870,400	129,600
期末未償却残高	600,000	360,000	216,000	129,600		

　つまり，合計870,400円の減価償却費が計上されることによって，除却時

---

(6)　定額法と比較した定率法の特徴として，定額法は常に取得原価を計算要素として必要とするが，定率法では必要としない点を上げる論者もいる。これは，たとえ使用途中に資本的支出があったとしても，資本的支出額を加算した帳簿残高がわかればそれでよく，取得原価を改訂する必要がないという点で，簡便性の点で優れているという主張につながる（太田（1951）233頁，沼田（1975）167頁）。また，定率法では，過年度の減価償却費の過小（または過大）計上はそれ以後の会計期間における減価償却費を大きく（小さく）計上することになるという点で，この方法には自動修正能力がある点も評価されている（沼田（1975）170-174頁）。

には残存価額の 129,600 円に帳簿価額がなる。ちなみに，定額法の場合でも，合計 870,400 円の減価償却費が計上されることによって，除却時には残存価額の 129,600 円に帳簿価額がなるので，全体の会計期間では，費用総額は変わらない。各期の減価償却費は，以下のとおり計算される。

各期（n 期）の減価償却費＝期首未償却残高×減価償却率 α

　なお，未償却残高＝取得原価－減価償却累計額

　　　期首未償却残高＝取得原価×$(1-\alpha)^{n-1}$

　　　減価償却率 $\alpha = 1 - \sqrt[N]{\dfrac{S}{C}}$

ところで，減価償却率 α の計算式は次のとおり求められる[7]。期首未償却残高に減価償却率を乗じて当該会計期間の減価償却費を算出し，それを期首未償却残高から控除することで期末未償却残高が算出され，この金額が次期の期首未償却残高となるが，この関係を表にすれば次のとおりである。

減価償却率 α の計算式の求め方

期末	期首未償却残高	減価償却費	期末未償却残高
1	C	$C \times \alpha$	$C - C \times \alpha = C(1-\alpha)$
2	$C(1-\alpha)$	$C(1-\alpha) \times \alpha$	$C(1-\alpha) - C(1-\alpha) \times \alpha = C(1-\alpha)^2$
3	$C(1-\alpha)^2$	$C(1-\alpha)^2 \times \alpha$	$C(1-\alpha)^2 - C(1-\alpha)^2 \times \alpha = C(1-\alpha)^3$
⋮	⋮	⋮	⋮
n	$C(1-\alpha)^{n-1}$	$C(1-\alpha)^{n-1} \times \alpha$	$C(1-\alpha)^{n-1} - C(1-\alpha)^{n-1} \times \alpha = C(1-\alpha)^n$

この表から，耐用年数 N 年が経過した後の未償却残高は，以下のとおりとなる。

$$C(1-\alpha)^N$$

これが，残存価額 S に一致するような α が条件を充たすことになる。そこで，以下の等式が得られる。

---

(7)　太田（1951）232 頁にも，説明は少ないが，同様の算式が展開されている。

$$C\ (1-\alpha)^N = S$$

まず，この等式の両辺を C で割る。すると，次の式が得られる。

$$(1-\alpha)^N = \frac{S}{C}$$

次に，両辺の N 乗根を取る。すると，$(1-\alpha)^N$ の N 乗根は $(1-\alpha)$ に，$\frac{S}{C}$ は $\sqrt[N]{\frac{S}{C}}$ になるので，次の式が得られ，これから，α は，上述のとおり算定される。

$$1-\alpha = \sqrt[N]{\frac{S}{C}}$$

ところで，定額法と定率法の減価償却費の金額は，耐用年数全体では同じであるけれども，各会計期間においては，上記の設例 1 の計算結果からも明らかなように，初期には定率法のほうが相当多額に上っている。これは，定率法では，初期に比較して後期の減価償却費の金額が相当低減していることに起因している。この点について，耐用年数が長くなればなるほど，逓減度が緩和されることが指摘されている[8]。たとえば，設例 1 の取得原価と残存価額を用いて，耐用年数ごとの減価償却率（年減価償却率）を比較すれば，次のとおりである。

耐用年数	4 年	8 年	16 年	32 年	64 年
定率法（A）	40%	約 22.54%	約 11.99%	約 6.19%	約 3.14%
定額法（B）	21.76%	10.88%	5.44%	2.72%	1.36%
比率（A÷B）	約 1.84	約 2.07	約 2.20	約 2.27	約 2.31

この表から明らかなように，定率法の減価償却率は，耐用年数が長くなれ

_____

(8) この点は，木内（1963）103 頁において指摘されている。

ばなるほど低くなるため，当然のこととして逓減度は緩和されることになる。しかし，定額法と比較するために，年減価償却率の比率を計算すると，比率的には差は拡大していることがわかる。つまり，逓減度を緩和するために耐用年数を長く採ろうとすればするほど，定率法のほうが定額法よりも比率的に多額の減価償却費を計上することとなるのである。そこで，逓減度を緩和する方法として，一定の非償却金額を償却性資産の取得原価に加えて減価償却率と年償却額を計算する方法がかつて主張されていたこともある[9]。たとえば，設例1の数値を前提に，その非償却金額が474,255円とすれば，次のとおり，年償却率が算出される。

$$1 - \sqrt[4]{\frac{129,600 + 474,255}{1,000,000 + 474,255}} = 1 - \sqrt[4]{\frac{603,855}{1,474,255}} = 1 - \sqrt[4]{0.4096} = 1 - 0.8000000\cdots \fallingdotseq 0.2$$

よって，減価償却率は20%となり，年減価償却費と各期間末の未償却残高は次のとおり算出されることになる（単位：円）。なお，端数処理の関係で，減価償却費合計額は要償却額と1円の食い違いが出ている。

	第1期	第2期	第3期	第4期	減価償却費合計
年減価償却費	294,851	235,881	188,705	150,964	870,401
期末未償却残高	1,179,404	943,523	754,818	603,854	

たとえば，土地付建物のような減価償却性資産と非償却性資産とが組み合わされて利用されるようなケースでは，まさに，上記のとおりの計算を行えばよい。つまり，土地の取得原価が資産の取得原価にも残存価額にも含められて計算が行われるのである[10]。このように，土地が減価償却計画設定時点において，耐用年数経過後も取得原価と同額におかれ，それを前提に計算が行われているということは，当初と事後の2時点において報告企業にとっ

---

(9) たとえば，太田（1951）234頁，木内（1963）96-99頁。

(10) ただし，太田（1951）は，土地と建物を一勘定によって処理することについては合理性を欠くものとして批判している（234頁）。

て同様の状態にあると認められる資産については同額のままとされているのであり，いわゆる中和化が行われていることを意味するといってよいであろう。しかし，設例1の備品のような資産であれば，土地と一体となって使用されるという想定には無理があるといわざるを得ない。

それでも，逓減度の計算上の緩和だけを目的とするのであれば，一定金額を架空の数値として資産の取得原価に加算して，減価償却費の計算には加味するけれども，その金額は簿外にしておくという方法が考えられる。つまり，第1期の年減価償却費は架空金額の474,255円を含めて計算した294,851円とするが，期末未償却残高は，1,179,404円から架空加算額の474,255円を除外した，705,149円（＝1,179,404円−474,255円＝1,000,000円−294,851円）とするのである。

一方で，耐用年数はそのままに，幾何級数法とされる定率法の減価償却費が，初期に多額に上り後期に急激に少額になる状況を緩和するために，次の算術級数法（以下，級数法という。）は，提唱されたのであるが，文献上は，このほかにも，定額法定率法併用法や定額法定率法平均法なども検討された。

まず，定額法定率法併用法とは，耐用年数の前半では定額法を適用し，後半では定率法を適用するというものである[11]。たとえば，設例1で，前半の2年は定額法，後半2年は定率法を適用する形の定額法定率法併用法を想定すると，年減価償却率 α は，次の式から求められる。

$$(1,000,000 円−1,000,000 円×\alpha×2 年)×(1-\alpha)^2 = 129,600 円$$

その結果，$\alpha ≒ 0.347705\cdots$，つまり，34.7705％　となる。

この年償却率を用いて年減価償却費と期末未償却残高を算出すれば，次のとおりである（単位：円）。

---

(11)　たとえば，木内（1963）99頁。

	第1期	第2期	第3期	第4期	減価償却費合計
年減価償却費	347,705	347,705	105,907	69,083	870,400
期末未償却残高	652,295	304,590	198,683	129,600	

　また，定額法定率法平均法は，定額法の下で算出される減価償却費と定率法の下で算出される減価償却費との平均を取って年減価償却費とするものである[12]。平均であるからそれぞれの比重をどのようにするかで結果は異なるが，それぞれを同程度の比重で平均する単純平均によるならば，次のような計算結果となる（単位：円）。

	第1期	第2期	第3期	第4期	減価償却費合計
定額法年減価償却費	217,600	217,600	217,600	217,600	870,400
定率法年減価償却費	400,000	240,000	144,000	86,400	870,400
平均年減価償却費	308,800	228,800	180,800	152,000	870,400
期末未償却残高	652,295	304,590	198,683	129,600	

　この方法では，定額法による一定額の減価償却費が年減価償却費に含まれるため，定率法だけによった場合に比較して逓減度は緩和されることになるが，定額法の償却費額に占める比重が大きくなればなるほど，逓減度は緩和されることになる。この方法は，ある意味，資産の一部に定額法を，その他の部分に定率法を適用しているのと同じことになる。
　定額法定率法併用法と定額法定率法平均法の発想を組み合わせると，残存価額を取得原価の40%，50%，60%などとして定率法を適用するとともに，60%，50%，40%の残存部分は定額法によって償却するというやり方も考えられる。

---

(12)　たとえば，太田（1951）235頁，木内（1963）99-100頁。

3　級　数　法

先に述べた級数法は，次の計算式に従って年減価償却費を算出する方法である。

$$\text{n 年の減価償却費} = (C - S) \times \frac{N + 1 - n}{N \times (N + 1) \div 2}$$

要するに，毎年一定額ずつ減価償却費が減少していくことになるが，その逓減度は一定率ずつ逓減していく定率法に比べれば，緩和された形となる。設例1を用いて級数法の年減価償却費と期末未償却残高を示せば次のとおりである（単位：円）。ここでは，87,040円が公差となっていることがわかる。

	第1期	第2期	第3期	第4期	減価償却費合計
年減価償却費	348,160	261,120	174,080	87,040	870,400
期末未償却残高	651,840	390,720	216,640	129,600	

ところで，級数法には，ここで示した方法のほかに，任意の一定額を公差とする別の方法もある[13]。この方法によれば，まず定額法によって算出された減価償却額を耐用年数中の中央会計期間（たとえば耐用年数が5年であれば3年目）の減価償却額とし，その金額に，公差として決定した任意の一定額を，中間会計期間よりも前の期間では加算し，後の会計期間では減算していくというものである。

たとえば，取得原価1,000,000円，耐用年数5年，残存価額0円とすると，200,000円（＝1,000,000円÷5年）が中央会計期間である3年目の減価償却額となり，公差を50,000円にしたとすれば，2年目は50,000円を，1年目は100,000円（50,000円×2年）を加算し，4年目は5万円を，5年目は100,000円（50,000円×2年）を減算するというのである。この場合の減価償却費と期末未償却残高は次のとおりとなる（単位：円）。

---

(13)　たとえば，太田（1951）237-238頁参照。

	第 1 期	第 2 期	第 3 期	第 4 期	第 5 期	減価償却費合計
年減価償却費	300,000	250,000	200,000	150,000	100,000	1,000,000
期末未償却残高	700,000	450,000	250,000	100,000	0	

　このタイプの級数法によるならば，公差を増減させることによって，逓減度はさらに緩和することも，逆に急激にすることもどちらも可能となる。もちろん，公差を増額すれば逓減度は急激になり，公差を減額すれば，逓減度は緩和される。

4　利子を加味する減価償却方法

　これまでの減価償却費の計算には利子要素は考慮外におかれていた。しかし，次のとおり利子要素を考慮した減価償却方法もある。

(1)　償却基金法[14]

　償却基金法は，毎期一定額の減価償却費を計上するとともに，それと同額を償却基金に組み入れ，それの運用益部分もさらに償却基金に組み入れるが，その運用益と同額の減価償却費を毎期一定額の減価償却費とともに計上する方法である。

$$\text{毎期の減価償却費 } D = \frac{(C-S) \times r}{(1+r)^N - 1}$$
$$r：利率$$

　利率を 2% とすれば，利子部分を除いた年減価償却費額は，上記の計算式により，次のとおり算出される。なお，ここでは，償却基金への組み入れは期末に行われることを前提にしている。

---

(14)　この方法に関する部分は，太田（1951）248-252 頁，飯野（1979）183-185 頁，馬場（1957）77-79 頁などを参照している。

$$D = \frac{(1,000,000\,円 - 129,600\,円) \times 0.02}{((1+0.02)^4 - 1)}$$

$$= 870,400\,円 \times 0.02 \div (1.08243216 - 1)$$

$$= 17,408\,円 \div 0.08243216 = 211,179.714\cdots円$$

$$\fallingdotseq 211,180\,円$$

この結果，第1期から第4期までの減価償却費の計上に関連する数値を示せば，次のとおりとなる（単位：円）。なお，端数処理の関係で，第4期末の減価償却累計額は要償却額とは2円の食い違いが出ている。

	減価償却費 （A）	償却基金利息（利息対応 減価償却費）（B）	減価償却費 合計(A＋B)	期末減価償却累計額 （＝償却基金残高）
第1期	211,180	0	211,180	211,180
第2期	211,180	4,224（＝211,180×0.02）	215,404	426,584
第3期	211,180	8,532（＝426,584×0.02）	219,712	646,296
第4期	211,180	12,926（＝646,296×0.02）	224,106	870,402

(2)　年金法[15]

年金法は，固定資産に投下した資金に関して，その利息相当分を減価償却に加味する方法である。取得原価を未回収元本額と考えて，毎期一定額の減価償却費（下の計算式による。償却基金法と同様に利子率を2%とすると，231,180円となる。）にその利息相当分を含めて計上した上で，当該未回収元本に対応する利息相当額を戻し入れる形[16]で，減価償却費から除くので，正味の減価償却額は，取得原価から残存価額を差し引きした要償却額と同額になる。

---

(15)　この方法に関する部分は，飯野（1979）186-187頁，馬場（1957）79-81頁などを参照している。

(16)　企業会計基準第24号「会計上の変更及び誤謬の訂正に関する会計基準」の下で，この戻入れ額がどのように取り扱われるのかに関しては，今後の検討課題としたい。

$$減価償却費\ D = \frac{(C-S) \times r}{(1+r)^{N}-1} + C \times r$$

この方法に関しては，連続意見書第三に，「年金法においては，減価償却引当金累計（現在の減価償却累計額…引用者）は減価償却総額に一致するが，減価償却費には利子が算入されるから減価償却費の累計は利子部分だけ減価償却総額を超過する。このように年金法は利子を原価に算入する方法であるため，一般の企業においては適用されていない。しかしながら，利子を原価に算入することが法令等によって認められている公益企業においては，この方法を用いることが適当であると考えられる。」（連続意見書第三・第一・六・1）との記述がある。

Ⅳ　利用高を基準とする減価償却方法

1　生産高比例法

利用高を配分基準とする方法（以下，利用高比例法[17]という。）の一つに生産高比例法がある。連続意見書第三では，「この方法は，前述のように，減価が主として固定資産の利用に比例して発生することを前提とするが，このほか，当該固定資産の総利用可能量が物量的に確定できることもこの方法適用のための条件である。かかる制限があるため，生産高比例法は，期間を配分基準とする方法と異なりその適用さるべき固定資産の範囲が狭く，鉱業用設備，航空機，自動車等に限られている。」（連続意見書第三・第一・六・2）と記述されている。

---

(17)　単に比例法といった場合には，生産高を基礎とするものと収益高を基礎とするものの2つに分けることができるとして，前者を産高法または出来高法，後者を収益法として区別することもある（沼田（1975）184頁）。

2 時間比例法

ところで，総利用可能量として時間数を基準にする方法を時間比例法と呼び，生産高比例法と区別することもある。たとえば，特定の精密機械などにおいて，作業時間や運転時間になどに応じて減価償却費を算出する方法である。航空機用エンジンやバッテリーなどにも適用される可能性がある。仮に，総利用可能量が 20,000 運転時間であるとき，当期の実際運転時間が 1,500 運転時間であれば，要減価償却額の 7.5%（＝1,500 時間÷20,000 時間）を当期の減価償却額とするのである。

3 利用高比例法の特徴

これらの利用高比例法によるならば，減価償却費は利用高に応じて変動するため，固定費ではなく，変動費として位置づけられることになるという指摘もある[18]。なお，これらの利用高比例法については，物量計算ないし数量計算のみが考慮され，その総利用可能量と特定会計期間における実際利用量とが計算要素として用いられている点に特徴がある[19]。

V 減価償却に類似する費用配分方法

1 減 耗 償 却

減耗償却は，生産高比例法に類似する方法で，連続意見書第三には，「減耗性資産に対して適用される方法である。減耗性資産は，鉱山業における埋蔵資源あるいは林業における山林のように，採取されるにつれて漸次減耗し涸渇する天然資源を表わす資産であり，その全体としての用役をもって生産に役立つものではなく，採取されるに応じてその実体が部分的に製品化され

---

(18) 増谷（1967）274 頁参照。
(19) この点について，価格も要素に入れた収益法によるべきであるとの指摘もある（沼田（1975）184-188 頁）。それは，産出物に関して価格変動があるため，本来，価値計算を行う会計計算においては，数量計算だけでは不十分であると考えているのである（沼田（1975）184 頁）。

るものである。したがって，減耗償却は減価償却とは異なる別個の費用配分法であるが，手続的には生産高比例法と同じである。」（連続意見書第三・第一・六・2）との記述がある。

2 取 替 法

連続意見書第三では，「同種の物品が多数集まって一つの全体を構成し，老朽品の部分的取替を繰り返すことにより全体が維持されるような固定資産に対しては，取替法を適用することができる。取替法は，減価償却法とは全く異なり，減価償却の代りに部分的取替に要する取替費用を収益的支出として処理する方法である。取替法の適用が認められる資産は取替資産と呼ばれ，軌条，信号機，送電線，需要者用ガス計量器，工具器具等がその例である。」と記述されている（連続意見書第三・第一・七）[20]。

取替法の前提である取替資産は，老朽品の部分的取替を繰り返すことにより今まさに取り替えられんとする物品から直前に取り替えられた真新しい物品まで，さまざまな使用状態にあるものから構成されているのであるから，全体として見れば，平均的に50％の減価が生起していることになる。しかしながら，取替法を適用するだけでは，その減価がまったく反映されないので，ここに取得原価の50％までの減価償却をあわせて行うべきであるとする根拠が見出される。その結果，主張されているものが50％償却法であり，半額法とも呼ばれる[21]。

しかしながら，取替法は，取替資産に対して適用されるものであり，その取替資産の最大の特徴は，個々の物品から構成される全体（個別物品の集合体）が一つの資産となっていることにある。したがって，個々の物品を個別的に観察して，「今まさに取り替えられんとする物品から直前に取り替えら

---

(20) これに対して，取り替えられた老朽品の取得原価をもって当期費用額とする方法を廃棄法という。
(21) 沼田（1975）222-224頁。なお，ここでは，半額法は財産計算を行っているものとの指摘がなされている。

れた真新しい物品まで，さまざまな使用状態にあるものから構成されている」と見ること自体，集合体としての取替資産をバラバラに分解しているのであり，取替法の基本的考え方とは矛盾する思考であるといわざるを得ない。

Ⅵ　減価償却の適用単位－個別償却と総合償却

1　個別償却

　連続意見書第三によれば，「個別償却は，原則として，個々の資産単位について個別的に減価償却計算および記帳を行なう方法である。個別償却では，耐用年数の到来する以前に資産が除却されるときは，当該資産の未償却残高は除却損として処理される。これに対して，固定資産が耐用年数をこえて使用される場合には，耐用年数終了のときに既に未償却残高がなくなっているから，それ以後の使用に対して減価償却を計上する余地は存在しない。」（連続意見書第三・第一・十）ことになる。

2　総合償却

　これに対して，複数の資産をひとまとめにして実施する減価償却を総合償却といい[22]，これには「2種の方法がある。その1つは，耐用年数を異にする多数の異種資産につき平均耐用年数を用いて一括的に減価償却計算および記帳を行なう方法であり，いま1つは，耐用年数の等しい同種資産又は，

---

(22)　IAS 16号第43項では，「ある有形固定資産の取得原価の総額に対して重要性のある各構成部分については，個別に減価償却しなければならない。」と定められ，続けて，第44項では，航空機の機体部分とエンジン部分を別々に減価償却する例が示されている。また，これらの定めに関連して，教育文書「減価償却とIFRS」では，建物のエレベーターやエアコン設備が，建物の基礎構造よりも耐用年数が短いなどの理由から個別償却するのに適切である例として挙げられている。つまり，このような取扱いは，構成要素ごとの会計処理を指向するものであり，その意味では，構成要素アプローチと捉えることができるが，すでに述べた総合償却とは真逆の発想に基づいていることが分かる。なお，この教育文書については，板津（2015）を参照。

耐用年数は異なるが，物質的性質ないし用途等において共通性を有する幾種かの資産を1グループとし，各グループにつき平均耐用年数を用いて一括的に減価償却計算および記帳を行なう方法である」（連続意見書第三・第一・十）[23]。

　この記述の中には，①耐用年数を異にする多数の異種資産につき平均耐用年数を用いて一括的に減価償却計算および記帳を行なう方法，②耐用年数の等しい同種資産を一つのグループとして一括的に減価償却計算および記帳を行なう方法，および③耐用年数は異なるが，物質的性質ないし用途等において共通性を有する幾種かの資産を一つのグループとし，各グループにつき平均耐用年数を用いて一括的に減価償却計算および記帳を行なう方法の3つがあることがわかる。耐用年数が異なる資産を一括して減価償却費を計算する①と③の方法を狭義の総合償却[24]といい，耐用年数の等しい資産をグループ化して減価償却費を計算する②の方法を組別償却という[25]。

Ⅶ　特殊な資産の減価償却方法

　これまでは一般的な資産を前提に検討してきたが，ここからは，特殊な減価償却方法を適用する資産について検討することにしよう。

---

(23) 連続意見書第三では，「総合償却法のもとでは，個々の資産の未償却残高は明らかでないから，平均耐用年数の到来以前に除去される資産についても，除却損は計上されないで，除却資産原価（残存価額を除く。）が，そのまま減価償却引当金勘定（現在の減価償却累計額勘定…引用者）から控除される。このため総合償却法では，平均耐用年数の到来以後においても，資産が残存する限りなお未償却残高も残存し，したがって，減価償却費の計上を資産がなくなるまで継続して行ないうるのが通常である。」（連続意見書第三・第一・十）との指摘がなされている。

(24) 沼田（1975）は，狭義の総合償却の場合，定率法では総合償却率の算出は不可能であるとしながら（255頁以下）も，定率法の自動修正能力に頼ることの必要性が主張されている（302頁など）。

(25) 飯野（1979）191-192頁。同書によれば，組別償却は分別償却やグループ償却ともいう（192頁）。なお，論者により用語法は異なっている。

1 リース資産の減価償却

リース資産の減価償却については，企業会計基準第 13 号「リース取引に関する会計基準」と企業会計基準適用指針第 16 号「リース取引に関する会計基準の適用指針」に，次のとおり定めがある。

企業会計基準第 13 号

12. 所有権移転ファイナンス・リース取引に係るリース資産の減価償却費は，自己所有の固定資産に適用する減価償却方法と同一の方法により算定する。また，所有権移転外ファイナンス・リース取引に係るリース資産の減価償却費は，原則として，リース期間を耐用年数とし，残存価額をゼロとして算定する。

(中略)

39. 所有権移転ファイナンス・リース取引については，リース物件の取得と同様の取引と考えられるため，自己所有の固定資産と同一の方法により減価償却費を算定することとした。一方，所有権移転外ファイナンス・リース取引については，(注略) 償却方法については，次の観点から，企業の実態に応じ，自己所有の固定資産と異なる償却方法を選択することができるものとした。

⑴ 所有権移転外ファイナンス・リース取引は，前項に記載のとおり，リース物件の取得とは異なる性質も有すること

⑵ 我が国では，これまで自己所有の固定資産について残存価額を 10 パーセントとして定率法の償却率を計算する方法が広く採用されてきており，所有権移転外ファイナンス・リース取引に，自己所有の固定資産と同一の償却方法を適用することが困難であること

企業会計基準適用指針

所有権移転外ファイナンス・リース取引に係る借手の会計処理

28. リース資産の償却方法は，定額法，級数法，生産高比例法等の中

から企業の実態に応じたものを選択適用する。この場合，自己所有の固定資産に適用する減価償却方法と同一の方法により減価償却費を算定する必要はない。

（中略）

112. 所有権移転外ファイナンス・リース取引において，定率法を採用する企業が自己所有の固定資産の償却方法と近似する償却方法を選択したい場合には，級数法を採用すること以外に，残存価額を10パーセントとして計算した定率法による減価償却費相当額に簡便的に9分の10を乗じた額を各期の減価償却費相当額とする方法も認められる（第28項参照）。

このように，リース取引に関する会計基準においては，所有権移転ファイナンス・リース取引におけるリース資産の減価償却方法は，複数の方法からの選択が認められている自己所有の固定資産に関して採用する方法と同じものによるとされ，また，所有権移転外ファイナンス・リース取引におけるリース資産の減価償却方法についても，複数の方法からの選択が認められている。

これに対して税法では，平成19年度の税制改正において，リース取引はリース資産の賃貸人から賃借人への引渡しの時にそのリース資産の売買があったものとして所得金額を計算することとされ（法人税法64の2①），平成20年4月1日以後に締結された所有権移転外リース取引により賃借人が取得したものとされるリース資産の減価償却の方法は，リース期間定額法によることとされた（法人税法施行令48の2①六，⑤四・五）。耐用年数をリース期間とすることは会計基準と同様であるが，減価償却費の期間配分方法が定額法（均等償却）に限定されたのである。

2　のれんの減価償却

のれんについては，そもそも減価償却を行うべきか否かについて，意見の

対立があるが，日本では，企業会計基準第21号「企業結合に関する会計基準」第32項において，「のれんは，資産に計上し，20年以内のその効果の及ぶ期間にわたって定額法その他の合理的な方法により規則的に償却する。(後略)」として，規則償却が要求されている。この定めの中の「定額法その他の合理的な方法」という文言から，のれんの減価償却方法は定額法に限定されているわけではないことが明らかであろう。つまり，定率法や級数法などを採用することは可能である。

ところで，のれんの減価償却方法として実務において実際に用いられていた方法として，逆級数法（inverse sum of the year digit method）がある[26]。逆級数法は，先に述べた級数法とは逆に，一定額ずつ減価償却費が逓増する方法であり，年減価償却費の計算は次の算式によることとなる[27]。

$$\text{n 年の減価償却費} = (C - S) \times \frac{n}{N \times (N + 1) \div 2}$$

この方法は，オーストラリアにおける会計実務に見られたが，次の表のとおり実際に採用されていたことが報告されている。

のれんの減価償却方法

減価償却方法	1993	1994	1995	1996	1997	1998
直線法	38	66	85	77	86	90
逆級数法	7	8	8	3	—	—
その他	1	3	7	—	—	—
非開示	51	18	9	10	6	5
合計	97	95	109	90	92	95

(出所：Tabbits (1995) p.122 Table 13.2 (iv)および Tabbits (1999) p.118 Table 13.2 (iv)の表から筆者作成[28]。)

---

(26) これについては，Brown (1995) に若干の検討がある。
(27) 先述の級数法に関する説明から，これ以外に，任意の一定額を公差とする別の方法もありうることになる。

3 ソフトウェアの減価償却方法－数量基準と収益額基準および定額法併用法

(1) 会計基準の定め

ソフトウェアについては，「研究開発費等に係る会計基準」の「四　研究開発費に該当しないソフトウェア制作費に係る会計処理」において，次のとおり定められている。

「4　ソフトウェアの計上区分

市場販売目的のソフトウェア及び自社利用のソフトウェアを資産として計上する場合には，無形固定資産の区分に計上しなければならない。

5　ソフトウェアの減価償却方法

無形固定資産として計上したソフトウェアの取得原価は，当該ソフトウェアの性格に応じて，見込販売数量に基づく償却方法その他合理的な方法により償却しなければならない。

ただし，毎期の償却額は，残存有効期間に基づく均等配分額を下回ってはならない。」

つまり，ソフトウェア制作費のうち，無形固定資産として計上される可能性のあるものは，市場販売目的のソフトウェア費と自社利用のソフトウェアに関連するものである。なお，減価償却方法に関しては，「(注5) ソフトウェアの減価償却方法について」として，「いずれの減価償却方法による場合にも，毎期見込販売数量等の見直しを行い，減少が見込まれる販売数量等に相当する取得原価は，費用又は損失として処理しなければならない。」との定めもなされている。

(2) 市場販売目的のソフトウェア

市場販売目的のソフトウェアは，まず製品マスター（複写可能な完成品）を制作し，これを複写したものを販売することになる。製品マスターの制作原価のうち，制作仕掛品についてはソフトウェア仮勘定などとするが，完成品

---

(28)　なお，Tabbits（1995）の表では，1992年が2欄あり，1つの欄が1991年の誤植のようであるが，本稿の趣旨には影響しないので，1992年以前は省略した。

についてはソフトウェアなどの勘定科目により，無形固定資産として処理する（研究開発費等実務指針10項）。

　市場販売目的のソフトウェアに関しては，ソフトウェアの性格に応じて最も合理的と考えられる減価償却の方法を採用すべきであるとした上で，「合理的な償却方法としては，見込販売数量に基づく方法のほか，見込販売収益に基づく方法も認められる。」と定め[29]ている（同18項）。

　なお，製品マスターの取得原価を見込販売数量（収益）に基づいて減価償却する場合の，各年度の減価償却費の計算式は以下のとおりである。また，新たに入手可能となった情報に基づいて見込販売数量（または見込販売収益）を変更した場合には，当該変更は将来に期間に影響させる。たとえば，第2四半期会計期間末において見込販売数量（または見込販売収益）を変更した場合には，以下の計算式により当第2四半期累計期間および当第3四半期以降の減価償却費を算定する（同19項）。

$$\text{当第2四半期累計期間の減価償却費} = \text{当期首の未償却残高} \times \frac{\text{当第2四半期累計期間の実績販売数量（収益）}}{\text{当期首における変更前の見込販売数量（収益）}}$$

$$\text{当第3四半期以降の減価償却費} = \text{当第3四半期の期首の未償却残高} \times \frac{\text{当第3四半期以降の実績販売数量（収益）}}{\text{当第3四半期の期首における変更後の見込販売数量（収益）}}$$

---

(29)　なお，この見込販売収益に基づく方法に関しては，IASBが2014年5月12日に公表したIAS16号の改訂のための文書（IASB（2014））で，①収益に基づく減価償却方法は，通常，資産の消費以外の要因も反映するため，有形固定資産の減価償却方法として適切ではないことと，②収益に基づく償却方法は，無形資産の償却方法として適切ではないと推定されるが，無形資産が収益の測定値として表現される場合または収益が無形資産の経済的便益の消費と強い相関があることを証明できる場合のいずれか限られた場合においては，この推定を覆すことができることの2つの見解が示されたため，IFRSでは採用できないものと考えられている。

つまり，市場販売目的のソフトウェアについては，数量基準または収益額基準により算定した金額と残存耐用年数による均等額とを比較して，どちらか大きいほうの金額を減価償却費として計上するのである。

(3) 自社利用のソフトウェア

第2に，将来の収益獲得または費用削減が確実である自社利用のソフトウェアについては，その取得に要した費用を資産計上し，その利用期間にわたり償却する（同11項）。その場合，その利用の実態に応じて最も合理的と考えられる減価償却の方法を採用すべきであるが，一般的には定額法による償却が合理的である（同21項）とされている。

Ⅷ　税務上の減価償却

それではここで，税務上の減価償却方法についての検討に移ることにしよう。2007年度の税制改正によって，税務上の減価償却計算の取扱いが大きく変化した。これは，2007年4月1日以後に取得された減価償却資産に対して適用されるものであるが，減価償却方法に関連ある点は，主として，残存価額が廃止されたことおよび備忘価額1円の維持（法人税法施行令48の2・61）と，従来の定率法に替えて，250%定率法を導入したことである。前者は，残存価額が廃止（ゼロと）されたため，通常の定率法では，年償却率（上述のα）を計算することができなくなったので，通常の定率法は適用が困難となったという点に関連している。それに伴い，後者の250%定率法が，法人税法施行令48の2で導入されるにいたった。

このように残存価額をゼロとした定額法，定率法および生産高比例法と区別するために，2007年3月31日までに取得した資産に対して適用される従来の方法は，それぞれ旧定額法，旧定率法，旧生産高比例法と呼ばれている。つまり，これらの旧定額法，旧定率法および旧生産高比例法は，残存価額を取得原価の10%として減価償却費の計算を行い，取得原価の5%まで減価償却することができる方法である。

1 250% 定率法

250% 定率法は，年減価償却率を，前述（92頁）の算式により求められた率（α）ではなく，定額法の減価償却率に 250% を乗じた率とする新たな定率法である。この場合，使用する年償却率は，残存価額をゼロとした定額法の年償却率の 250% であるが，調整前償却額（＝期首帳簿価額×当該償却率）が，償却保証額（＝取得原価×保証率）に満たないこととなる場合には，その最初に満たないこととなる事業年度の期首帳簿価額を新たな取得原価（改定後取得原価）とした上で，その後の償却費が以後毎年同一となるように当該資産の耐用年数に応じた「改定償却率」を乗じて計算した金額を各事業年度の償却限度額として償却する。なお，この場合でも，耐用年数経過時点で備忘価額１円になるまで償却できる。耐用年数に応じた償却率等の一覧（耐用年数省令別表第十の一部）示せば次のとおりである。

耐用年数	2年	3年	4年	5年	6年	7年	8年	9年	10年
定額法の償却率	0.500	0.334	0.250	0.200	0.167	0.143	0.125	0.112	0.100
250% 定率法の償却率	1.000	0.833	0.625	0.500	0.417	0.357	0.313	0.278	0.250
改定償却率	－	1.000	1.000	1.000	0.500	0.500	0.334	0.334	0.334
保証率	－	0.02789	0.05274	0.06249	0.05776	0.05111	0.05111	0.04731	0.04448

したがって，上述の取得原価 100 万円で，耐用年数６年の場合には，250% 定率法の償却率：0.417，保証率：0.05776，改定償却率：0.500 となり，次の表のような計算をすることとなる。

年数	1年	2年	3年	4年	5年	6年
期首帳簿価額	1,000,000	583,000	339,889	198,155	115,524	57,762
調整前償却額	417,000	243,111	141,734	82,631	48,174	
償却保証額	57,760	57,760	57,760	57,760	57,760	
改定取得価額 ×改定償却率					115,524 ×0.500	
償却限度額	417,000	243,111	141,734	82,631	57,762	57,761
期末帳簿価額	583,000	339,889	198,155	115,524	57,762	1

この場合，5年目に調整前償却額が償却保証額を下回るので，当該事業年度の期首帳簿価額 115,524 円を改定取得価額とし，それに改定償却率 0.500 を乗じた 57,762 円が 5 年度と 6 年度の償却限度額となる。なお，最終年度（6年目）は，備忘価額の 1 円までしか償却できないので，57,761 円（＝57,762 円 － 1 円）が償却限度額となる。

2　200% 定率法

平成 24 年税制改正により，250% 定率法は，その減価償却率が定額法減価償却率の 200% へと変更された（法人税法施行令 48 の 2）。基本的な考え方と計算の仕組みは，250% 定率法と同じである。「平成 24 年 4 月 1 日以後に取得をされた減価償却資産の定率法の償却率，改定償却率及び保証率の表（耐用年数省令別表第十）」を示せば，次のとおりである。

耐用年数	償却率	改定償却率	保証率
2	1.000	—	—
3	0.667	1.000	0.11089
4	0.500	1.000	0.12499
5	0.400	0.500	0.10800
6	0.333	0.334	0.09911
7	0.286	0.334	0.08680
8	0.250	0.334	0.07909
9	0.222	0.250	0.07126
10	0.200	0.250	0.06552

平成 19 年度からの 250% 定率法も，平成 24 年度からの 200% 定率法も，当初は一定率で逓減していく減価償却費を算出しながら，特定の時期（最終年度の除く）から一定額の減価償却費を算出する方法へと変更するものである。つまり，定額法と定率法とを併用している。先にのべた定額法定率法併用法では，最初に定額法を適用し，その後に定率法を適用するのに対して，250% 定率法も 200% 定率法も，最初に定率法を適用し，その後に定額法を適用する点で，適用の順番は逆であるが，定額法と定率法とを適用している

点で変わりはない。その意味では，これらの方法は定額法定率法併用法の1種であると位置づけることができるであろう。

IX 減価償却方法の選択

1 規則償却の意味

IFRS はもとより，日本の会計基準にも，いわゆる資産負債利益観ないし資産負債アプローチ（以下，資産負債利益観[30]という。）の考え方が強く反映していると指摘されることが多い。2時点間の企業の豊かさ（富）の増（減）分として利益（損失）を捉える資産負債利益観においては，資産は豊かさ（富）のプラスの構成要素として位置づけられ，経済資源ないし将来経済便益という本質を与えられる。そのため，一定時点において，その資産が将来経済便益としてどれだけの価値を有しているかが，最も重要となる。逆に言えば，各会計期間への費用配分額の決定などは，その背後に押しやられ，その資産が持つ将来経済便益としての価値額の差額として，各会計期間の費用（場合によっては，収益）が決定されることになるはずである。つまり，この限りでは，減価償却とは相容れない考え方である。

しかしながら，1時点における将来経済便益について信頼性を持って把握することは通常，困難である。そこで，曖昧ではあるが，将来経済便益の減少を一定の仮定に基づいて公式化することが取り入れられ，一定額ずつ減少するとの仮定に基づいて定額法が，一定率ずつ減少するとの仮定に基づいて定率法が適用されるというような形での対処がなされることになる。したがって，規則償却とは，一定の公式によって表現できる原価配分パターンを有する減価償却ということができよう。

このように考えると，すでに述べた減価償却の方法のうち，定額法，定率法，級数法だけではなく，定額法定率法併用法，定額法定率法平均法，逆級

---

(30) 資産負債利益観については，さしあたり佐藤（2015）4-6 頁参照。

数法なども，年減価償却費の金額を一定の公式によって表現できる点で，規則償却に該当するということができよう。それゆえ，たとえば，のれんの減価償却には規則償却が要求されているが，その方法としては，これらの方法のすべてが適用可能であると考えられる。ただし，適用するには，その企業にとっての合理性を説明することができるか否かが鍵となる。

2 減価償却方法の選択基準

　ところで，複数の減価償却方法が認められている場合に，その中から一つの方法を採用するに当たっては，日本の会計基準では，「企業の実態に応じたもの」（リース会計適用指針 28 項）や「その利用の実態に応じて最も合理的と考えられる減価償却の方法」（研究開発費等実務指針 21 項）を選択することが要求されている。ここで問題は，「実態」とは何かということである。上述のとおり，資産負債利益観では，資産は将来経済便益として捉えられていることから，「実態」を「企業の将来経済便益の消費パターン」とする考え方が導き出される。しかし，この考え方を受け入れたとしても，「企業の将来経済便益の消費パターン」とは何かということが次の問題として提起されることになる。

　ここで，まず将来経済便益とは何かが問題となる。たとえば，FASB による公式文書の中には，「これらの将来のキャッシュ・インフロー－たとえば，将来の用役，用役潜在力，将来経済便益，将来の経済活動に対する貢献または経済的価値のようにいかなる名称で呼ばれようと－は，資産の本質的な特徴をなしている。」（CFWDM 100 項）や，「営利企業においては，このような用役潜在力または将来経済便益は，最終的にその営利企業への正味キャッシュ・インフローを生ずる。」（SFAC 6 号 28 項）といった記述があるが，そのような記述からは，将来経済便益が将来キャッシュ・インフローとの関連で理解されていることがわかる。

　そのように考えると，「企業の将来経済便益の消費パターン」の把握に際して，生産物の販売価格の変動を考慮外におくことについて，その是非が問

題となる。すでに述べたとおり，利用高比例法では，考慮外におかれること が当然のように議論されている。また，ソフトウェアの減価償却においても， 販売数量を基準とする方法も，販売価格の変動は考慮外におくことになる。 しかしながら，そもそも減価償却の対象となっている取得原価の決定に際し て，将来経済便益の大きさは，当該固定資産の利用により獲得されるであろ う将来キャッシュ・フロー全体を予測した結果であると考えられる。

　たとえば，ある固定資産を利用して，第1期から第3期まで同じ製品を 1,000個ずつ，合計3,000個製造するとしよう。このとき，当該製品の売価 が，第1期には@10,000円であるのに，第2期には@6,000円，さらに第3 期には@2,000円へと下落することが予測されるが，このとき，他のコスト を考慮した結果に照らして採算がとれると考え，当該固定資産を第1期の期 首に7,500,000円で購入した場合，そこでは，3期分全体として18,000,000 円のキャッシュ・インフローが得られるという想定の下で，取得原価，すな わち取得時点における将来経済便益の測定値である7,500,000円は決まった と考えられる。換言すれば，第1期に10,000,000円，第2期に6,000,000 円，さらに第3期は2,000,000円だけ生じるキャッシュ・インフローが予測 されて7,500,000円は決定されたのであって，3,000個販売されることが予 測されたからではないのである。

　つまり，第1期のキャッシュ・インフロー10,000,000円しか生じないと 想定されれば，それに応じた取得原価となっていたし，逆に第3期のキャッ シュ・インフローが第2期と同額の6,000,000円生じると想定された場合で も，同様にそれに応じた取得原価になったであろう。ここから，生産量とし ては同じであるからといって，将来経済便益も同じだけ消費されたものと考 えて，毎期2,500,000円（＝7,500,000円×1,000個÷3,000個）の減価償却費 を計上するのが果たして適切なのかという疑問が生じるのである。この場合 では，全体としては，採算がとれているのに，第3期はこの減価償却費部分 だけを費用として考慮したとしても，採算割れの損益計算（@2,000円×1,000 個－2,500,000円＝－500,000円，すなわち500,000円の損失の計上）をすることに

なってしまうのである[31]。

X　む　す　び

　ここで，以上の検討内容を要約するだけの紙幅の余裕は残されていない。しかし，減価償却の意味の変化も含めて，現行の会計基準において認められた方法以外の方法を含むさまざまな減価償却方法や現行の会計基準における減価償却方法における規則償却の意味については，これまでの検討によって明らかにできたと思う。会計に関する基本的な考え方が大きく変化している中で[32]，「将来キャッシュ・フローの消費パターン」について，さらなる検討が必要であることなど，かつて大いに議論された減価償却は，古い問題では決してなく，今まさに検討されるべき新しい論点でもあることを最後に強調しておきたい。

<参考文献>

秋坂朝則『設例と仕訳でわかる会社計算規則』税務研究会出版局，2007 年。

飯野利夫『財務会計論（36 版）』同文舘，1979 年。

板津直孝「定率法償却をめぐる議論と IFRS」『野村資本市場クォータリー』2015 Winter 1-8 頁，2015。

太田哲三『固定資産会計』國元書房，1951 年。

---

(31)　このような状況に対しては，減損会計を適用すれば済むと単純に考えることもできるかもしれないが，期間損益計算として，それが適切であるか否かについては議論の余地があるといわざるを得ない。なお，沼田（1975）でも，生産高比例法に関連して，すでに同様の問題として指摘がなされている。そこでは，「用役性の消耗」の意味ということで，「資産を使用して経営が享受しうる用役性の消耗」と「資産の側からの用役性の減少」とが区別されている（沼田（1975）186 頁）が，これとの関連など，この点についてのさらなる検討は他日を期したい。

(32)　佐藤（2015）参照。

木内佳市『減価償却論（6版）』同文舘出版，1963年。

企業会計審議会「企業会計原則と関係諸法令との調整に関する連続意見書　第三　有形固定資産の減価償却について」1960年。文中では，「連続意見書第三」と略す。

佐藤信彦「会計利益と課税所得に関する基本思考」『税務会計研究』第26号1-15頁，2015年。

武田昌輔『立法趣旨　法人税法の解釈（3訂版）』財経詳報社，1995年。

沼田嘉穂『新版固定資産会計（19版）』ダイヤモンド社，1975年。

馬場克三『減価償却論（改訂増補版）』千倉書房，1957年。

増谷裕久『減価償却会計（再版）』中央経済社，1967年。

峯村信吉『減価償却会計』中央経済社，1961年。

弥永真生『コンメンタール会社計算規則・商法施行規則』商事法務，2007年。

Brown P., "A Note on the Inverse (Reverse) Sum-Of-The-Years'-Digits Method and Other ways to Amortise Goodwill," AUSTRALIAN ACCOUNTING REVIEW Vol. 5 No. 1, 1995.

FASB, *Discussion Memorandum An Analysis of Issues Related to Conceptual Framework for Financial Accounting and Reporting: Elements of Financial Statements and Their Measurement*, FASB, 1976. 文中では，「CFWDM」と略す。なお，翻訳に際して，津守常弘監訳『FASB財務会計の概念フレームワーク』（中央経済社，1997年）を参照している。

―, Statement of Financial Accounting Concepts No. 6 *Elements of Financial Statements*, 1985. 文中では，「SFAC6号」と略す。なお，翻訳に際しては，平松一夫・広瀬義州共訳『FASB財務会計の基礎概念＜増補版＞』（中央経済社，2002年）を参照している。

Tibbits, G., "AASB 1013: ACCOUNTING FOR GOODWILL," including in *ACCOUNTING RESEARCH STUDY No.13 AUSTRALIAN COMPANY FINANCIAL REPORTING 1999* ed. by Heazlewood, C. T. & Ryan, J. B. Australian Accounting Research Foundation, 1995.

― "AASB 1013: ACCOUNTING FOR GOODWILL," including in *ACCOUNTING RESEARCH STUDY No.15 AUSTRALIAN COMPANY FINANCIAL REPORTING 1999* ed. by Heazlewood, C. T. & Ryan, J. B. Australian Accounting Research Foundation, 1999.

IASB, IAS No. 16, "*Property, Plant and Equipment*," 2012. なお，翻訳に際し

ては，IFRS 財団編集，企業会計基準委員会翻訳『国際財務報告基準（IFRS）
2015』（中央経済社，2016 年）を参照している。

一，*"Depreciation and IFRS:"* 2010. 企業会計基準委員会「減価償却と IFRS（仮
訳）」2010 年。

一，*"IAS 16 Property, Plant and Equipment and IAS 38 Intangible Assets:
Clarification of acceptable methods of depreciation and amortization,"* 2014.

減価償却課税制度

第7章　特別償却制度

立教大学教授　坂本　雅士

I　はじめに

　特別償却とは減価償却資産の普通償却とは別に，投資の行われた当初にお
いて投資額の一定の割合を償却することであり，それらを損金として認める
ことを特別償却制度という。特別償却は取得原価主義の枠内で行われるため
減価償却制度を利用した課税繰延措置に過ぎないが，企業としては課税猶予
額を資金として運用することができ，国庫から無利息融資を受けるのと同等
の経済効果を享受できる。特別償却制度は，このような効果への期待を媒介
として特定の設備投資等を誘導する，政策的な誘導措置と位置づけられる。
　もとより制度そのものが租税負担の公平性や租税の中立性を阻害する[1]と
いった性質を孕んでいるため，特別償却は個々の政策目的の合理性を判断し
ながら，あくまでも特例的に許容され，制定後もその効果につき不断の検討
が加えられるべきである。このことは，同制度の評価にあたっては個別的・
短期的な視点とともに総合的・長期的な視点にも立脚し，合目的性，合理性
の判断を行う必要があることを意味している。しかしながら，この作業は決

---

(1)　この点については多くの論者が指摘している。例えば，菊谷（2015，51頁），
　　野田（2010，59頁），富岡（2003，1371-1395頁）を参照。

して容易ではない。同制度がどの程度の効果をあげたかは必ずしも実証的に解明されておらず，実効性を伴う評価制度も存在していないからである[2]。それゆえ，ひとたび創設されると既得権益を生み，長期間にわたり存続する傾向にある。

　本章では，特別償却制度に係る今後の議論の基礎を提供すべく，現行規定の整理・検討を出発点として同制度を通時的[3]に分析し，項目数の変遷やその内訳，償却額の推移等を明らかにする。

II　現行の特別償却制度

1　現行制度の概要

　現行の特別償却制度は，租税特別措置法（42の5～48）及び「東日本大震災の被災者等に係る国税関係法律の臨時特例に関する法律」（以下，「震災特例法」という。）（17の2～18の4）において，原則として青色申告法人を対象[4]に時限立法的に認められている。特別償却制度の適用にあたっては，確定申告書に償却限度額の計算に関する明細書及び「租税特別措置の適用状況の透明化等に関する法律」（以下，「租特透明化法」という。）に基づく適用額明細書（平成23年4月1日以後に終了する事業年度分の申告から）を添付することが要件とされている（措法43②等，租特透明化法3①）。なお，収容等の場合の

---

(2)　租税特別措置について，その適用状況を透明化するとともに適切な見直しを推進するために「租税特別措置の適用状況の透明化等に関する法律」が2010（平成22）年3月に成立している。同法は「租税特別措置の適用実態調査の結果に関する報告書」の作成を財務大臣に義務づけているが（5①），その内容は措置ごとの適用法人数・適用額等の一覧であり，見直しの観点からデータを集計し分析する作業は行われていない。

(3)　本論集が『日税研論集　減価償却制度』第5号（1987）の続編であることに鑑み，本章では主に1986（昭和61）年度以降を取り上げる。なお，特別償却制度の創設（1939（昭和14）年）から1986（昭和61）年度までについては，成道（1987）を参照。

(4)　ただし，「サービス付き高齢者向け優良賃貸住宅の割増償却」（措法47）は青色申告法人に限定されない

第7章　特別償却制度　121

圧縮記帳制度の特則又は特定の資産の買換えの圧縮記帳制度の特則の適用を受けた場合には，原則として特別償却制度の適用は認められない（措法64⑥，65の7⑦）。

わが国における特別償却には，初年度特別償却（狭義の特別償却）と割増償却の二つの形態がある。前者は対象資産を事業の用に供した年度に，普通償却限度額に特別償却限度額を加えた金額を償却限度額とする制度であり，後者は対象資産取得後の一定期間に，普通償却の一定割合を償却限度額に加算する制度である。現行税制では，全29項目（初年度特別償却：22項目，割増償却：7項目）もの特別償却が認められているが（平成27年12月1日現在），複数の規定に該当する場合であっても，いずれか一つの規定しか適用することはできない（措法53）。また，特別償却の償却不足額は1年間に限り繰り越して翌事業年度の損金の額に算入できる（措法52の2，震災特例法18の5）等[5]，弾力的な運用が可能となっている。

現行税制で認められている特別償却の概要は，以下のとおりである。

(1)　**初年度特別償却**

①　エネルギー環境負荷低減推進設備等を取得した場合の特別償却（措法42の5）

取得価額の30%（中小企業者等[6]には7%の税額控除（ただし，法人税額の20%を限度。以下同）との選択適用）

②　中小企業者等が機械等を取得した場合等の特別償却（措法42の6）

取得価額（船舶はその取得価額に75%を乗じた金額）の30%（特定生産性向上設備等に該当する場合には即時償却（普通償却限度額を含む取得原価の100%償却）

---

(5)　準備金方式による特別償却準備金の積立不足額についても1年間の繰越しが認められている（措法52の3②）。普通償却には償却不足の繰越しが認められないのに対し，特別償却に限りこのような弾力的な取扱いが認められるのは，税務上の恩典として政策的にその損金計上を許容したものであり，企業の収益状態を考慮して政策効果を高めようという配慮からだと考えられる（武田2005，453頁）。これにより，例えば，特別償却の適用を受けようとする事業年度が欠損である等，その事業年度に特別償却を適用しても効果的でない場合に，弾力的な損金算入が可能となる。

又は7%（特定中小企業者等[7]は10%）の税額控除との選択適用）

③　国家戦略特別区域において機械等を取得した場合の特別償却（措法42の10）

取得価額の50%（建物等は25%，一定規模以上で中核的特定事業に供した機械等は即時償却）（15%（建物等は8%）の税額控除との選択適用）

④　国際戦略総合特別区域において機械等を取得した場合の特別償却（措法42の11）

取得価額の50%（建物等は25%）（15%（建物等は8%）の税額控除との選択適用）

⑤　地方活力向上地域において特定建物等を取得した場合の特別償却（措法42の12）

取得価額の15%（移転計画型の場合には25%）（4%（移転計画型の場合には7%）の税額控除との選択適用）

⑥　特定中小企業者等[8]が経営改善設備を取得した場合の特別償却（措法42の12の3）

取得価額の30%（特定中小企業者等のうち資本金等が3,000万円以下の法人等には7%の税額控除との選択適用）

---

(6)　中小企業者及び農業協同組合等で青色申告書を提出するものをいう。なお，ここで中小企業者とは次に掲げる法人である（措令27の4⑤）。
1　資本金の額又は出資金の額が1億円以下の法人
　ただし，同一の大規模法人（資本金の額若しくは出資金の額が1億円を超える法人又は資本若しくは出資を有しない法人のうち常時使用する従業員の数が1,000人を超える法人をいい，中小企業投資育成株式会社を除く。）に発行済株式又は出資の総数又は総額の2分の1以上を所有されている法人及び2以上の大規模法人に発行済株式又は出資の総数又は総額の3分の2以上を所有されている法人を除く。
2　資本又は出資を有しない法人のうち常時使用する従業員の数が1,000人以下の法人
(7)　中小企業者等のうち資本金又は出資金の額が3,000万円を超える法人以外の法人等及び個人事業者をいう（措令27の6⑨）。
(8)　青色申告書を提出する中小企業者等で，認定経営革新等支援機関による経営の改善に関する指導及び助言を受けた旨を明らかにする書類の交付を受けたものをいう（措法42の12の3①）。

第 7 章　特別償却制度　123

⑦　生産性向上設備等を取得した場合の特別償却（措法 42 の 12 の 5）

取得価額の 50%（建物等は 25%）（4%（建物等は 2%）の税額控除との選択適用）

⑧　特定設備等の特別償却（措法 43）

公害防止設備は取得価額の 8%，近代化船は取得価額の 16%（外航船舶又は環境負荷低減内航船舶は 18%）

⑨　耐震基準適合建物等の特別償却（措法 43 の 2）

取得価額の 25%（技術基準適合施設には 20%）

⑩　関西文化学術研究都市の文化学術研究地区における文化学術研究施設の特別償却（措法 44）

取得価額の 12%（建物等は 6%）

⑪　共同利用施設の特別償却（措法 44 の 3）

取得価額の 6%

⑫　特定農産加工品生産設備の特別償却（措法 44 の 4）

取得価額の 30%

⑬　特定信頼性向上設備等の特別償却（措法 44 の 5）

取得価額の 10%（災害対策用基幹放送設備等は 15%）

⑭　特定地域における工業用機械等の特別償却（措法 45①）

一　過疎地域自立促進特別措置法第二条第一項に規定する過疎地域のうち政令で定める地区；取得価額の 10%（建物等は 6%）

二　沖縄振興特別措置法第三十五条の二第一項に規定する提出産業高度化・事業革新促進計画において同法第三十五条第二項第二号に規定する産業高度化・事業革新促進地域として定められている地区；取得価額の 34%（建物等は 20%）

三　沖縄振興特別措置法第四十二条第一項に規定する提出国際物流拠点産業集積計画において同法第四十一条第二項第二号に規定する国際物流拠点産業集積地域として定められている地区；取得価額の 50%（建物等は 25%）

四　沖縄振興特別措置法第五十五条第一項の規定により経済金融活性化特

別地区として指定された地区；取得価額の 50%（建物等は 25%）

　五　沖縄振興特別措置法第三条第三号に規定する離島の地域；取得価額の 8%

⑮　医療用機器の特別償却（措法 45 の 2）

取得価額の 12%

⑯　復興産業集積区域等において機械等を取得した場合の特別償却（震災特例法 17 の 2①②）

機械及び装置は即時償却，建物等は取得価額の 25%（15%（建物等は 8%）の税額控除との選択適用）

⑰　復興居住区域において被災者向け優良賃貸住宅を取得した場合の特別償却（震災特例法 17 の 2①②）

取得価額の 25%（8% の税額控除との選択適用）

⑱　企業立地促進区域において機械等を取得した場合の特別償却（震災特例法 17 の 2 の 2①②）

機械及び装置は即時償却，建物等は取得価額の 25%（15%（建物等は 8%）の税額控除との選択適用）

⑲　避難解除区域等において機械等を取得した場合の特別償却（震災特例法 17 の 2 の 3①②）

機械及び装置は即時償却，建物等は取得価額の 25%（15%（建物等は 8%）の税額控除との選択適用）

⑳　復興産業集積区域における開発研究用資産の特別償却等（震災特例法 17 の 5）

即時償却

㉑　被災代替資産等の特別償却（震災特例法 18）

機械及び装置，船舶，航空機又は車両運搬具は取得価額の 30%（中小企業者等の場合は 36%），建物等は取得価額の 15%（中小企業者等の場合は 18%）

㉒　再投資設備等[9]の特別償却（震災特例法 18 の 4）

即時償却

第7章　特別償却制度　125

(2)　割増償却

㉓　特定地域における工業用機械等の5年間割増償却（措法45②）

一　半島振興法第二条第一項の規定により半島振興対策実施地域として指定された地区のうち，産業の振興のための取組が積極的に促進されるものとして政令で定める地区；普通償却限度額の32%（建物等は48%）

二　離島振興法第二条第一項の規定により離島振興対策実施地域として指定された地区のうち，産業の振興のための取組が積極的に推進されるものとして政令で定める地区；普通償却限度額の32%（建物等は48%）

三　奄美群島振興開発特別措置法第一条に規定する奄美群島のうち，産業の振興のための取組が積極的に促進されるものとして政令で定める地区；普通償却限度額の32%（建物等は48%）

四　山村振興法第七条第一項の規定により振興山村として指定された地区のうち，産業の振興のための取組が積極的に促進されるものとして政令で定める地区；普通償却限度額の24%（建物等は36%）

㉔　障害者を雇用する場合の機械等の5年間割増償却（措法46）

普通償却限度額の24%（工場用建物等は32%）

㉕　次世代育成支援対策に係る基準適合認定を受けた場合の次世代育成支援対策資産の3年間割増償却（措法46の2）

建物等は普通償却限度額の15%（車両及び器具備品は12%）

㉖　サービス付き高齢者向け優良賃貸住宅の5年間割増償却（措法47）

普通償却限度額の28%（耐用年数が35年以上ある場合には40%）（ただし，平成27年4月1日から平成28年3月31日までに取得等した場合には，半分の償却割合）

㉗　特定都市再生建築物等の5年間割増償却（措法47の2）

一　特定都市再生緊急整備地域における建物等；普通償却限度額の50%

---

(9)　取得又は製作若しくは建設をして，特定復興産業集積区域内における産業集積事業の用に供した機械及び装置，建物及びその附属設備並びに構築物のことをいう（震災特例法18の4）。

二　都市再生緊急整備地域における建物等；普通償却限度額の 30%

三　特定民間中心市街地経済活力向上事業により整備される建物等；普通償却限度額の 30%

四　下水道法の浸水被害対策区域内に建築又は設置される雨水貯蓄構築物；普通償却限度額の 10%

㉘　倉庫用建物等の 5 年間割増償却（措法 48）

普通償却限度額の 10%

㉙　被災者向け優良賃貸住宅の 5 年間割増償却（震災特例法 18 の 2①）

普通償却限度額の 50%（耐用年数が 35 年以上ある場合には 70%）

2　現行制度の特徴分析

(1)　項目と金額にみる特別償却制度

　目的別（対象となる資産別）に特別償却を大まかに分類すると，「耐震・災害対策」（耐震・災害対策資産：⑨⑬⑯～㉒㉙），「地域振興」（地方・特定地域振興対策資産：③⑤⑭㉓㉗，産業促進指定地域で取得した特定資産：④），「企業支援」（中小企業者等が取得した資産：②⑥，産業競争力向上対策資産：⑦，特定農産加工設備：⑫，倉庫用建物：㉘），「育児・障害者支援，雇用対策等」（障害者支援対策資産：㉔，次世代育成支援対策資産：㉕，高齢者向け優良賃貸住宅：㉖），「エネルギー・環境保全」（エネルギー・環境保護対策資産：①⑧），「医療・衛生対策」（共同利用施設：⑪，医療用機器：⑮），「その他」（文化学術研究施設：⑩）となる（図表 1）。

第 7 章　特別償却制度　127

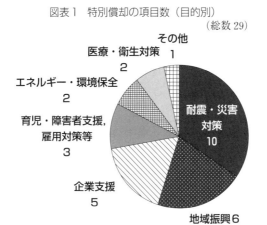

図表 1　特別償却の項目数（目的別）
(総数 29)

　中小企業支援，エネルギー・環境保全，障害者支援，医療・衛生対策といった領域は従来から実施されていたものである。耐震・災害対策，地域振興は，昨今の社会・経済的背景に応じたものであり，特別償却制度がその時々の政策課題の実現のために用いられていることが窺える。これは同制度がもつ政策手段としての利便性の高さ[10]を裏づけるものだが，その一方で特別償却の形態は年々多様化しており，対象となる資産の判定が煩雑になるケース[11]も多く，制度そのものの複雑化が目につく。

　項目数では「耐震・災害対策」（10 項目）が最も多く，次いで「地域振興」（6 項目），「企業支援」（5 項目）と続くが，これを特別償却額（2014 年度[12]）でみると「企業支援」（50.5%）と「エネルギー・環境保全」（48.4%）によってほぼ全てが占められている（図表 2）。詳細は後述（Ⅲ 2 (2)）するが，特別償却額が特定の目的や項目に偏重している状況は「租税特別措置の適用実態調査の結果に関する報告書」が公表されるようになった 2011 年度から確認することができる。

---

(10)　特別償却制度は，政府・課税庁，納税者の双方にとって手続上のコストが少なく，制定（あるいは適用）が容易である。この点，例えば，同様な効果が見込まれる補助金の場合には納税者ごとに申請，審査，承認といった手続きが必要となる。

図表2　特別償却の適用状況（目的別）

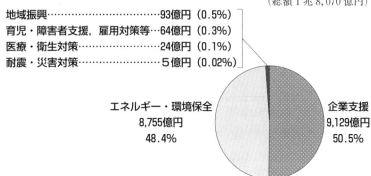

（出所）「租税特別措置の適用実態調査の結果に関する報告書（第190回国会提出）」（財務省，2016）より作成。

---

(11) 例えば，中小企業投資支援税制における特定生産性向上設備等の判定（措法42の6②⑧）では，以下に示す当該資産の要件を勘案しなければならない。
　特定生産性向上設備等とは生産等設備を構成する機械及び装置，工具，器具及び備品，建物，建物附属設備，構築物並びに一定のソフトウエアで，産業競争力強化法第2条第13項に規定する生産性向上設備等に該当するもののうち一定の規模のもの（取得価額要件を満たすもの）である（措法42の12の5①〜④⑦〜⑨）。
　ここでいう生産性向上設備等とは，商品の生産若しくは販売又は役務の提供の用に供する施設，設備，機器，装置又はプログラムであって，事業の生産性の向上に特に資するものとして経済産業省令で定めるもの（以下の「先端設備」又は「生産ラインやオペレーションの改善に資する設備」に該当するもの）を指す（産業競争力強化法2⑬，経産省強化法規則5）。
1　先端設備（次のイ及びロの要件をいずれも満たす設備（経産省強化法規則5一））
　イ　最新モデル要件；設備等ごとに販売開始年度内で最新モデル又は販売開始年度が取得等年度若しくはその前年度のモデルに該当すること
　ロ　生産性向上要件；旧モデル比で生産性指標（生産効率，エネルギー効率，精度等）が年平均1％以上向上していること
2　生産ラインやオペレーションの改善に資する設備
　本制度の対象となる設備のうち，法人が策定した投資計画（投資利益率15％以上（中小企業者等は5％以上）が見込まれることにつき経済産業大臣（経済産業局）の確認を受けたもの限る）に記載されたもの（経産省強化法規則5二）
(12) 本章執筆時には2015年度データが公表されていなかったため2014年度版を用いた。なお，ここには震災特例は含まれていない。震災特例に関する最新データ（2013年度）によると総額で15億円程である（詳しくは，図表6（Ⅲ2(2)）を参照）。

(2) 特別償却の効果

全 29 項目のうち税額控除との選択適用[13]が認められているものが 11 項目（①〜⑦⑯〜⑲）あり，また，初年度特別償却の償却率はこれまで取得価額の 30％ が一般的だったが，50％，100％（普通償却限度額を含む即時償却）といった高い割合（②〜④⑦⑭⑯⑱⑲⑳㉒）も散見される。同制度のもつ政策的な誘導機能が高められているともとれるが，この点については昨今の金利水準も考慮した上で判断すべきであろう。ここで，特別償却の効果（国庫から受ける利息相当分の便益）が償却率によってどのような影響を受けるか検証してみる。

普通償却と特別償却における費用の配分パターンを比較し，「両者の償却差額」，そこから生じる「税負担軽減額」，「無利子借入相当額」，「利息相当額の便益」を（A）償却率 30％ のケースと（B）即時償却のケースに分けて示したもの以下の設例である。なお，経理方法として損金経理方式[14]と利益処分方式が認められているが，企業会計上は剰余金の処分として特別償却準備金を積み立てる方法（利益処分方式）（措法 52 の 3①）が妥当であり，現在ほぼ全ての法人がこの方式によっていると考えられるため，本設例もそれに倣っている。この場合，損金算入された特別償却準備金は翌事業年度以降 7 年（特別償却対象資産の耐用年数が 10 年未満である場合には，5 年と当該耐用年数

---

(13) 特別償却は課税の繰延べであり，税額控除は税額からの一定金額の控除である。特別償却は早期に多額の償却を行うため早期の税負担を，税額控除はトータルでの税負担を軽減させる。ただし，選択にあたっては特別償却率，税額控除率，両者の取扱いの相違（例えば，特別償却を選択して欠損になった場合には繰越控除（最長 9 年間）の適用が受けられるのに対して，税額控除は対象資産の取得年度及び翌年度が欠損となる場合には適用ができない等）に留意すべきである。計算例については，成道（1987，166-171 頁），成松（2012，384-385 頁）を参照。

(14) 具体的には，直接減額方式，間接減額方式，特別償却費を特別償却準備金への繰入れとして処理する方式（引当金方式）がある（措法 52 の 3①）。前二者については「相当の償却」（会社計算規則 5 条②）との関係から特別償却額を費用計上することには問題があり，また，引当金方式は 1981（昭和 56）年商法改正により特定引当金の規定が削除されたことにより認められなくなった。特別償却に係る経理方法の変遷について詳しくは，岩武（2012）を参照。

とのいずれか短い年数）間で均等額を取り崩して益金の額に算入される（措法52の3⑤）。

　下記設例から，利息相当額の便益の合計額は，それぞれ（A）278,890円，（B）743,707円であり，償却率が高いほど特別償却の効果も大きいことが確認できる。ただし，この金額は利率（金利）に直接的に影響をうけることに留意すべきである。一般に金利水準が低い場合には，特別償却の効果も小さくなる。

（設例）4月1日に機械を取得（3月決算法人）

(1) 計算の前提

・　対象資産：機械（取得価額50,000,000円，耐用年数10年，残存価額1円）
・　償却方法：定率法（償却率：0.200）
・　保証率：0.06552
・　改訂償却率：0.250
・　税率：23.4%（2016年度基本税率）
・　利率：2%

(2) 計算結果

(A) 特別償却率30%のケース
（単位：円）

年度	同条件の普通償却との対比					
	普通償却額	普通＋特別償却額	償却差額	税負担軽減額	無利子借入相当額	利息相当額の便益
1	10,000,000	25,000,000	15,000,000	3,510,000	3,510,000	0
2	8,000,000	5,857,143	▲ 2,142,857	▲ 501,429	3,008,571	67,474
3	6,400,000	4,257,143	▲ 2,142,857	▲ 501,429	2,507,143	57,973
4	5,120,000	2,977,143	▲ 2,142,857	▲ 501,429	2,005,714	48,642
5	4,096,000	1,953,143	▲ 2,142,857	▲ 501,429	1,504,286	39,486
6	3,276,800	1,133,943	▲ 2,142,857	▲ 501,429	1,002,857	30,508
7	3,276,800	1,133,943	▲ 2,142,857	▲ 501,429	501,429	21,711
8	3,276,800	1,133,943	▲ 2,142,857	▲ 501,429	0	13,096
9	3,276,800	3,276,800	0	0	0	0
10	3,276,799	3,276,799	0	0	0	0
計	49,999,999	49,999,999	0	0		**278,890**

（注）

・2年度の利息相当額の便益：$67,474 = (3,510,000 \times 0.02)/(1+0.02)^2$

・3年度の利息相当額の便益：$57,973 = (3,008,571 + 67,474) \times 0.02/(1+0.02)^3$

・定率法により減価償却を行う場合には以下の計算による。

　調整前償却額（未償却残高×定率法の償却率）≧償却保証額（取得価額×保証率）の場合

　　定率法の償却限度額＝期首帳簿価額×定率法の償却率

　調整前償却額＜償却保証額の場合

　　定率法の償却限度額＝改定取得価額（調整前償却額が最初に償却保証額に満たなくなる事業年度の期首帳簿価額）×改定償却率

(B) 即時償却のケース　　　　　　　　　　　　　　　　　　　（単位：円）

年度	同条件の普通償却との対比					
	普通償却額	普通＋特別償却額	償却差額	税負担軽減額	無利子借入相当額	利息相当額の便益
1	10,000,000	50,000,000	40,000,000	9,360,000	9,360,000	0
2	8,000,000	2,285,714	▲ 5,714,286	▲ 1,337,143	8,022,857	179,931
3	6,400,000	685,714	▲ 5,714,286	▲ 1,337,143	6,685,714	154,593
4	5,120,000	▲ 594,286	▲ 5,714,286	▲ 1,337,143	5,348,571	129,712
5	4,096,000	▲ 1,618,286	▲ 5,714,286	▲ 1,337,143	4,011,429	105,297
6	3,276,800	▲ 2,437,486	▲ 5,714,286	▲ 1,337,143	2,674,286	81,355
7	3,276,800	▲ 2,437,486	▲ 5,714,286	▲ 1,337,143	1,337,143	57,895
8	3,276,800	▲ 2,437,486	▲ 5,714,286	▲ 1,337,143	0	34,924
9	3,276,800	3,276,800	0	0	0	0
10	3,276,799	3,276,799	0	0	0	0
計	49,999,999	49,999,999	0	0		**743,707**

Ⅲ　特別償却制度の通時的分析

　わが国に特別償却制度が導入されたのは 1939（昭和 14）年のことであり，軍事産業に対する設備投資の促進，それに伴う生産力の増強を目的とするものであった。シャウプ税制のもと公平性を阻害するといった理由により特別償却の大部分が廃止されたが，1951（昭和 26）年から 1969（昭和 44）年までの高度成長期[15]，1970（昭和 45）年から 1973（昭和 48）年までの減速成長期にかけて，なしくずし的に各種の特別償却が制定され，1973（昭和 48）年度には一旦ピーク（15 項目）を迎えている。この頃より，企業間の課税の公平性や中立性の観点[16]をはじめ，相次ぐ制度の創設によって類似の制度を生

----

(15)　この時期，特別償却の創設は戦後経済の復興を至上命題に企業設備の近代化を
　　　図るという狙いから政策上重要な課題となっていた（石 2008，274 頁）。

み出していることや，制度自体の複雑化といった問題点が露呈するようになる。折しも財政危機が叫ばれていた時期であり，特別償却の採用は財政赤字縮小に逆行することもあって統廃合が進められ，1975（昭和50）年度には11項目にまで減少している。その後も財政再建路線は堅持されたものの，民活推進への配慮もあり特別償却は再び漸増し，1986（昭和61）年度には17項目となっている[17]。

　以下では，それ以降，今日に至るまでの特別償却の項目数の変遷やその内訳，特別償却による減収額の推移，直近の償却額等を明らかにする。

1　項目にみる特別償却制度

(1)　項目数の推移

　図表3は，1986（昭和61）年度以降の特別償却の項目数の推移を形態別（初年度特別償却，割増償却）に示したものである。いずれの年度でも，全体の7割超を初年度特別償却が占めており，特別償却制度が初年度特別償却を中心に展開されていることが確認できる。

　総数でみると，1980年代からの増加傾向を維持し，1990年代から2000年代初頭にかけて30項目前後で推移している。その後，徐々に統廃合が行われ，2010（平成22）年度には23項目にまで減少したが，2011（平成23）年度を境に再び増加し，現在では最も多かった2000年前後の水準に戻りつつある。ただし，昨今の増加分のほとんどが震災特例によるものであることに鑑みると，趨勢的には整理統合が進められてきたといえる。

---

(16)　具体的には，特別償却制度が特定の産業分野で用いられていることや，大企業ほど同制度を利用しているといった批判である。詳しくは，石（2008，274-275頁）を参照。

(17)　1986（昭和61）年度までの特別償却の項目数については，成道（1987，155頁）を参照。

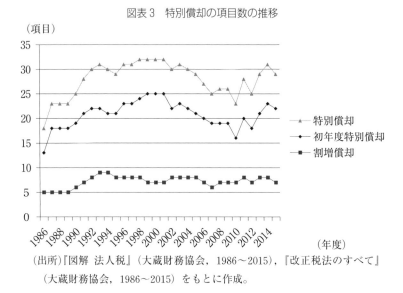

図表3 特別償却の項目数の推移

(出所)『図解 法人税』(大蔵財務協会，1986～2015)，『改正税法のすべて』(大蔵財務協会，1986～2015) をもとに作成。

(2) 構成項目の推移

次に，特別償却の構成項目の推移である (図表4)。1987 (昭和62) 年度には，内需拡大のための機械設備や特定の輸入関連機器に対して特別償却が認められている。この背景には，日本の貿易収支の黒字減らしのために早急の政策転換が迫られ，財政再建が一時棚上げとなったことがある。

平成期 (1989年度～) に入ると，バブル崩壊後の企業支援や地球環境保護に関連する資産の特別償却の創設が目を惹く。1990年代後半には，金融機関が相次いで経営破綻ないし破産宣告される事態に陥り，金融インフラの脆弱化に起因する厳しい経済情勢に対応すべく特定情報通信機器の即時償却制度が創設され，中小企業投資促進税制において特別償却が拡大されている。

2005 (平成17) 年度以降，持続的な経済社会の活性化を実現するための「あるべき税制」の構築に向け，有効な政策税制への集中・重点化を図る一方で，特別償却を含む租税特別措置の整理統合が進められた。この時期，情報基盤強化税制が創設され，研究開発税制や中小企業投資促進税制の見直しが行われている。2011 (平成23) 年度からは，東日本大震災対策，安倍晋三

内閣の「日本再興戦略」のもとでの産業競争力強化対策や中小企業支援，次世代支援，高齢者支援に関連する資産に重点が置かれている。

　全期間（30年）にわたり対象になっているのは，エネルギー・環境保護対策資産，医療用機器，障害者支援対策資産であり，とりわけエネルギー・環境保全といった領域については，2011（平成23）年の東日本大震災以降，「脱・原発」の動きにも呼応して手厚くなっていく傾向がみられる。

図表4　特別償却の構成項目の推移

(年度)

特別償却の構成項目
エネルギー基盤高度化設備等を取得した場合の特別償却（旧措法42の5）
経済社会エネルギー基盤確保設備等を取得した場合の特別償却（旧措法42の5）
エネルギー需給構造改革推進設備等を取得した場合の特別償却（旧措法42の5）
エネルギー需給構造改革推進設備等を取得した場合の特別償却（旧措法42の5）
エネルギー環境負荷低減推進設備等を取得した場合の特別償却（旧措法42の5）
○ 電子機器利用設備を取得した場合等の特別償却（旧措法42の6）
事業基盤強化設備を取得した場合等の特別償却（旧措法42の7）
高度化機械等の取得等をした場合等の特別償却（旧措法42の7①③～⑧）
事業化設備等を取得した場合等の特別償却（旧措法42の8）
中小企業者等が機械等を取得した場合等の特別償却（措法42の6）
沖縄の中小企業者が機械等を取得した場合等の特別償却（旧措法42の10）
情報通信機器等を取得した場合等の特別償却（旧措法42の11）
○ 情報基盤強化設備等に関して…機械等を取得した場合等の特別償却（措法42の11）
○ 国際戦略総合特別区域において…機械等を取得した場合の特別償却（措法42の11）
○ 地方拠点強化…特定建物等を取得した場合の特別償却（措法42の12）
○ 国内の設備投資が増加した場合の機械等の特別償却（措法42の12の2）
○ 特定中小企業者が経営改善設備を取得した場合の特別償却（措法42の12の3）
生産性向上設備等を取得した場合の特別償却（措法42の12の5）
特定設備等の特別償却（措法43）
民間事業者の能力の活用により整備される特定施設に係る特別償却（旧措法43の2）
耐震基準適合建物等の特別償却（措法43の2）
関西文化学術研究都市の文化学術研究地区における文化学術研究施設等の特別償却（措法44）
特定開発研究用資産の特別償却（措法43の3）
特定中核的民間施設の特別償却（旧措法44）
保全事業等資産の特別償却（旧措法44）
地震防災対策用資産の特別償却（旧措法44）
高度技術工業集積地域における高度技術工業用設備の特別償却（旧措法44の2）
特定高度技術産業集積地域における高度技術産業用設備の特別償却（旧措法44の2）
集積産業…の民間施設の特別償却（旧措法44）
開発研究用設備の特別償却（旧措法44の3）
産業構造転換用設備等の特別償却（旧措法44の2）
事業革新設備の特別償却（旧措法44の2）
○ 特定信頼性向上設備等の特別償却（措法44の3）
特定電気通信設備等の特別償却（旧措法44の4）
電波有効利用設備等の特別償却（旧措法44の6）
特定電気通信設備等の特別償却（旧措法44の4）
店舗利用建物等の特別償却（措法44の5）
商業施設等の特別償却（旧措法44の5）
共同利用施設の特別償却（旧措法44の5）
○ 特定産業廃棄物…における産業廃棄物処理施設の特別償却（旧措法44の8）
飼料製造設備…製造設備の特別償却（旧措法44の6）
製造過程管理高度化設備等の特別償却（措法44の4①）
○ 特定農産加工品生産設備の特別償却（措法44の6）
再商品化設備等の特別償却（旧措法44の6）
資源再生利用設備等の特別償却（旧措法44の6）
新用途米穀加工品等製造設備の特別償却（旧措法44条の4②）
特定高度通信設備の特別償却（措法44の5）

特定産業向上設備の特別償却（旧措法44の5）

低開発地域における輸入関連事業用資産の特別償却（旧措法44の10）

特定集積地域等における工業用機械等の特別償却（旧措法45）

中小企業者の投資促進税制用機械等の特別償却（措法45の2）

中小企業者の機械等の特別償却（旧措法45の2）

医療用機器等の特別償却（措法45の2）

特定情報通信機器の即時償却（措法45の3）

特定増改築施設の特別償却（旧措法45の22）

建替え病院用建物の特別償却（旧措法45の23）

障害者対応設備等の特別償却（旧措法46の22）

鉱業用坑道等の特別償却（旧措法49）

中小企業構造改善等事業用共同施設の特別償却（旧措法51）

鉱工業技術研究組合等に対する支出金の特別償却（旧措法52）

製品輸入額が増加した場合の製造用機械等の特別償却（措法42の11）

特定地域における工業用機械等の特別償却（措法45②）

老人保健施設用建物の割増償却（措法45の2②）

特定医療用建物の割増償却（措法45の2②）

特定事業用資産の割増償却（旧措法46）

経営基盤強化計画を実施する特定組合等の構成員の機械等の割増償却（旧措法46）

開発研究用資産の割増償却（旧措法46）

支援事業者用に供する機械の三年内取得資産の割増償却（旧措法46の4）

事業所内託児施設等の割増償却（旧措法46の4）

次世代育成支援に係る基準適合認定を受けた場合の建物等の割増償却（旧措法46の3）

特定再開発建築物等の特定地区内の建物等の割増償却（旧措法46の3）

農業経営改善計画を実施する者が取得する個人の用に供する機械等の割増償却（旧措法46の4）

漁業経営改善計画を実施する者が取得する個人の用に供する機械等の割増償却（旧措法46の4）

優良賃貸住宅等の割増償却（旧措法47）

高齢者向け優良賃貸住宅の割増償却（旧措法47）

サービス付き高齢者向け賃貸住宅の割増償却（措法47）

特定再開発建築物等の割増償却（措法47の2）

特定都市再生建築物の割増償却（措法47の2）

特定賃貸住宅等の割増償却（措法48）

食糧貯蔵用建物等の割増償却（措法48）

復興産業集積区域において機械等を取得した場合の特別償却（震災特例法17の2①②）

復興産業集積区域において被災雇用者等を使用した場合の特別償却（震災特例法17の2①②）

企業立地促進区域において機械等を取得した場合の特別償却（震災特例法17の2の2①②）

避難解除区域等において機械等を取得した場合の特別償却（震災特例法17の2の3①②）

復興産業集積区域における開発研究用資産の特別償却（震災特例法17の5）

被災代替資産等の特別償却（震災特例法18）

再生可能エネルギー発電設備の特別償却（震災特例法18の2）

被災者向け優良賃貸住宅の割増償却（震災特例法18の2）

（出所）「図解　法人税」（大蔵財務協会, 1986〜2015）,「改正税法のすべて」（大蔵財務協会, 1986〜2015）をもとに作成。

（注）・○印は2015年度において施行されている項目。
・網掛けは震災特例に関する項目。

(3) 設置年数による分類

1986（昭和61）年度から2015（平成27）年度の30年間で総計94項目もの特別償却の存在を確認することができる。それらを設置年数別にみると，5年以上が54項目（57.4%），10年以上が32項目（34.0%），15年以上が21項目（22.3%），20年以上が9項目（9.6%），25年以上が7項目（7.4%），30年が3項目（3.2%）となる。5年未満も40項目（42.6%）あるが11項目は現在も存続中であり，さらに内2項目は震災特例によるものである。

特別償却はひとたび制定されるとその6割弱が5年以上存続するわけだが，この点についてはかねて既得権益の問題が指摘[18]されているところであり，税制調査会（2014）でも以下の三つの基準に沿って，ゼロベースでの見直しを行う方向性が示されている（「法人税の改革について」2 (1) ②）。

基準1：期限の定めのある政策税制は，原則，期限到来時に廃止する

基準2：期限の定めのない政策税制は，期限を設定するとともに，対象の重点化などの見直しを行う

基準3：利用実態が特定の企業に集中している政策税制や，適用者数が極端に少ない政策税制は，廃止を含めた抜本的な見直しを行う

なお，現行税制で認められている特別償却29項目のうち，5年以上継続しているのは以下の17項目（内，震災特例6項目）となっている（[　]内は設置年数，目的，2014（平成26）年度の適用件数，適用額[19]）。

・　エネルギー環境負荷低減推進設備等を取得した場合の特別償却（措法42

---

(18)　例えば，富岡（2003, 1372頁）は「とかく，租税特別措置は，ひとたび制定されると，それが創設された当時における国民経済的な視野からする本来の社会公共的な役割が忘却化され，その制度が提供する租税特恵を享受する個々の納税者または特定納税者集団ないし階層の個別的ないし特定利益のためのものとして既得権化される傾向にあるといわざるを得ない」と指摘している。

(19)　適用件数及び適用額は「租税特別措置の適用実態調査の結果に関する報告書（第190回国会提出）」（財務省，2016），「会計検査院法第30条の2の規定に基づく報告書『租税特別措置（法人税関係）の適用状況等について』」（会計検査院，2015）等を参照。なお，震災特例については，2013（平成25）年度の適用件数，適用額を示している。

の 5）［5 年，エネルギー・環境保全，14,252 件，8,499 億円］

- 中小企業者等が機械等を取得した場合等の特別償却（措法 42 の 6）［18 年，企業支援，31,728 件，3,272 億円］
- 国際戦略総合特別区域において機械等を取得した場合の特別償却（措法 42 の 11）［5 年，地域振興，6 件，3 億円］
- 特定設備等の特別償却（措法 43）［30 年，エネルギー・環境保全，41 件，256 億円］
- 関西文化学術研究都市の文化学術研究地区における文化学術研究施設等の特別償却（措法 44）［30 年，その他（文化学術振興），2 件，0.1 億円］
- 共同利用施設の特別償却（措法 44 の 3）［9 年，医療衛生対策，適用なし］
- 特定地域における工業用機械等の特別償却（措法 45①）［14 年，地域振興，127 件，22 億円］
- 医療用機器の特別償却（措法 45 の 2）［30 年，医療・衛生対策，883 件，24 億円］
- 障害者を雇用する場合の機械等の 5 年間割増償却（措法 46）［30 年，育児・障害者支援，雇用対策等，37 件，14 億円］
- サービス付き高齢者向け優良賃貸住宅の 5 年間割増償却（措法 47）［5 年，育児・障害者支援，雇用対策等，146 件，4 億円］
- 倉庫用建物等の 5 年間割増償却（措法 48）［27 年，企業支援，20 件，1 億円］
- 復興産業集積区域等において機械等を取得した場合の特別償却（震災特例法 17 の 2①②）［5 年，耐震・災害対策，9 件，11 億円］
- 復興居住区域において被災者向け優良賃貸住宅を取得した場合の特別償却（震災特例法 17 の 2①②）［5 年，耐震・災害対策，適用なし］
- 復興産業集積区域における開発研究用資産の特別償却等（震災特例法 17 の 5）［5 年，耐震・災害対策，2 件，0.2 億円］
- 被災代替資産等の特別償却（震災特例法 18）［5 年，耐震・災害対策，5

件，0.5 億円］

・ 再投資設備等の特別償却（震災特例法 18 の 4）［5 年，耐震・災害対策，適用なし］

・ 被災者向け優良賃貸住宅の 5 年間割増償却（震災特例法 18 の 2①）［5 年，耐震・災害対策，適用なし］

2 金額にみる特別償却制度

(1) 特別償却による減収額の推移

図表 5 は 1986（昭和 61）年度以降の特別償却による減収額[20] [21]の推移を示したものである。1986（昭和 61）年度から 1998（平成 10）年度まで，特別償却による減収額は 1,000 億円から 1,500 億円の間で推移しており大きな変動はみられない。飛躍的に増えたのは 1999（平成 11）年度から 2000（平成 12）年度にかけての 2 年間であり，その後，一気に減少してから再び増加し，2014（平成 26）年度には過去最大の 4,737 億円となっている。

---

(20) 1986（昭和 61）年度から 2002（平成 14）年度までの期間は特別償却額のデータが存在しておらず（特別償却による減収予想値は抽出可能），2007（平成 19）年度以降はこれと反対の状況だったため，ここでは指標として減収額を用いた。なお，特別償却は課税のタイミングを遅らせるものに過ぎず，純粋な減収（減税）ではない。

(21) いわゆる「租税支出（tax expenditures）」の一項目である。ここで租税支出とは，「『正規』の税体系からの逸脱（departures from a "normal" tax structure）という点から概ね定義」（税制調査会 2001，以下同）され，「何が『正規』の体系と認識されるかによって，各国毎に若干異なっている」ため，その概念は必ずしも統一されていない。わが国の場合，「退職所得控除を含む大部分の控除が『特別』ではなく『正規』と考えられているということから，租税支出はかなり限定され」，租税特別措置法に規定された項目による減収額がこれに相当する。

第 7 章　特別償却制度　141

図表 5　特別償却による減収額の推移

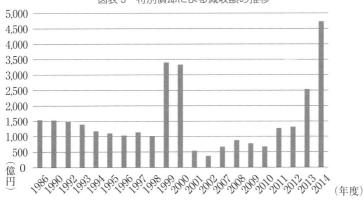

年度	1986	1990	1992	1993	1994	1995	1996	1997	1998	1999	2000
特別償却による減収額（億円）	1,540	1,530	1,480	1,390	1,170	1,100	1,030	1,130	990	3,400	3,330

年度	2001	2002	2007	2008	2009	2010	2011	2012	2013	2014
特別償却による減収額（億円）	540	370	669	873	775	673	1,273	1,318	2,537	4,737

（出所）「改正税法のすべて」（大蔵財務協会，1986，1990，1992〜2002），「会社標本調査」（国税庁，2007〜2010），「租税特別措置の適用実態調査の結果に関する報告書（第189回国会提出，第190回国会提出）」（財務省，2015，2016）にもとづき作成。

(注)・2002（平成14）年度以前は減収予想値の試算であり，2007（平成19）年度以降については，各年度の特別償却額[22]（2007年度：2,229億円，2008年度：2,911億円，2009年度：2,583億円，2010年度：2,245億円，2011年度：4,244億円，2012年度：5,167億円，2013年度：9,948億円，2014年度：18,576億円）に対応年度の基本税率（2007年度から2011年度；30％，2012

(22)　2007〜2010年度は損金算入限度額を，2011〜2013年度は特別償却限度額等（各項目の適用額に「特別償却不足額がある場合の償却限度額の計算の特例」及び「準備金方式による特別償却（積立不足額）」を加えた金額）を用いた。

年度から 2014 年度：25.5%）を乗じた概算値である。

・1987 年度から 1989 年度，2003 年度から 2006 年度はデータなし。

　1998（平成 10）年度から 1999（平成 11）年度にかけて，特別償却による減収額が 990 億円から 3,400 億円へと 3 倍以上に急増し，2000（平成 12）年度から 2001（平成 13）年度にかけて，3,330 億円から 540 億円へと 6 分の 1 以下に激減しているのは，1997（平成 9）年度以降，三洋証券，山一證券，北海道拓殖銀行，日本長期信用銀行等，金融機関が相次いで経営破綻ないし破産宣告される事態に陥り，そうした金融インフラの脆弱化に起因する「厳しい経済情勢に対応し，景気回復に資するよう，緊急経済対策の一環として民間設備投資を促進するための税制上の措置が講じられ」（大蔵財務協会 1999「改正税法のすべて」，254 頁）（以下，上記措置を「設備投資促進税制」という。），その影響の顕在化が最初の 2 年間に集中したためだと考えられる。

　設備投資促進税制は，「特定情報通信機器の即時償却制度」の創設と，「中小企業投資促進税制」の大幅な拡大から成り，それらによる減収額は「初年度で 3,370 億円，平年度で 4,470 億円」（大蔵財務協会 1999「改正税法のすべて」，255 頁）に上る。当該制度により特別償却額が膨張する一方で，「特定情報通信機器の即時償却制度」が廃止された 2001 年には，設備投資促進税制に伴う減収額は「初年度で 960 億円，平年度で 1,270 億円」（大蔵財務協会 2001「改正税法のすべて」，252 頁）にまで縮小されており，「中小企業促進投資」が残存している状況を踏まえこれを 1999（平成 11）年度と経年比較すると，「情報通信機器の即時償却制度」のみで 2,410（3,370 - 960）億円の減少が，特別償却全体では 2,860（3,400 - 540）億円の減少が確認でき，前者で後者の約 84% が説明されることから，この期間の変動の多くは設備投資促進税制，とりわけ特定情報通信機器の即時償却制度が生み出していたと推察される。

(2)　2011（平成 23）年度から 2014（平成 26）年度までの状況

　2011（平成 23）年度以降，減収額は増加の一途を辿っているが，2014（平

成 26）年度までの特別償却の適用状況を示したものが図表 6 である（震災特例は 2013（平成 25）年度まで）。特別償却額は，2011（平成 23）年度が 3,875 億円，2012（平成 24）年度が 4,871 億円と上昇し，その後，2013（平成 25）年度は 9,507 億円，2014（平成 26）年度は 1 兆 8,070 億円と前年比 2 倍のペースで増加している[23]。

　構成項目[24]をみると，エネルギー及び中小企業関連（エネルギー需給構造改革推進設備等を取得した場合の特別償却，エネルギー環境負荷低減推進設備等を取得した場合の特別償却，中小企業者等が機械等を取得した場合等の特別償却）の占める割合が高く，2013（平成 25）年度には約 92％ となっている。2014（平成 26）年度は産業競争力強化法[25]のもと，生産性の向上につながる設備投資を促進するための税制措置（生産性向上設備投資促進税制）として導入された「生産性向上設備等を取得した場合の特別償却」が 5,731 億円（32％）と大きな値を示している。エネルギー及び中小企業関連（65％）とあわせると約 97％ になり，特別償却額が上位三項目に偏重している実態が浮き彫りになっている。

---

(23)　震災特例を除く，同期間における特別償却限度額等は，2011（平成 23）年度が 4,244 億円，2012（平成 24）年度が 5,167 億円，2013（平成 25）年度が 9,948 億円，2014（平成 26）年度が 1 兆 8,576 億円である（租税特別措置の適用実態調査の結果に関する報告書（第 189 回国会提出，第 190 回国会提出））。

(24)　「租税特別措置の適用実態調査の結果に関する報告書（第 189 回国会提出，第 190 回国会提出）」によるものであり，本章における条文ごとの分類（Ⅱ 1）とは必ずしも一致していない。

(25)　安倍晋三（第 90 代内閣総理大臣）内閣の「日本再興戦略」に盛り込まれた施策を確実に実行し，日本経済を再生し，産業競争力を強化することを目的として，2013 年 12 月 4 日付で成立し，2014 年 1 月 20 日に施行されている。

図表6　特別償却の適用状況（2011 年度～2014 年度）

特別償却の構成項目	適用件数（件）				適用総額（億円）			
	2011年度	2012年度	2013年度	2014年度	2011年度	2012年度	2013年度	2014年度
エネルギー需給構造改革推進設備等を取得した場合の特別償却	3,299 (12.59%)	1,941 (6.30%)	1,540 (3.66%)		1,128	468	567	
エネルギー環境負荷低減推進設備等を取得した場合の特別償却	120 (0.46%)	2,834 (9.20%)	10,125 (24.03%)	14,252 (22.21%)	8	1,160	5,525	8,499
中小企業者等が機械等を取得した場合等の特別償却	21,132 (80.62%)	24,342 (78.99%)	27,847 (66.07%)	31,728 (49.45%)	1,995	2,282	2,642	3,272
沖縄の産業高度化・事業革新促進地域において工業用機械等を取得した場合の特別償却		2 (0.01%)	5 (0.02%)	4 (0.01%)		0	1	1
沖縄の国際物流拠点産業集積地域において工業用機械等を取得した場合の特別償却		0 (0.00%)	0 (0.00%)	0 (0.00%)		-	-	-
沖縄の経済金融活性化特別地区において工業用機械等を取得した場合の特別償却				0 (0.00%)				-
沖縄の特定中小企業者が経営革新設備等を取得した場合の特別償却	0 (0.00%)	1 (0.01%)	0 (0.00%)	0 (0.00%)	-	1	-	-
国家戦略特別区域において機械等を取得した場合の特別償却								
国際戦略総合特別区域の特別償却	2 (0.01%)	5 (0.02%)	8 (0.02%)	6 (0.01%)	-	3	5	3
国内の設備投資額が増加した場合の機械等の特別償却			156 (0.38%)	197 (0.31%)			274	67
特定中小企業者等が経営改善設備を取得した場合の特別償却			873 (2.08%)	1,173 (1.83%)			34	58
生産性向上設備等を取得した場合の特別償却				15,398 (24.00%)				5,731
公害防止用設備の特別償却	11 (0.05%)	2 (0.01%)	3 (0.01%)	3 (0.01%)	1	-	1	0
船舶の特別償却	40 (0.16%)	57 (0.19%)	41 (0.10%)	38 (0.06%)	369	610	267	256
耐震基準適合建物等の特別償却				16 (0.03%)				5
関西文化学術研究都市の文化学術研究地区における文化学術研究施設等の特別償却	3 (0.02%)	2 (0.01%)	2 (0.01%)	2 (0.01%)	-	-	0	0
集積区域における集積産業用資産の特別償却	49 (0.19%)	50 (0.17%)	35 (0.09%)	26 (0.05%)	172	99	41	28
共同利用施設の特別償却	1 (0.01%)	1 (0.01%)	0 (0.00%)	0 (0.00%)	1	-	0	-
特定農産加工品生産設備の特別償却	1 (0.01%)	1 (0.01%)	2 (0.01%)	1 (0.01%)	0	-	-	0
特定高度通信設備の特別償却	0 (0.00%)	0 (0.00%)	0 (0.00%)		-	-	-	-

制度	件数①	件数②	件数③	件数④	金額①	金額②	金額③	金額④
特定信頼性向上設備の特別償却	155 (0.60%)	128 (0.42%)	1 (0.01%)	0 (0.00%)	34	34	2	—
特定地域における工業用機械等の特別償却	0 (0.00%)	1 (0.01%)	124 (0.30%)	127 (0.20%)	—	0	13	22
沖縄の離島地域における旅館業用建物等の特別償却	0 (0.00%)	1 (0.01%)	1 (0.01%)	0 (0.00%)	—	—	1	—
医療用機器等の特別償却	1,137 (4.34%)	1,167 (3.79%)	1,075 (2.56%)	883 (1.38%)	3,493	4,298	9,010	17,097
障害者を雇用する場合の機械等の割増償却	54 (0.21%)	45 (0.15%)	43 (0.11%)	37 (0.06%)	41	38	34	38
支援事業所取引金額が増加した場合の三年以内取得資産の割増償却	44 (0.17%)	50 (0.17%)	62 (0.15%)	57 (0.09%)	2	3	3	3
次世代育成支援対策に係る基準適合認定を受けた場合の建物等の割増償却	18 (0.07%)	35 (0.12%)	33 (0.08%)	26 (0.05%)	23	74	74	11
サービス付き高齢者向け賃貸住宅の割増償却	14 (0.06%)	30 (0.10%)	103 (0.25%)	146 (0.23%)	0	1	1	3
特定再開発建築物等の割増償却	53 (0.21%)	48 (0.16%)	33 (0.08%)	30 (0.05%)	74	60	60	51
倉庫用建物等の割増償却	19 (0.08%)	24 (0.08%)	19 (0.05%)	20 (0.04%)	2	9	9	1
復興産業集積区域等において機械等を取得した場合の特別償却	—	13 (0.05%)	9 (0.03%)	9 (0.03%)	／	／	16.87	11.28
復興居住区域において被災者向け優良賃貸住宅を取得した場合の特別償却	—	—	—	—	／	／	—	—
企業立地促進区域において機械等を取得した場合の特別償却	—	—	—	—	／	／	—	—
避難解除区域等において機械等を取得した場合の特別償却	—	1 (0.01%)	3 (0.01%)	3 (0.01%)	／	／	0.07	2.83
復興産業集積区域における開発研究用資産の特別償却	—	1 (0.01%)	2 (0.01%)	2 (0.01%)	／	／	0.05	0.21
被災代替資産等の特別償却	60 (0.23%)	37 (0.13%)	5 (0.02%)	5 (0.02%)	14.4	7.05	7.05	0.5
再投資設備等の特別償却	—	—	—	—	／	／	—	—
被災者向け優良賃貸住宅の割増償却	—	—	—	—	／	／	—	—
合計	26,212	30,817	42,150	64,170	3,875.4	4,871.04	9,507.82	18,070
上位3位適用額					3,492	4,052	8,734	17,502
上位3位割合					90.11%	83.19%	91.86%	96.86%

(注)適用額は震災特例(網掛)を除き、小数点以下第一位を四捨五入。

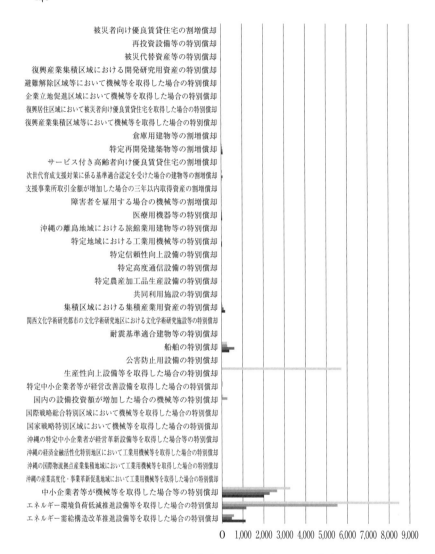

■ 2014年度　■ 2013年度　■ 2012年度　■ 2011年度　　　（億円）
（出所）「租税特別措置の適用実態調査の結果に関する報告書（第189回国会提出，第190回国会提出）」（財務省，2015，2016），「会計検査院法第30条の2の規定に基づく報告書『租税特別措置（法人税関係）の適用状況等について』」（会計検査院，2015）をもとに作成。

Ⅳ　むすびにかえて

　現在，特別償却の項目数は最も多かった 2000 年前後の水準に戻りつつあり，また，償却額はここ数年，前年比 2 倍のペースで急増し 2 兆円に迫る勢いである。前者は主に震災特例によるものであり，後者は東日本大震災以降の「脱・原発」の動きに呼応したエネルギー政策や安倍晋三内閣の「日本再興戦略」のもとでの産業競争力強化対策が要因である。一見関連性があるようにみえる項目数と償却額ではあるが，両者の間に相関関係がないことは本章における検討から明らかである。むしろ目を惹くのは，「企業支援」や「エネルギー・環境保全」を目的とする特定の項目によって，償却額のほとんどが占められている現状であろう。裏からいうと，その他の項目をあわせても償却額全体の数パーセントであり，集計対象期間（図表 6）における適用件数が 10 件に満たないものは 15 項目（内，震災特例は 6 項目）にも上る。

　こういった状況の中で特別償却制度をどのように捉えるべきであろうか。税制調査会（2014）で示された租税特別措置の「改革の方向性」に従えば，「利用実態が特定の企業に集中している政策税制や，適用者数が極端に少ない政策税制は，廃止を含めた抜本的な見直しを行う」（基準 3）ことになろう。租特透明化法では第 1 条で「公平で透明性の高い税制の確立に寄与すること」がその目的として謳われているが，ここで興味深いのは，同制度について対照的な規範的インプリケーションが導出されうることである。大部分の項目ではほとんど適用されていないのであれば，租税法の基本原則である公平性を侵害する蓋然性の高い，特別償却を直ちに廃止ないし整理縮小すべきだとの主張が可能である一方で，それらの項目により齎される影響が微小であるならば，公平性を毀損する程度も微々たるものであると推察されるから，制定されたままでもそれほど問題はない[26]という意見もありうるように思われる。

　後者の考え方について敷衍しておくと，ただ影響力の弱い項目を放置して

おけば良いという訳ではなく、額としては微細な項目でも、政治的・倫理的なしがらみや歴史的経緯から存置されているケースが考えられるため、手をつけないでおこうとの思惑がある。もちろん、こういった視角は税制の埒外の要因であるが、この他にも 2003（平成 15）年度以降、趨勢的には、特別償却に係る主要な項目は整理統合される傾向にあること、エネルギー環境負荷低減推進設備等を取得した場合の特別償却の額が、ここ数年でかなりの伸びをみせている事実に鑑みると、ある政策目的を達成するために必要な項目への「選択と集中」は漸進していると推論することが可能ではなかろうか。その点に、公平性をある程度犠牲にしてでも、掲げた政策目的を達成すべく制定されるという租税特別措置の本来の機能を見出すのであれば、こと特別償却に関しては保守的な選択も吝かではないだろう。

【参考文献】

- 石弘光（2008）『現代税制改革史』東洋経済新報社。
- 岩武一郎（2012）「商法・会社法と特別償却制度」『「租税特別措置」の総合分析』（末永英男編），133-146 頁，中央経済社。
- 菊谷正人（2015）「特別償却と税額控除の現状と課題」『税研』183 号，45-52 頁。
- 税制調査会（2001）「第 2 回基礎問題小委員会資料（2-1）」（2001 年 10 月 2 日）。
- 税制調査会（2014）「法人税の改革について」（2014 年 6 月 27 日）。
- 富岡幸雄（2003）『税務会計学原理』中央大学出版部。
- 武田隆二（2005）『法人税法精説　平成 17 年版』森山書店。
- 成松洋一（2012）『新減価償却の法人税務』大蔵財務協会。
- 成道秀雄（1987）「特別償却制度」『日税研論集　減価償却制度』5 号，153-172 頁。
- 野田秀三（2010）『減価償却の理論と実務』税務経理協会。

---

(26)　償却額が大きい項目についても、もとより課税の繰延べに過ぎないことに加え、そこから得る利益も現下の金利水準からは決して大きいとはいえないため、同じ文脈で整理することは可能である。もっとも、同制度の一部では税額控除との選択を認めているので、この点は留意すべきであろう。

減価償却課税制度

第8章　減価償却と減損

横浜国立大学教授　齋藤　真哉

I　減損処理の意味と問題の所在

　長期にわたって使用あるいは保有する目的で支配している資産を固定資産と呼ぶ。固定資産は，いわば複数の会計期間にわたってそれぞれの固定資産の形態により貨幣資本が拘束されている状態を示していると言える。そして，費用性資産ないしは非貨幣性資産としての性格を有する固定資産については，それに拘束された貨幣資本がその拘束を解除されるときが，その固定資産の取得に要した支出を費用化するときである。投資目的で保有する株式や不動産のように，長期保有による時価変動に基づく利殖等を目的とする固定資産の場合は，それが処分されたときに費用化が行われる。しかし，製品を製造するための機械装置や営業に使用する車両のように，その使用ないしは利用により利益を獲得することを期待して取得され，長期保有される固定資産（以下，事業用固定資産）の場合は，その資産が提供する給付に応じた減価の額を直接的に把握することができない，あるいは直接に把握することが適切ではない場合が多いと考えられるため，その操業度合が合理的に把握できる場合にはそれに応じた配分方法により，そうではない場合には，通常，時の経過に応じた配分方法により，その資産に投下された正味の貨幣額である正

味の支出額が，規則的に費用化される。この規則的配分手続きは減価償却と呼ばれており，操業度合に応じた方法として生産高比例法，時の経過に応じた方法として定額法や定率法，級数法などを挙げることができる。こうした減価償却方法は，いわば，固定資産に投下された貨幣資本の回収ないしは消滅をどのように考えるのかに依存している。そのため，減価償却によってのみ費用化されている固定資産について，その使用期間中のある会計期間末の帳簿価額は，その時点でのその資産のなんらかの価値（たとえば，売却もしくは再取得に係る時価）を直接に把握して評価しているのではなく，その取得原価のうち未だ費用配分されていない未償却残高（未だ投下資本の回収計算に含めていない金額）を示しているに過ぎない。

　現行の会計制度では，事業用固定資産の費用化については，既述の減価償却によるだけではなく，その固定資産が減損と呼ばれる一定の状態にある場合に，帳簿価額を引き下げる処理を要求されている。日本においては，2002年（平成14年）8月9日付で企業会計審議会より「固定資産の減損に係る会計基準」（以下，減損会計基準）が公表され，さらに2003年（平成15年）10月31日付で企業会計基準委員会より企業会計基準適用指針第6号「固定資産の減損に係る会計基準の適用指針」（最終改正，2009年（平成21年）3月27日）（以下，減損適用指針）が公表され，企業会計上の減損処理が会計基準として整備された。減損会計基準を含む「固定資産の減損に係る会計基準の設定に関する意見書」（以下，減損会計基準意見書）によれば，ある時点において「資産の収益性の低下により投資額の回収が見込めなくなった状態」（減損会計基準意見書，三・3）の場合，すなわち固定資産について減損状態が生じている場合，「一定の条件の下で回収可能性を反映させるように帳簿価額を減額する会計処理」（減損会計基準意見書，三・3）を行うことが要求されている。すなわち，減損とは，その資産の収益性が低下することで，換言するならば将来のキャッシュ・インフローの獲得能力が低下することで，その資産に投下した貨幣資本の回収が見込めない状態を指す。そして減損状態にある資産の帳簿価額を減額する会計処理を，減損処理と呼んでいる。

第8章　減価償却と減損　151

　減損処理については，国際的に利用されている他の会計基準をも踏まえる
ならば，必ずしも同一の考え方に基づいているとは考えられない相違が存在
しており，その相違は減損処理に内在する検討課題を示している。減損処理
の手続きの詳細については後述するが，たとえば具体的な相違としては，減
損処理に伴う損失（減損損失）を測定する際に，減損処理直前の帳簿価額と
比較する価額に注目するならば，回収可能価額を利用するのか，公正価値を
利用するのかの相違がみられる。こうした相違は，減損処理直後のその資産
の帳簿価額が回収可能価額であるのか，公正価値であるのかの相違でもある
が，こうした測定属性の相違は単に減損損失の金額に影響を及ぼすのみなら
ず，その後の減価償却に対する理解や減損損失の戻入れに対する考え方にも
影響を及ぼしているように思われる。いわば，減損処理に内在する課題の存
在である。この課題は，減損処理と減価償却の関係がどのように整理される
べきであるのかについても関連している。収益力の低下に起因して回収可能
性を考慮する減損処理が，その資産に投下された貨幣資本の回収確認計算を
意味する減価償却と整合するのかが検討されなければならない。

　一方，税務上にあっても，減損処理に対する対応に課題を有している。根
本的な課題は，減損損失をそれが測定された事業年度の課税所得の計算上，
損金算入することの適否である。損金算入の適否を検討するためには，税務
上での減損損失の性格付けが明確にされる必要があるように思われる。すな
わち，1つにはその性格を減価償却と同様に，費用配分手続きであると捉え
る考え方であり，今1つにはその性格を一定時点における資産評価であると
捉える考え方である。前者の考え方に基づくならば，減損損失は臨時的な減
価償却費としての性格を有することとなり，後者の考え方に基づくならば，
減損損失は評価損としての性格を有することになる。減損損失の損金性を検
討するに際しては，費用配分の一環として位置付けるのか，例外的に損金算
入される評価損として位置付けられるのかが問題となるのである。

　以上の問題意識に基づいて，以下，減損処理に関わる企業会計上の課題と
税務上の課題について検討を加えることにしたい。その検討のために，まず

減損会計基準が設定される前に，固定資産の減損についてどのような処理がなされていたのかについて，企業会計と税務の両方について概観することにしたい。その後に，企業会計上の減損処理の概要と本質を減損会計基準に基づいて明らかにする。そのうえで，減価償却と減損処理のそれぞれの考え方について，整合性の観点から検討を加えることとする。そのため，本稿においては，減価償却資産を念頭に置くこととする。そして減損処理に対する税務上の対応を確認し，その対応が課税所得計算上いかなる意味を有するのかについて，確定決算主義の観点をも含めて検討することにしたい。

II　減損会計基準の設定前の状況

1　改正前商法における減損に関わる規定

　減損会計基準が設定される前の状況を明らかにするために，2005年（平成17年）改正前の商法の規定を確認することにしたい。減損会計基準が設定されたのが2002年（平成14年）ではあるが，減損に係る規定は減損会計基準設定前より存在していた。そこで平成17年改正前商法を参考とするが，減損会計基準設定前の文献を参考にして減損会計基準の設定前の状況を明らかにする。

　平成17年改正前商法（以下，改正前商法）第34条第二号において，「固定資産ニ付テハ其ノ取得原価又ハ製作価額ヲ附シ毎年一回一定ノ時期，会社ニ在リテハ毎決算期ニ相当ノ償却ヲ為シ予測スルコト能ハザル減損ガ生ジタルトキハ相当ノ減額ヲ為スコトヲ要ス」と定めていた。要するに，減損会計基準の設定前において，固定資産の評価の原則として，正規の減価償却を行うとともに，予測ができなかった減損が生じたならば，それに相応する金額だけ帳簿価額を減額しなければならないことが要請されていた。

　この改正前商法の規定については，第一に予測することができない減損の内容と，第二に減損の金額の決定が問題とされていたことが知られている。

　第一の問題は，災害等の偶発的な事象のように予測不能な事象に起因する

第8章 減価償却と減損 153

減損を指していると解されていた。「相当の償却とは，当該法人の属する経済社会で，通常の使用条件と使用状態のもとで通常一般的に償却費として経理されるものをいい，予期することのできない減損とはこの条件に当らない場合の減価をいうとすることもできよう。」[1]との見解は，まさにこのことを指している。減価償却を計画するに際しては，耐用年数や残存価額がその減価要因を考慮して見積もられるが，災害や経済環境の異常な変化等のような予測不能な事象については考慮されない。そのため，規則的な減価償却には含まれない処理により対応する必要があると考えられていたのである。そのため，「予測することのできない減損については，償却計画において予測できなかった減損，たとえば災害事故等の偶発的事情による滅失損傷が生じた場合には臨時に償却すべきものとするのである。」[2]との理解が示されていた。そこで，改正前商法における減損とは，耐用年数や残存価額を修正する必要が生じる予測不能な物理的減価要因や機能的減価要因に起因する事象として理解されていたことになる。そのため，相当の減額の処理は，臨時的に行われる償却としての性格づけがなされていたと考えられる。さらに相当の減額の性格については，厳密には予測できなかった機能的減価によるものを臨時償却費，予測できなかった物理的減価によるものを臨時損失として区別するとの見解も示されていた[3]。こうした見解は，1960年（昭和35年）6月に企業会計審議会より公表された「企業会計原則と関係諸法令との調整に関する連続意見書」の連続意見書第三「有形固定資産の減価償却について」の第一・三で，「減価償却計画の設定に当たって予見することのできなかった新技術の発明等の外的事情により，固定資産が機能的に著しく減価した場合には，この事実に対応して臨時に減価償却を行う必要がある。（中略…筆者）なお，災害，事故等の偶発的事情によって固定資産の実体が滅失した場

---

(1) 高井家治『税務減価償却の研究』追手門学院大学経済学会，1987年，29頁。
(2) 武田昌輔『税務会計と商法（税務調整の具体的検討）』税務研究会出版局，1975年，126頁。
(3) 成道秀雄「固定資産の減損失の税務」『日税研論集』第42巻，1999年9月，92頁。

合には，その減失部分の金額だけ当該資産の簿価を切り下げねばならない。かかる切り下げは臨時償却に類似するが，その性質は臨時損失であって，減価償却とは異なるものである。」との整理に基づいていると考えられる。

この第一の問題である予測することができない減損の内容について，留意すべきは，減損会計基準で定められている減損が収益力の低下を起因とするものであるのに対して，改正前商法における減損が予測できなかった物理的な減失や予測することができなかった技術の急速な進歩等のような環境制約の変化に伴う陳腐化等を起因とするものである点である。特に改正前商法における減損には，物理的な減失を起因とする場合も含まれていたのである。

第二の問題は，相当の減額を行うに際しての金額の問題である。換言するならば，いかなる価額まで減額するのかの問題である。この点については，「その固定資産の時価そのものは基準とならず，その帳簿価額のうち減失損傷部分が減額されなければならないということである。（中略…筆者）ここで重要なことは資産の一部に減損があっても，単にその面積等の割合をもって測定すべきではなくて，たとえば減損の生じた直前の時価と減損があった直後の時価とを基準として，減損部分の価値を測定する必要がある。」[4]との理解が示されている。そのため，予測できなかった減損が生じた時点でのその固定資産の時価を下回る価額まで減額される可能性を認めつつも，時価を考慮することの重要性も強調されていた。改正前商法において相当の減額の具体的な計算規定がなく，加えて減価償却資産の帳簿価額を減額する処理が会計慣行として定着していなかったこともあり，その金額決定については，必ずしも明確ではなかったと思われる。

2 減損会計基準設定前の税務上の減損の取り扱い

改正前商法第34条第二号に対応する税務上の取り扱いとしては，その改正前より，法人税法第33条第2項において，災害による著しい損傷等に起

---

(4) 武田昌輔，前掲書，126-127頁。

因してその資産の価額が，その帳簿価額を下回ることとなった場合には，減
額することができるとされてきた。すなわち，改正前商法における減損の規
定に対して，予測できなかった物質的減価に起因する減損については損金算
入の可能性が認められていた。なお，著しい損傷等に起因した場合に限定さ
れていたため，判断の幅は存在するが，著しくなければ損金算入は認められ
ないこととなり，また著しい損傷があったとしても時価が帳簿価額を下回ら
なければ損金算入が認められないことになる。

　そのため，改正前商法の規定による減損のうち，機能的減価に起因するも
のは損金算入が認められず，また減損時における時価を下回る減額について
も損金算入が認められないという点において，改正前商法と法人税法での取
り扱いに相違が存在していた。

Ⅲ　企業会計上の減損処理

1　減損会計基準設定の背景と経緯

　日本における減損処理の議論の背景には，International Accounting Stan-
dards Board（国際会計基準審議会，以下，IASB）やアメリカの Financial Ac-
counting Standards Board（財務会計基準審議会，以下，FASB）が公表してい
る会計基準との国際的収斂の動きがあったことが知られている。

　しかしながら，国際対応という理由だけではなく，日本の企業が 1985 年
以降のいわゆるバブル経済時に設備投資や不動産の購入を積極的に行い，そ
の後の景気後退のため，収益力が低下し，結果的に将来利益を生み出さない
と思われる状況にある固定資産が多く存在することとなっていたという事情
も，減損処理の議論を後押ししたものと思われる。既述のとおり，減損会計
基準の設定前より商法においては減損の規定があったものの，会計慣行とし
ては定着していなかった。すなわち，バブル崩壊後になかなか景気が回復せ
ず，そのため固定資産の帳簿価額が将来回収できない金額を示すこととなり，
情報提供されない含み損失があるとの懸念，すなわち固定資産の過大計上の

懸念があったと言える。このことは，財務諸表により示される会計情報に対する社会的な信頼を損ねるという懸念でもあった。

　そして反対に，減損に係る相当の減額の決定方法が明示されていないために，自主的に固定資産の帳簿価額を裁量的に引き下げることにより，巨額の損失を計上し，その後の会計期間において利益が計上されやすくなり，あたかも企業の体質や事業の状況が急激に改善されたかのごとくに見せかけるという利益調整が行われる危険性も存在していた。この利益調整は，ビッグ・バスと呼ばれていた。この場合には，企業実態を適切あるいは忠実に表した会計情報が提供されていないと考えられ，経営者による株価誘導の危険性も懸念されていたものと思われる。

　そこで固定資産の帳簿価額の引き下げについて，どのような要件を満たしたときに減損処理が行われるのか，また帳簿価額をどこまで減額するのか，すなわち減損損失の金額をどのように決定するのかについて基準を設ける必要があった。

　そうした背景により，日本では，企業会計審議会より2001年（平成13年）7月にそれまでの固定資産の減損と投資不動産の取り扱いに関する議論や考え方等をまとめた「固定資産の会計処理に関する審議の経過報告」が公表された。その後，企業会計審議会は，この経過報告に対する意見も踏まえて検討を行い，2002年（平成14年）4月に「固定資産の減損に係る会計基準の設定に関する意見書（公開草案)」を公表した。そしてこの公開草案に対する意見等を踏まえて，2002年（平成14年）8月に減損会計基準意見書を公表したのである。さらに国際的対応の一環として，会計基準の開発を担う組織として財団として設立された民間組織である財務会計基準機構の中核的組織である企業会計基準委員会において，減損会計基準意見書の公表を受けて，2003年（平成15年）10月に企業会計基準適用指針第6号として減損適用指針(5)を公表した。そして減損会計基準意見書では，2005年（平成17年）4月1日以後開始する事業年度から実施することが適当とされるものの，2004年（平成16年）4月1日以後開始する事業年度から適用することを認め，さら

に 2002 年（平成 16 年）3 月 31 日から 2003 年（平成 17 年）3 月 30 日までに
終了する事業年度についても適用することを妨げないものとしていた。その
結果，2005 年（平成 17 年）4 月 1 日以後開始する事業年度から強制適用され
ることとなり，財務内容の健全性を急ぐ観点から，2004 年（平成 16 年）3 月
期からの早期適用も認められていた。

2 減損会計基準の概要

　ここでは，減損処理の内容を減損会計基準に従って，概説することにした
い。

　広く「減損」という用語は，有形固定資産に限らず，長期保有の金融資産
等にも使用されるが，減損会計基準では，固定資産のうち，金融資産や繰延
資産，前払年金費用のように他の会計基準に規定のあるものは，その対象か
ら除外している。そのため，一般的に，建物，土地，借地権，機械装置，フ
ァイナンスリース資産，投資不動産，のれん等がその対象となる。

　減損処理は，大きくは，減損の兆候の確認，減損の認識，減損の測定とい
う流れによって行われる。

　そして減損損失を認識するか否か，および減損損失の測定においては，
「独立したキャッシュ・フローを生み出す最小の単位」（減損会計基準，二・6
(1)）で行われる。このキャッシュ・フロー生成の最小単位は，単独の資産
の場合もあれば，複数の資産グループの場合もありうる。

(1) 減損の兆候

　まず減損の兆候とは，減損会計基準の対象となる資産または資産グループ
に減損が生じている可能性を示す事象を指しており，減損の兆候がある場合
には，その資産または資産グループについて減損損失を認識するか否かの判

---

(5)　減損適用指針については，2008 年（平成 20 年）1 月 24 日付け，2009 年（平
　　成 21 年）3 月 27 日付けで改正がなされている。なお ASBJ より，2012 年
　　（平成 24 年）5 月 17 日付けで公表された「退職給付に関する会計基準」につ
　　いては，反映されている。

定を行うことになる。減損の兆候としては，次の事象が例として挙げられている。

「① 資産又は資産グループが使用されている営業活動から生ずる損益又はキャッシュ・フローが，継続してマイナスとなっているか，あるいは継続してマイナスとなる見込みであること。

② 資産又は資産グループが使用されている範囲又は方法について，当該資産又は資産グループの回収可能価額を著しく低下させる変化が生じたか，あるいは，生ずる見込みであること

③ 資産又は資産グループが使用されている事業に関連して，経営環境が著しく悪化したか，あるいは悪化する見込みであること

④ 資産又は資産グループの市場価格が著しく下落したこと」（減損会計基準，二・1）

これらは，あくまで例示であるため，減損の兆候はこれらには限らないことに留意する必要がある。たとえば，株式の交付による企業結合の場合で，被取得企業の資産と負債について個別に把握される時価の総額を超えて多額のプレミアムが支払われたときには，取得原価のうちののれんやのれん以外の無形資産に配分された金額が相対的に多額になることがあり，減損の兆候があると判定されることもありうる。

なお，回収可能価額とは，「資産又は資産グループの正味売却価額と使用価値のいずれか高い方の金額」をいい，正味売却価額とは「資産又は資産グループの時価から処分費用見込額を控除して算定される金額」，使用価値とは「資産又は資産グループの継続的使用と使用後の処分によって生ずると見込まれる将来キャッシュ・フローの現在価値」[6]である（減損会計基準，（注1））。そして時価とは，「公正な評価額」をいい，通常，観察可能な市場価格であり，それがない場合には，合理的に算定された価額を指すものとされている（減損会計基準，（注1））。

---

(6) 割引率について，貨幣の時間価値を反映した税引前の利率とすることが求められている。（減損会計基準，二・5）

⑵　減損の認識

　資産または資産グループについて減損の兆候がみられた場合は，その資産または資産グループから将来に得られる割引前のキャッシュ・フロー（以下，割引前将来キャッシュ・フロー）の総額が，その帳簿価額を下回るか否かにより，減損を認識するか否かが判定される（減損会計基準，二・2 ⑴）。すなわち，割引前将来キャッシュ・フロー総額が，帳簿価額を下回れば，減損損失を認識することになる。

　この減損の認識については，主として経済性基準と永久性基準，蓋然性基準の3つが考えられてきた[7]。

　経済性基準とは，資産または資産グループの帳簿価額が，その時価あるいはそれらの時価総額を上回った場合に，必ず減損損失を認識する考え方である。この考え方に基づくならば，帳簿価額と比較されるのは時価であり，必然的に減損損失の金額決定についても時価が適用されることになる。そのため減損の認識と測定に際して適用される金額が同一となる。しかし時価が下落したならば必ず減損損失を認識することとなるため，一時的な時価の下落の場合であっても，減損損失を計上する可能性が生まれることになる。なお時価として典型的な市場価格を想定するならば，市場価格はその市場参加者がその資産または資産グループが生み出すと期待する将来キャッシュ・フローの割引現在価値総額を具現したものと考えられるため，割引後の将来キャッシュ・フローの総額が時価に代替すると考えられている。

　永久性基準とは，資産または資産グループの帳簿価額が，その時価またはその時価総額を上回っているという事実に加えて，その状態が永久に継続すると判断されるという要件を満たしたときに，減損を認識する考え方である。いわば，経済性基準の問題点となりうる一時的な時価の下落については，減損の認識から除外するという考え方に他ならない。しかし，時価の下落が一

---

(7)　3つの基準については，佐藤信彦「第5章　固定資産の減損」佐藤信彦他編著『スタンダードテキスト　財務会計論　Ⅱ応用論点編（第9版）』中央経済社，2015年，117-119頁を参考としている。

時的であるのか，永続するのかについて事前に判断することは困難であり，経営者による恣意的な要素の介入の余地を許す可能性がある。

蓋然性基準とは，資産または資産グループの帳簿価額の全額を回収できない可能性が高まった場合に，減損を認識するという考え方である。具体的には，帳簿価額が，その資産または資産グループが生み出す割引前の将来キャッシュ・フローの総額を上回った場合に減損を認識する考え方である。この考え方に従えば，特にその利用が長期に及べば及ぶほど，帳簿価額が時価を上回っているにもかかわらず，減損が認識されない可能性が生じることになる。

減損会計基準は，蓋然性基準を適用していることになる。そして資産または資産グループが生み出す割引前将来キャッシュ・フローを見積もる期間については，資産の経済的残存使用年数または資産グループ中の主要な資産の経済的残存使用年数と20年のいずれか短い期間とされている（減損会計基準，二・2 (2)）。ここにいう主要な資産とは，資産グループの将来キャッシュ・フロー生成能力にとって，最も重要な構成要素たる資産を指すものとされている（減損会計基準，(注3)）。そして割引前将来キャッシュ・フローを見積もる期間が制限されていることについては，1つには少なくとも土地については使用期間が無限となりうるためその見積期間を制限する必要があること，今1つには一般に長期間にわたる将来キャッシュ・フローの見積りは不確実性が高くなるためと説明されている（減損会計基準意見書，四・2 (2) ②）。

(3) 減損損失の測定

減損損失を認識すると判定された資産または資産グループについては，帳簿価額を回収可能価額まで減額し，その減額相当額が減損損失の額とされる（減損会計基準，二・3）。

既述のとおり，回収可能価額とは，正味売却価額と使用価値のいずれか大きい方を指す。経営者がその固定資産を使用し続けるという意思決定を行う場合は，その固定資産を直ちに売却するよりも，使い続けた方がより大きい利益を獲得できると見積もっていると理解するのが，合理的である。そこで，

使用することを前提とするならば，使用価値が正味売却価額を上回ると推定することができる。また使用を前提としない投資不動産については，正味売却価額によってのみ，回収可能価額が測定されることになる。

　減損処理後の資産の帳簿価額がいかなる測定属性を示すのかについては，大きく2つの考え方が存在している。回収可能価額を基礎とする考え方と公正価値を基礎とする考え方である。回収可能価額，すなわち正味売却価額と使用価値のいずれか大きい方を基礎とする考え方は，その資産または資産グループに投下された貨幣資本のうち回収不能部分を資産の評価額から除外し，減損後の資産の評価額は回収可能価額，すなわち将来キャッシュ・インフローとして把握しようとするものである。それに対して公正価値を基礎とする考え方は，その資産または資産グループをひとたび売却し，改めて直ちに同一の資産または資産グループを再購入したと仮定するものである。両者の相違については，減価償却との関係性も問題となるため，後で詳しい検討を加えることとする。

　減損会計基準は，既述のとおり減損の認識には蓋然性基準を採用し，減損損失の測定では回収可能価額を基礎とする考え方を採用している。そのため，減損の認識に際しては割引前将来キャッシュ・フローの総額を用いて判断し，減損損失の測定には回収可能価額という異なる比較額が用いられている。継続使用を前提とするならば，使用価値が回収可能価額になると推定されることから，認識では割引前将来キャッシュ・フローが用いられ，測定では割引後将来キャッシュ・フローが用いられることになる。

　そして資産または資産グループの減損損失が測定されるならば，単独の資産であればその資産の帳簿価額を引き下げることとなり，資産グループの場合にはその減損損失は帳簿価額に基づく比例配分等の合理的な方法により，その資産グループの各構成要素に配分されることになる（減損会計基準，二・6（2））。資産グループについて測定された減損損失を各資産に配分する方法には，帳簿価額に基づく比例配分のほか，個々の資産の時価を考慮した配分方法も考えられる。特に資産グループのなかに正味売却価額が明らかな資産

が含まれている場合には，その資産について正味売却価額を下回らないように配慮して配分することも認められることになる（減損適用指針，第105項）。

(4) 減損損失の戻入れの禁止

減損会計基準では，減損処理後に収益力が回復し，帳簿価額を上回る回収可能価額が算定されるようになったとしても，その資産または資産グループの帳簿価額を引き上げること，すなわち減損損失の戻入れは行わないこととしている（減損会計基準，三・2）。減損損失の戻入れを禁止する理由としては，第一に減損会計基準においては，減損の存在が相当程度確実な場合に限って減損損失を認識及び測定することとしていること，第二には戻入れは事務的負担を増大させるおそれがあることなどが挙げられている（減損会計基準意見書，四・3 (2)）。

(5) 減損処理後の減価償却

資産または資産グループについて減損処理を行った後は，減損処理後の帳簿価額に基づき，減価償却を行うことになる（減損会計基準，二・2）。減損適用指針では，「減損処理を行った資産又は資産グループについても，通常の資産又は資産グループと同様に，企業が採用している減価償却の方法に従って，減損損失を控除した帳簿価額と残存価額，残存耐用年数に基づき減価償却を行う。」（減損適用指針，第55項）とされている。

すなわち，「企業が採用している減価償却方法に従って，減損損失を控除した帳簿価額，残存耐用年数に基づき，毎期計画的，規則的に減価償却を実施することとなる。」[8]と説明されるのである。したがって，これまでの減価償却を継続することが求められているのである。その結果，減損処理に伴って新たな耐用年数や新たな残存価額を見積もることは想定されていない。

なお減損処理後については，通常の場合と同様に取り扱われるため，耐用年数や残存価額の見積りについての修正が行われる場合がありうるとされている（減損適用指針，第86項，第100項，第115項）。

---

(8) 企業会計基準委員会事務局・(財) 財務会計基準機構編『詳解 減損会計適用指針』中央経済社，2004年，142頁。

3 日本の減損会計基準の特徴

　対立する考え方が存在している諸点について減損会計基準の特徴をまとめるならば，次のとおりです。減損会計基準では，減損の認識について割引前将来キャッシュ・フローを用いている。そして減損損失の測定に際しては，回収可能価額を利用して，資産または資産グループの帳簿価額を回収可能価額まで引き下げることとしている。これらのことから，減損会計基準による減損処理は，減損の認識に蓋然性基準を用いているため経済性基準を用いている場合に比べて，減損損失が認識される可能性が低くなる。また，その減損後の帳簿価額が回収可能価額となるため，公正価値となる場合と比較すると，より大きくなる可能性が高いと思われる。

　そして日本の減損処理は，減損処理の対象となった固定資産の継続使用を想定し，減損に伴って新たに耐用年数や残存価額を見積もり直すことはしない。このことから，減損会計基準では，減損処理を固定資産の「取得原価－残存価額」，すなわち正味の資本投下額の期間配分手続きの一環を成すものとして位置づけられていることが理解できる。当初支出額の各会計期間への費用配分である点において，減価償却との同質性を認めることとなる。したがって，減損処理は，取得原価主義会計の枠内で行われる支出の費用配分手続きに他ならないと考えられている。そのため，減損損失の戻入れも否定されると考えられる。

Ⅳ　減損処理と減価償却の関係
～2つの測定属性の考え方の相違からの検討～

1　減損処理後の資産または資産グループの評価額に係る2つの測定属性

　減損処理後の資産（または資産グループ，以下同じ）の帳簿価額がいかなる測定属性を示すのかについては，回収可能価額を基礎とする考え方と公正価値を基礎とする考え方の2つが存在していることは，既述のとおりである。

ここでは、これら2つの測定属性の対立軸を明らかにし、両者の相違が減損処理全体、特に減価償却との関係にどのような影響を与えうるのかについて検討することにしたい。かかる検討は、日本の減損会計基準の課題を指摘することにも通じると考えている。

　そしてまた回収可能価額を用いる方法は、減損会計基準の他、IASB が公表した International Accounting Standards：IAS（国際会計基準）第36号で採用されており、公正価値を用いる方法は、アメリカの FASB が公表した Statement of Financial Accounting Standard：SFAS（財務会計基準書）第144号で採用されている。この SFAS 第144号の内容は、Accounting Standards Codification：ASC（会計基準コード化体系）の Topic350 に収容されている。アメリカの ASC は、ピースミール方式で開発されてきた会計基準を体系化して整理しようと試みたものである。

　なお、日本の減損会計基準にせよ、IAS 第16号にせよ、SFAS 第144号にせよ、いずれの会計基準にあっても共通していることは、減損処理を取得原価主義会計の枠内での処理として位置づけられている点である。

　たとえば、アメリカの SFAS 第144号が設定される前の減損処理に関する会計基準であった SFAS 第121号では、公正価値が減損対象となった資産の新たな原価ベースとなるとの理解を示しており（SFAS 第121号，par. 69）、減損処理を行う前と同様に、減損後も原価ベースによる評価が行われるとの見解を表明している。この立場はその後も引き継がれている。また減損会計基準意見書にあっても、「これ（固定資産の減損処理…筆者）は、金融商品に適用されている時価評価とは異なり、資産価値の変動によって利益を測定することや、決算日における資産価値を貸借対照表に表示することを目的とするものではなく、取得原価基準の下で行われる帳簿価額の臨時的な減額である。」（減損会計基準意見書，三・1）と説明している。IAS36 にあっても、減損損失の戻入れに関連する背景説明において、「減損損失の戻入れは、再評価ではなく、戻入費用が、減損損失が認識されていなかったとしたら、減価償却費用控除後の当初原価を超える資産の帳簿価額をもたらすことがない

限り，取得原価主義会計と整合している。」(IAS 第 36 号，par. BCZ184 (b))
との見解を示している。

そこで取得原価主義会計の特性を概括的に明らかにした上で，回収可能価
額を用いる考え方と公正価値を用いる考え方を整理し，特に減損処理と減価
償却の関係について検討することとしたい。

2 取得原価主義会計

取得原価主義会計とは，費用性資産あるいは非貨幣性資産について原価ベ
ースで評価する特徴を有する会計体系である。資本循環（貨幣 G－物財等 W
－より多くの貨幣 G′)[9]を用いて簡潔に説明するならば，次のとおりである。

資本循環とは，貨幣をある特定の物財等に投下し，その物財等を売却また
は使用・費消することでより多くの貨幣を獲得するという一連の過程である。
このことは，次の単純な数値例を用いて説明することができる。たとえば，
商品を貨幣 80 と交換し（すなわち，商品を 80 で購入し），その後，その商品を
現金 100 と交換する（すなわち，商品を 100 で売却する）という活動は，「貨幣
から商品へ，そしてその商品がより多くの貨幣へ変換するという過程」を通
して，当初の貨幣 80 が 100 に増加したことを表している。すなわち企業の
活動は，このように自らが有している貨幣をある特定の財に投下し，その財
からより多くの貨幣を回収しようとする活動を行っていると解することがで
きる。

さらに「G－W－G′」という表記を用いるならば，商品を保有している状
態は，W の段階にあり，商品という形態で貨幣が拘束されていることを意
味している。それが売却されることにより G′ に変換すると言える。このよ
うに考えるならば，W の段階にあると考えられる場合，その資産はその資
産の取得に要した支出額（すなわち，G）により評価され，G′ の段階になっ
たときに，その資産はその資産により回収される収入額に基づいて評価され

---

(9) G－W－G′ は，次のドイツ語の頭文字を示している。
   Geld－Waren－mehr Geld

ると解することができる。そのため，貨幣80と交換することで取得した商品を，100で掛販売した場合，売掛金の評価額は，80ではなく100（全額回収されると見込んでいると仮定）により評価されることとなる。

　要するに取得原価主義会計とは，資本循環過程においてWの段階にあると考えられる資産を取得原価（支出額）Gにより評価する考え方であると同時に，物財等からより多くの貨幣に変換する時点（W-G′）で，その物財等に拘束されていた貨幣が拘束を解かれて回収されたと考えて，投下していた貨幣の大きさを支出額Gから収入（回収）額G′に置き換える処理を行う考え方である。いわば，物財等からより多くの貨幣に変換する時点が，収益認識の時点である。この収益認識の考え方は，通常，実現主義と呼ばれている。したがって，取得原価主義と実現主義は，同じ考え方を別の表現を用いて説明しているだけであり，両者は通底する考え方であると言える[10]。

3　2つの測定属性

　回収可能価額と公正価値という2つの測定属性が，対象となる固定資産の性格にいかなる影響を及ぼしており，それが減損会計全体のなかでいかなる意味を有しているのかについて，取得原価主義会計の特性を踏まえて検討することとしたい。

(1)　回収可能価額

　回収可能価額は，正味売却価額と使用価値のいずれか大きい金額として定義されている。正味売却価額は，厳密には「公正な評価額から処分費用見込額を控除した金額」（減損会計基準・（注1））であり，公正な評価額とは，通常，「観察可能な市場価格」（減損会計基準・（注1））として理解されている。したがって，正味売却価額とは，もしその固定資産をその時点において売却したならば，得られると見込まれる正味の収入額を意味する。一方，使用価値は，「継続使用と使用後の処分によって生じると見込まれる将来キャッシ

---

(10)　森田哲彌『価格変動会計論』国元書房，1979年，57-64頁。

ュ・フローの現在価値」（減損会計基準・（注1））と定義される。したがって，使用価値とは，その固定資産を使用し続けた場合に，将来にわたって獲得されると見込まれる収入（キャッシュ・インフロー）の割引現在価値総額である。

こうした定義から明らかように，正味売却価額も使用価値もともに，収入額（キャッシュ・インフロー）としての性格を有している。そこで必然的に，回収可能価額もまたは，将来収入額（将来キャッシュ・インフロー）としての性格を有することになる[11]。

したがって減損処理後の固定資産の評価額を回収可能価額に基づくならば，将来の収入額という性格を有する資産であると位置づけることを意味している。また将来キャッシュ・インフローを見積もっているため，見積もりの修正という問題が必然的に生じるものと思われる。すなわち，将来収入額の見積もりに誤差が生じる場合には，その誤差を修正し，それを過年度損益修正項目として処理することが合理的であると考えられる。その結果，見積もりと相違して減損状態が解消ないしは改善された場合には，新たに合理的に見積もられた将来収入額に基づいて評価の修正を行うことが整合性のある処理であると考えられる。

取得原価主義会計の観点から考察するならば，回収可能価額を用いて減損損失の大きさを決定する処理は，いまだ1つの資本循環が，貨幣そのものが未回収であるという意味で，いまだ完全には終了していないものの，その資産に投下された貨幣は回収されたとの理解に立っているものと思われる。そして，回収可能価額を用いる考え方に基づくならば，減損処理はその対象と

---

(11) IAS第36号においては，回収可能価額を「資産の売却費用控除後の公正価値と使用価値のいずれか高い金額」（IAS第36号，par.6）として定義している。そして売却費用控除後の公正価値を，「取引の知識のある自発的な当事者の間で，独立第三者間取引条件による資産の売却から得られる金額から処分費用を控除した額」（IAS第36号，par.6），使用価値を「資産又は資金生成単位から生じることが期待される将来キャッシュ・フローの現在価値」（IAS第36号，par.6）と定義している。すなわち，IAS第36号でいう売却費用控除後の公正価値は，正味売却価額と同義であり，回収可能価額の概念が減損会計基準とIAS第36号との間で相違しないことが理解できる。

なった資産について支出額をベースで行われていた評価を，収入額をベースとした評価に変換することを意味することになる。たとえば，帳簿価額1,000の固定資産について，その回収可能額が200であり，減損損失を800認識するという減損処理の場合，減損処理後に200という価額の付された資産は，その固定資産に投下され，拘束されている貨幣という意味合いを失い，将来収入見込額により評価されることで債権と同様の性格を有する資産へと変換したことを意味していると考えられる。

　こうした理解に基づくならば，回収可能価額を用いる場合，減損処理後の資産は，将来の収入額により評価されているが故に，支出たる取得原価を各期間に費用として配分していく減価償却の対象となりうる合理的な根拠は失われていると考えられる。回収可能価額を用いて減損処理を行った後に，引き続き減価償却を行うことは，債権がその現金回収により減少することとの整合性を担保することができないように思われる。

　さらに，将来において減損の兆候がなくなるなど，状況が好転し，減損状態が解消ないしは改善された場合，さらにはいかなる理由によるとしても，その資産の回収可能価額が増減した場合には，債権の回収可能性の検討と同様に，評価替えを行うことが求められるものと思われる。すなわち，減損の戻入れは，回収可能額による固定資産の評価という前提のもと，要請されるべき事項と考えられる。IAS第36号が減損の戻入れを認めていることは，こうした考え方に支えられているとも言えるであろう。ただし，減損損失の戻入れの金額を，減損処理を行わなかったとした場合の帳簿価額（未償却残高）に制限を加えていることは，根拠を失うことになる。減損損失後に回収可能価額が増加した場合に，その回収可能価額まで戻入れること，厳密には戻入れではなく評価益の計上を認めたとしても，取得原価主義会計の枠内での処理として説明することができる。

(2) 公正価値

　公正価値は，取引に関する知識を有する独立した当事者間で成立する価格であり，一義的には，独立した二者間における取引価格という意味での市場

価格と結びつけられた概念であると言える。ただし活発な市場が存在しない場合，すなわち市場価格が直接的には把握できない場合には，別途，公正価値を測定する必要は生じる。もし市場が購入市場と売却市場が単一のいわゆる整備された市場(12)であると仮定するならば，公正価値は売却価格でもあり，また再購入価格でもありうる。

　そこで，公正価値を基礎とする場合に，ひと度，減損の対象となった固定資産を売却し，同じ価格で再購入したという取引を擬制するならば，公正価値による測定後の固定資産の評価額は，その資産を再取得するために支出した金額としての意味を有することとなる。すなわち，新たな取得原価としての性格を有することになる。

　いわば，公正価値を用いる考え方は，減損処理された資産を使用し続けるという意思決定が，経済的にその資産に再投資を行うという意思決定と同様であるとの考えであり，減損処理を行うことは1つの資本循環が終了したことを意味することになる。そのため減損損失の本質は，資産売却損としての性格を有することになる。すなわち，減損処理後の資産は，新たに投資された資産にほかならず，かかる意味において改めて購入された資産と解されることになる。そのため，減損処理後の固定資産の評価額は，過去の支出に基づいた金額と解され，見積りによる評価額ではなく，確定した額と解されることになる。

　そして取得原価主義会計の観点から考察するならば，公正価値を用いて，減損損失の大きさを決定するという考え方は，減損処理により1つの資本循環が完全に終了し，公正価値を当初投資額とする新たな資本循環が開始したと理解していることになると思われる。こうした理解に基づくならば，減損処理後に，過去の支出を新たな取得原価として，それを将来の各期間にわた

---

(12)　整備された市場とは，誰でもが参入することが可能であり，その取引に関わる情報をすべての者が容易かつ廉価に入手することができるような市場を指している。こうした条件が整った市場の場合，特定の物品等について，その購入市場と販売市場が分離することなく，同一の市場として存在することになる。

って費用として配分していく手続きである減価償却の対象となりうることは，減価償却という手続きを採用している限り，必然であると考えられる。また新たに取得した資産であるため，新たに耐用年数や残存価額を見積もる必要も生じると考えられる。

さらに，将来において減損の兆候がなくなるなど，状況が好転し，減損状態が解消ないしは改善されたとしても，減損後の新たな取得原価を改めて引き上げることは考えられない。すなわち，公正価値により減損後の固定資産が評価される場合には，減損の戻入れが行われる余地はないと考えられる。このことは，公正価値を用いて減損処理を行うという考え方が，1つの資本循環の終了を前提としており，取得原価主義会計のもとでは資本循環の独立性が保たれる必要があるためである。

(3) 両者の比較

以上から，回収可能価額を用いて減損損失を把握しようとする考え方は，減損処理を1つの資本循環が現金が未回収という意味で継続しているとの理解に立脚している。すなわち，減損処理により，支出額に基づく評価から，収入額に基づく評価へと資産評価を変換されていると理解することができる。そのため，減損直後の資産は，減損処理の対象となった資産への投資が失敗し，現金回収できると見込まれる金額だけの価値で評価されることになる。

一方，公正価値を用いて減損損失を把握しようとする考え方は，当該対象資産の売却と再購入という取引を擬制しているため，1つの資本循環が終了し，新たな資本循環が開始されたとの理解に立脚している。そこで減損直後の資産の価額は，公正価値の大きさの支出額，すなわち新たな取得原価を意味したのである。

回収可能価額と公正価値を用いたそれぞれの減損処理全体の考え方を比較して一覧表にしたものが，図表1である。

第8章　減価償却と減損　171

図表1　帳簿価額と比較される測定属性の考え方の比較

比較される測定属性	前提・擬制	測定属性の本質	金額の性格	減損後の評価額
回収可能価額	売却または使用	収　入　額	見積額	現金回収見込額
公正価値	売却・再購入	収入額・支出額	確定額	新しい取得原価

　減損処理後の資産に関わる会計処理については，次のようにまとめること
ができる。すなわち，回収可能価額を用いる考え方に基づくならば，減損処
理直後の資産は，債権と同様の性格づけが可能となる資産，すなわち回収済
の貨幣性資産に変換したと考えられる。そのため理論的には，減価償却を行
う根拠はなく，むしろ継続的に回収可能性を確認し，回収された金額（キャ
ッシュ・インフローが生じた金額）だけ，帳簿価額を減額していく処理が求め
られることになると考えられる。そして将来キャッシュ・フローに対する過
去の見積もりの修正という意味で，減損損失を戻入れることは必然であると
考えられた。

　一方，公正価値を用いる考え方に基づくならば，新たに資産を購入したと
擬制するのであるから，新たな取得原価に基づいて減価償却が行われること
となる。そして新たな資産の取得に伴いその資産の耐用年数等を新たに見積
もる必要が生じるのである。また1つの資本循環が終了し，新たな資本循環
が始まっていると理解されるため，新たな資本循環過程のなかで，別の資本
循環過程で把握された減損損失を戻入れる処理を行う余地はなくなるものと
考えられたのである。

　減損処理直後の資産の測定属性の相違が，減損処理後の会計処理に与える
影響についてまとめて整理し，一覧表にしたものが，図表2である。私見な
がら，減損処理後の減価償却は，公正価値を用いた場合にのみ，合理性を有
すると考えられる。

図表2　減損処理後の会計処理に対する理論上の考え方

減損処理直後の測定属性	減損後の会計処理	減損の戻入れ
回収可能価額（将来収入額）	継続的に回収可能性テストを実施	あり
公正価値（支出額）	新たな取得原価で減価償却を実施	なし

4 減損会計基準の課題

これまでの検討により，減損損失を測定するに際して，帳簿価額と比較される価額の測定属性が，減損処理全体に影響をもたらしていることが明らかとなった。そこで減損処理全体に与える理論的整合性の観点から，回収可能価額を採用している減損会計基準の課題を浮き彫りにしたい。

減損会計基準では，減損処理を，減価償却と同様に，その取得に要した支出額を各期間に費用として配分する手続きの一環のなかで，対象となる固定資産の「簿価の引き下げ」として位置づけている。そのため，減損処理後の帳簿価額は，当初の取得原価のうち，未だ費用となっていない原価部分であると考えられている。配分手続きの一環としての減損処理は，「事業用資産の過大な帳簿価額を減額し，将来に損失を繰り延べないために行われる会計処理」[13]と説明されている。

しかし減損会計基準では，回収可能価額を用いて減損損失を把握する立場を採用しているため，減損処理直後の固定資産の評価額は回収可能見込額を表すこととなり，将来の収入額に基づく価額となる。その上で，その固定資産を取得し，使用に供したときに当初見積もった残存価額と耐用年数に変更がない限り，その将来収入見込額から当初の見積残存価額と見積耐用年数を基礎として，引き続き減価償却を行うことを要請している。さらに，減損損失の戻入れは，認められていない。

そのため，減損会計基準において，減損処理後の資産に費用性資産としての性格を付与しつつ，減損処理による簿価の引き下げが収入見込額を意味する価額（回収可能価額）まで行われることについて，合理的な根拠を見いだすことは困難であるように思われる。同様に，将来に損失を繰り延べないことを理由としても，回収可能価額を用いなければならない必然性を説明することは困難であると思われる。また回収可能価額を用いて減損処理を行うにもかかわらず，減損処理後に収入見込額が修正されたとしても，その資産の

---

(13) 企業会計基準委員会事務局・（財）財務会計基準機構編『詳解 減損会計適用指針』中央経済社，2004 年，13 頁。

評価額の修正を行わないことについても，合理的な説明が必要であるように思われる。

むろんのことながら，こうした理論上の疑義や課題は，実務に適用される会計基準の適否を問うものではない。ただし理論的整合性のある会計基準の方が制度上の安定性には貢献するものと考えられることを付言しておきたい。

V 税務上の対応

1 減損会計基準設定に伴う税務上の混乱

減損会計基準は，既述のとおり 2002 年（平成 14 年）8 月に公表された。そのため，企業会計上で減損損失が計上されうることとなり，税務上では減損損失を課税所得の計算上損金算入を認めるか否かの対応が求められることとなった。日本公認会計士協会や金融庁からの減損損失の損金算入を認めることへの要望にかかわらず，法人税法においては，その要望に沿った対応はなされなかった[14]。そして税務上は法令において減損損失についての規定を設けることなく，基本通達においてアドホック的な対応が行われた。すなわち，法人税取扱通達・基本通達において，法人が償却費の科目をもって経理した金額のほかに，「償却費として損金経理をした金額」に含められる金額として，「減価償却資産について計上した除却損又は評価損の金額うち損金の額に算入されなかった金額　（注）評価損の金額には法人が計上した減損損失の金額も含まれることに留意する。」（基通 7-5-1 (5)）とされた。

しかしながら税務上の対応がアドホック的なものとなったのは，必ずしも法人税法の問題だけではないとの見解が示されている[15]。その内容を要約して紹介するならば，次のとおりである。

---

(14) 坂本雅士「Ⅲ－1　税法規定と減損処理」齋藤真哉編著『減損会計の税務論点』中央経済社，2007 年，51 頁。

(15) 齋藤真哉，古田美保，藤井誠「Ⅳ－3　減損損失に関わる税務上の混乱」齋藤真哉編著『減損会計の税務論点』中央経済社，2007 年，132-138 頁。

減損処理に関連して，固定資産の費用化については，通常の減価償却のほか，臨時償却との関係が整理される必要がある。期末における資産の評価額を決定するという観点からは，回収可能価額まで帳簿価額が切り下げられればよいため，それら3者がどのような順序で行われるのかは問題とならない。しかし，通常の減価償却，臨時償却，減損処理は，それぞれ性格の異なる手続きによるものである。まず減損処理と通常の減価償却の関係を考えてみる。減損の状態が一定の時点において確認され，減損損失が認識・測定されることを考慮するならば，まずは通常の減価償却がなされ，その償却後の帳簿価額に基づいて減損処理がなされることになる。また臨時償却とは，減価償却計画の設定に当たって予見することができなかった新技術の発明等の外的事情により，固定資産が機能的に著しく減価した場合に，この事実に対応して臨時的に行う償却手続きを指す（連続意見書第三，第一・三）。機能的減価は，減価償却を行うための耐用年数や残存価額の見積もりに際して考慮されるものである。すなわち当初の見積もりの修正が臨時償却であると言える。そのため，臨時償却費は，過年度損益修正としての性格を有することになる。そこで損益計算の観点からは，減損処理，通常の減価償却，臨時償却が行われる順序は，まずは過年度損益修正である臨時償却が適用され，次の通常の減価償却，そして減損処理であるべきと考えられる。

　しかしながら，「減価償却などを修正して帳簿価額を回収可能な水準まで減額させる過年度修正は，現在，修正年度の損益とされている。遡及修正が行われなければ，過年度修正による損失も，減損による損失も，認識された年度の損失とされる点では同じである。したがって，当面，この部分を減損損失と区分しなくても，現行の実務に大きな支障は生じない。そのため，本基準では，他の基準を適用しなければならないものを除いて，回収を見込めない帳簿価額を一纏めにして，減損の会計処理を適用することとした。」（減損会計基準意見書，三・3）とされている。このことは，企業会計上，臨時償却と減損処理を区別しないことを意味している。その結果，理論上は過年度損益修正である臨時償却費と通常の減価償却費，そして減損損失が生じてい

第8章　減価償却と減損　175

る場合であっても，その手続きの順序は，まず通常の減価償却がなされ，その後に減損損失が認識・測定されることで資産の帳簿価額を回収可能価額まで引き下げることになる。

　税務上は，2011 年（平成 23 年）6 月の法人税法施行令の改正により廃止されるまで，技術の著しい進歩等により機械設備等の価値が著しく陳腐化した場合に適用される減価償却の増額である陳腐化償却費（平成 23 年改正前法人税法施行令 60 の 2）の損金算入が認められていた[16]。税務上からは，企業会計上の臨時償却に相応する陳腐化償却と，通常の減価償却である普通償却，そしてそれ以外の減額は，明確に区別される必要があった。

　しかしながら企業会計上，減損処理が行われる場合には臨時償却費が独立して把握されないこととなったために，税務の観点からするならば，企業会計上の減損損失に，陳腐化償却費と普通償却費，それ以外の減額（すなわち，税務から観た純粋な減損損失額）が混在することとなったと考えられる。また企業会計上の通常の減価償却費と税務上の普通償却費が同額とならない可能性が生じることにもなる。これらことは，企業会計上の減損損失が，税務上，いかなる性格を有する費用であるのかが不明となる結果を導いたものと思われる。

　いわば，臨時償却や通常の減価償却，そして減損処理を混合している減損会計基準に基づく処理が，税務上の減損損失の取扱いに関する本来の対象である減損損失の範囲に歪みを生じさせていたと言える。損金算入の検討に際

---

(16)　2011 年（平成 23 年）6 月の法人税法施行令の改正により，陳腐化償却制度は廃止され，その趣旨は，耐用年数の短縮制度に包摂されることとされた。陳腐化償却費である一時的な減価償却の増額は，その資産の期首帳簿価額から，その取得時から承認を受けた使用可能期間を基礎して償却を行ったとした場合の期首帳簿価額を控除して計算されていた。そして普通償却費の額は，たとえば定額法を採用している場合には，取得時に承認を受けた使用可能期間に基づく期首簿価をベースとして残りの耐用年数で除して求められ，耐用年数の短縮が認められている場合には，短縮された耐用年数に基づいて計算される。そのため，陳腐化償却は，耐用年数をどのようにするかによって大きく影響を受けていた。

しては，陳腐化償却，減価償却，評価損に区分することが不可欠となるため，通達によるアドホックな対応は，減損会計基準にも大きな原因があったものと思われる。むろん，通達による対応は，企業会計上の問題による税務上の混乱を解決することには寄与しないといえよう。

2 現行法人税法の枠内での対応

(1) 減損損失を償却費と同様と観る観点から

2011 年（平成 23 年）6 月の法人税法施行令の改正により，陳腐化償却制度は廃止されたために，企業会計において減損処理がなされた場合に生じていた手続きの順序から生じる混乱はなくなった。たとえ企業会計上で臨時償却費が陳腐化償却費と同額であったとしても，損金算入が認められなくなったため，臨時償却も通常の減価償却も，税務上は一括して償却費として損金経理された金額に含められるだけのこととなった。そのため，減損処理が行われる場合であっても，企業会計上の手続きと税務上の対応との間に損金算入の可否に関わる離齬はなくなったと言える。そして企業会計において損金経理された減損損失の金額については，基本通達によって「償却費として損金経理をした金額」に含めるという対応がなおも続けられている。

こうした対応は，税務上は，減損損失を一義的には償却費として捉えることを意味している。このように減損損失を捉えることは，減損会計基準が減損損失を減価償却と同様に，当初の取得原価の費用配分手続きの一環として減損処理を捉えることである。

(2) 減損損失を評価損と同様の性格と観る観点から

しかしながら，減損処理により回収可能価額まで簿価を引き下げるという処理は，既に検討したように，取得原価主義会計の立場からするならば，費用性資産が回収済みの貨幣性資産に変換したと見なしていることを意味している。換言するならば，資産の性格そのものの変化を認める処理である。そして減損処理後の資産の評価額という観点からは，減損処理は，原価ベース（過去の支出ベース）の測定属性であった資産を，回収可能価額ベース（将来収

第8章 減価償却と減損　177

入ベース）に変換することを意味している。したがって，減損会計基準における説明の如何を問わず，行われている減損処理は評価替えの色合いを帯びることになる。そこで減損損失を固定資産の評価損として捉えた場合の税務上の対応について明らかにする。

　法人税法においては，基本的に，固定資産の評価損は損金不算入とされる（法法33①）。損金算入が認められるのは，災害による著しい損傷により資産または資産グループの価額がその帳簿価額を下回ることとなったことなど，一定の場合に限られている（法法33②）。より具体的には，イ．当該資産が災害により著しく損傷したこと，ロ．当該資産が一年以上にわたり遊休状態にあること，ハ．当該資産がその本来の用途に使用することができないため他の用途に使用されたこと，ニ．当該資産または資産グループの所在する場所の状況が著しく変化したこと，ホ．イからニまでに準じる特別の事実に基づく場合である（法令68①三）。そして法人税法施行令で損金算入が認められている一定の場合の具体例に準じる特別の事実には，たとえば，「法人の有する固定資産がやむを得ない事情によりその取得のときから1年以上事業の用に供されないため，当該固定資産の価額が低下したと認められることが含まれる。」（基通9-1-16）とされている。

　そのため減損会計基準により認識・測定される減損損失については，法人税法施行令に定める一定の場合に該当する事実に該当するならば，評価損として損金経理を要件に損金算入が認められるものと考えられる。減損処理は，資産の収益力の低下に基づくため，示されている一定の事実のなかで該当しうるのは，ロの遊休状態とニの所在地の状況の変化のみであろう。それらの事実に該当することなく，たとえば，景気の変動や取り扱う商品や製品・用役などの需要と供給の変化等による場合には，税務上，評価損として損金算入されることはない。

　さらに税務上では，基本通達において，企業会計上損金経理された固定資産の評価損であっても，次のような事実に基づく場合には，損金算入が認められないこととされている。

「(1)　過度の使用又は修理の不十分等により当該固定資産が著しく損耗していること。

(2)　当該固定資産について償却を行わなかったため償却不足額が生じていること。

(3)　当該固定資産の取得価額がその取得の時における事情等により同種の資産の価額に比して高いこと。

(4)　機械及び装置が製造方法の急速な進歩等により旧式化していること。」
（基通 9-1-18）

　これらの損金算入が認められない一定の事実のなかで，(1)は過度の使用等があるならば，それに応じる収益も獲得されたと考えられ，また(2)は過年度の償却費が過小であったことを意味しており，(4)は機能的減価の事実を示しており，いずれも過年度の費用計上額に関わっており，いわば企業会計上の臨時償却の原因に関わる事実である言える。(3)はたとえば企業買収により被取得会社の諸資産をそれぞれ別々に個々に取得したならば要したであろう金額の総額よりも著しく多くの代金（株式交換の場合は交付した株式の時価総額）を支払ったために，個々の資産の取得原価として個々の時価を大きく上回る金額となるようにその代金を配分したことにより生じる事実である。(4)の場合が減損処理の対象となりうることは既述のとおりである。

　以上から明らかなように，減損状態が資産の収益性の低下により投資額の回収が見込めなくなった状態であるとの定義からするならば，減損損失は基本的に損金算入が認められる評価損には該当せず，償却費として損金経理された額として税務上は処理されることになる。

　取得原価主義会計の見地からは，理論的には，回収可能価額まで引き下げる減損処理により生じる減損損失の性格は，費用性資産から貨幣性資産への変換により生じる費用である。そして，減損会計基準では減損の認識に蓋然性基準を用い，かつ帳簿価額と比較する金額として回収可能価額を用いていることから，かなり大幅な収益力の低下の場合でそれが回復する見込みがない場合が該当するものと想定されている。いわば減損損失は，税務上で損金

算入が認められている棚卸資産について正味売却価額で評価した場合に生じる評価損と同様の性格を有していると言える。そこで税務上にあっても，遊休資産の場合等きわめて限定的な場合に評価損として取り扱い，それ以外の場合を「償却費として損金経理をした金額」に含めて処理することは，合理的であるとはいえないと考えられる。棚卸資産の期末評価に伴う評価損と同様に取り扱われることが望ましいと考えられるからである。そこで，減損損失については，税務上，その性格から，減価償却とは切り離して損金算入の是非を検討する必要があると思われる。

なお，固定資産の評価損を把握する際の「価額」について簡単に言及しておく。

固定資産の評価損が認められる場合のその固定資産の価額については，基本通達により「その資産が使用収益されるものとしてその時において譲渡される場合に通常付される価額」（基通9-1-3）とされている。ここにいう使用収益とは，「その資産がそのままの状態で，たとえば災害により著しく損傷した資産であれば，その損傷した状態でもって使用収益されるものとして家庭した場合の通常の売却価額であって，スクラップ等の処分価額や再調達価額ではない。」[17] と説明されている。したがって，評価損は，帳簿価額と売却価額との差額として計算されることになる。

3 資産調整勘定

減損処理に関連して，税務上の「資産調整勘定」について取り上げることとする。

資産調整勘定とは，非適格合併等により，その非適格合併等に係る被合併法人等から資産または負債の移転を受けた場合において，その非適格合併等により交付した金銭の額及び金銭以外の資産の価額の合計額が，その移転を受けた資産及び負債の時価純資産価額を超えるときは，その超過額のうち政

---

(17) 成道秀雄「固定資産の減損失の税務」『日税研論集』第42巻，平成11年9月，96頁。

令で定める部分の金額を指す（法法 62 の 8①）。この資産調整勘定については，当初の計上額を 60 で除して計算した金額にその事業年度の月数を乗じて計算した金額を，その事業年度で減額しなければならず，その減額された金額は，その事業年度の所得の金額の計算上，損金の額に算入しなければならない（法法 62 の 8④⑤）。事業年度が 1 年とすれば，5 年で償却することが要請されている。

　そして資産調整勘定は，寄附金や値上がり益，欠損金相当額の利用防止等を考慮して計算されるため，その金額が一致するわけでないが，企業会計上では「のれん」に相当すると考えられる。企業会計上は，のれんについては 20 年以内で償却することが求められており，20 年以内の期間でその投資の効果の及ぶ期間を合理的に見積もって償却期間を設けることになる。したがって，資産調整勘定については，企業会計上と税務上とでは取り扱いが相違していることになる。税務上，資産調整勘定については損金経理の要件が付されていないことから，税務上の課税所得計算における方が早期に費用化される可能性も存在している。

　すなわち，税務上の資産調整勘定は 5 年間での強制償却が要請されているため，資産調整勘定に相応する企業会計上ののれんの帳簿価額が税務上の資産調整勘定の残額と一致する必然性はない。企業会計上は，のれんもまた減損処理の対象となっているが，税務上の資産調整勘定については，独立して処理することとなる。

VI　固定資産の減損処理と確定決算主義

　日本の会計制度のなかに，固定資産を対象として減損処理（減損会計）が導入されたことは，企業会計と税務のあいだに更なる乖離を生み出す結果をもたらしている。企業会計上は，その会計期間の費用として計上されるのに対して，税務上は，その会計期間（事業年度）の損金として認められない場合が，大いにありうるからである。企業会計と税務の乖離が拡大しつつある

現状を踏まえるならば，両者のあいだでいかなる調整が採られるのかについて問題が生じる。

　企業会計と税務の乖離については，企業会計側では，税効果会計を適用することで対応している。一方，法人税法は確定決算主義を採用している。そのため課税所得の計算は，確定決算を起点とし，その2次的計算として納税申告書で調整を行うことで達成される。しかし，納税申告書での調整項目の増大や金額の増大が，確定決算主義へいかなる影響を及ぼすのか，税務上でいかなる対応を行うべきであるのかについては，検討を行う必要があるように思われる。減損処理は，その検討を行うべき重要な項目の1つであろう。

　減損処理に関わる企業会計と税務の関係を示すように，両者がそれぞれの立場を踏まえながらも相互依存性を維持していくという方向性を保持しない限り，会計と税法のそれぞれの目的からその会計処理が乖離するという傾向がますます強くなるものと思われる。そして会計と税務の乖離の拡大は，確定決算主義にとって，その根拠の1つと考えられる社会的コストの軽減という意味合いを薄めることとなると思われる。換言するならば，このことは，現状において，固定資産の減損処理が確定決算主義の存在意義を希薄化させる一因となりうることを含意している。

　そこで税務上にあっても，減損損失の性格が，減損会計基準における説明の如何を問わず，減価償却費とは異質であることを踏まえて，通達レベルでの対応をするのではなく，減損損失そのものを減価償却とは切り離してして，独立して検討すべきであろう。この検討により，企業会計と税務の乖離の重要な原因の1つが，解決する可能性もありうるものと考える。ただし税務側で減損損失の損金算入を認める場合，基本的に資産評価損益を否定している立場から，いかに説明するのかが大きな課題となるであろう。課税所得計算に，回収可能価額の概念，特に回収可能価額の決定で用いられる使用価値の概念を持ち込むことがどのような影響を及ぼすのかについても今後の課題と言える。固定資産の評価損で用いられる「価額」との関係が検討されなければならない。

【参考文献】

- Cooper, W. W., Yuji Ijiri ed., *Kohler 's Dictionary for Accountants* 6th ed., 1983.,
- FASB, SFAS 121 *Accounting for the Impairment of Long-Lived Assets and for Long-Lived Assets to Be Disposed Of*, March 1995.
- FASB, SFAS 133 *Accounting for Derivative Instruments and Hedging Activities*, June 1998.
- FASB, SFAS 144 *Accounting for the Impairment or Disposal of Long-Lived Assets*, August 2001.
- Hendriksen, Eldon S., Michael F. van Breda(1991), *Accounting theory* 5th ed., Boston et al; Irwin McGraw-Hill, 1991.
- IASB, IAS 36 *Impairment of Assets*, 1998, 2004 revised.
- Sittel, Thomas Christoph, Der Grundsatz der umgekehrten Maßgeblichkeit, Frankfurt a. M., 2003.
- Vogt, Stefan, Die Maßgeblichkeit des Handelsbilanzrechts für die Steuerbilanz, Duesseldorf, 1991.
- 浦野晴夫『会計原則と確定決算基準主義』森山書店，1996 年。
- 企業会計基準委員会事務局，（財）財務会計基準機構編『詳解　減損会計適用指針』中央経済社，2004 年。
- 齋藤真哉編著『減損会計の税務論点』中央経済社，2007 年。
- 佐藤信彦「第 5 章　固定資産の減損」佐藤信彦他編著『スタンダードテキスト財務会計論　II応用論点編（第 9 版）』中央経済社，2015 年，115-145 頁
- 品川芳宣『課税所得と企業利益』税務研究会出版会，1982 年。
- 高井家治『税務減価償却の研究』追手門学院大学経済学会，1987 年。
- 武田昌輔『税務会計と商法（税務調整の具体的検討）』税務研究会出版局，1975 年。
- 武田昌輔『税務会計論文集』森山書店，2001 年。
- 中里実『キャッシュフローリスク・課税』有斐閣，1999 年
- 成道秀雄「固定資産の減損失の税務」『日税研論集』第 42 巻，2023 年 9 月，59-150 頁。
- 森田哲彌『価格変動会計論』国元書房，1979 年。
- 森田哲彌，岡本清，中村忠編集『会計学大辞典 第四版増補版』中央経済社，2001 年

第 8 章　減価償却と減損　183

・山田昭広（2004）『アメリカの会計基準　第 5 版』中央経済社，2004 年。

減価償却課税制度

第9章　日本基準と国際会計基準

立教大学教授　倉田　幸路

I　は じ め に

　本章では，国際会計基準（International Accounting Standards：IAS）/国際
財務報告基準（International Financial Reporting Standards：IFRS）（以下本章で
は国際会計基準と呼ぶ）における減価償却の考え方の特徴を日本基準と比較し
て明らかにすることにする[1]。
　以下，国際会計基準第16号「有形固定資産」（IAS16）及び国際会計基準第
38号「無形資産」（IAS38）における減価償却の規定を中心に，その特徴を日
本基準との比較において明らかにすることとしたい。

II　有形固定資産に関する国際会計基準の概要（IAS16）

1 定　　義
はじめに，主要な用語の定義を示すとつぎのとおりである（par.6）。
　帳簿価額……資産の減価償却累計額及び減損損失累計額控除後に認識され

（1）　IAS16及びIAS38からの引用・参照はパラグラフ数を示すこととする。

る価額をいう

　取得原価……資産の取得時又は建設時において，当該資産取得のために支出した現金又は現金同等物の価額又はその他の引渡した公正価値又は，IFRS 第 2 号「株式報酬」といったその他 IFRS の特定の要求が該当する場合にこれに従って当初認識時に資産に帰属する金額をいう

　償却可能価額……資産の取得原価，又は取得原価に代わる価額から残存価額を控除した価額をいう

　減価償却……資産の償却可能価額を規則的にその耐用年数にわたって配分することをいう

　有形固定資産……(a)財貨の生産又は役務の提供に使用する目的，外部への賃貸目的又は管理目的で企業が保有するもので；かつ(b)一会計期間を超えて使用されると予測されるもの

　残存価額……資産の耐用年数が到来しておりその時点で予測される状況において，見積処分費用を控除した後の現時点で企業が当該資産から受領できると見積もる価額をいう

　耐用年数……(a)企業によって資産が使用されると見込まれる期間；又は(b)当該資産から得られると予測する生産高又はこれに類似する単位数。

2　取得原価

　つぎに，有形固定資産はいつ認識するかに関して，有形固定資産項目の取得原価は，以下の場合に限り資産として認識しなければならないとしている（par. 7）。

(a)当該項目に関連する将来の経済的便益が企業に流入する可能性が高く；かつ

(b)企業が当該項目の取得原価を信頼性をもって測定できる。

　また，交換部品及び保守器具は，通常，棚卸資産として計上され，消費時に損益として認識されるが，一期間を超えて使用すると予測される主要交換部品及び予備部品は，有形固定資産の要件を満たす（par. 8）。

取得後の支出について，保守費用に関して，企業は有形固定項目の帳簿価額に当該項目の保守費用を認識することはない。むしろ，当該費用は発生に応じて損益に計上される（par. 12）。

有形固定資産項目の構成部品には，一定期間ごとに取替を必要とするものがある。これらの資産が第7項の資産の認識規準が充たされている場合には，企業は有形固定資産項目の帳簿価額に資産の当該項目の取替部分の費用が発生した時に当該有形資産項目の帳簿価額に認識する。取替えられた構成部分の帳簿価額は，本基準書の認識の中止規定に従って認識を中止する（par. 13）。

つぎに認識時点での測定について，資産としての認識要件を満たす有形固定資産項目は，その取得原価で測定されなければならない（par. 15）として取得原価での測定を要求している。有形固定資産項目の取得原価は以下のものから構成される（par. 16）：

(a)値引及び割戻控除後の購入価格（輸入関税及び還付されない取得税を含む）

(b)当該資産の設置費用，並びに経営者が意図した方法で稼働可能にするために必要な状態にするための直接付随費用。

(c)当該資産項目の解体及び除去費用，並びに敷地の現状回復費用，取得時に，又は特定の期間に棚卸資産を生産する以外の目的で当該有形固定資産項目を使用した結果生ずる債務の当初見積り額。

この直接付随費用にはつぎのものが例として挙げられる（par. 17）：

(a)有形固定資産の建設又は取得により直接生じる従業員給付費用

(b)整地費用

(c)当初の搬入及び取扱費用

(d)据付及び組立費用

(e)資産が正常に機能するかどうかの試運転費用（資産を当該場所に設置し稼働可能な状態にするときに生産される物品（試運転時に製造された見本品等）の販売により得られる正味受取金控除後）。

自家建設資産の取得原価は，取得資産に対する原則と同じ原則を適用して

決定される。企業が通常の事業活動における販売を目的として同様の資産を製造している場合には，当該資産の取得原価は通常，販売を目的とした資産の建設に要した原価と同じである。したがって，そのような原価の算定上，内部利益は除かれる。同様に，資産の自家建設において発生した廃棄原材料，労務及びその他の資源の異常な額の原価は，当該資産の取得原価に含めない（par. 22）。

　具体的な取得原価の測定について，有形固定資産項目の取得原価は，認識日における現金価格相当額である。支払いが通常の信用期間を超えて繰り延べられている場合，現金価格相当額と支払総額との差額は，IAS 第 23 号で認められる代替処理に従って当該資産の帳簿価額に認識される場合を除き，信用期間にわたり利息費用として認識される（par. 23）。

　また，交換取引に関して，1 ないし複数の有形固定資産が非貨幣性資産と資産，或いは貨幣性資産と非貨幣性資産の組合せとの交換で取得されることがある。有形固定資産項目の取得原価は，(a)交換取引が経済的実質を欠いている場合，又は(b)受領した資産又は引渡した資産の公正価値が信頼性をもって測定できない場合を除いて，公正価値で測定される。取得資産項目が公正価値で測定されない場合には，その取得原価は引渡された資産の帳簿価額で測定される（par. 24）。さらに，比較可能な市場取引が存在しない資産の公正価値は，(a)合理的な公正価値の見積り範囲の変動が，当該資産に対して重要ではなく，又は(b)見積りが範囲内におさまる確率が合理的に評価され，かつ公正価値の見積りに使用できる場合に，信頼性をもって測定可能となる。企業が受領した資産又は引渡した資産の公正価値を信頼性をもって算定できる場合には，受領した資産の公正価値がより明らかとなる場合は別として，引渡した資産の公正価値を受領した資産の取得原価を測定するために使用する（par. 26）。ファイナンス・リースにより借手が保有する有形固定資産項目の取得原価は，IAS 第 17 号「リース」に従って決定される（par. 27）。また，有形固定資産項目の帳簿価額は，IAS 第 20 号「政府補助金の会計処理及び政府援助の開示」に従って，政府補助金分によって減額されることがあ

る（par. 28）として，圧縮記帳を行うことも可能である。

3　原価モデルと再評価モデル

　認識後の測定について，企業は会計方針として第30項の原価モデル又は第31項の再評価モデルを選択し，当該方針をすべての種類の有形固定資産に適用しなければならない（par. 29）として，原価モデルと再評価モデルが選択可能であるという極めて特徴的な規定をしている。原価法とは，資産として認識した後，有形固定資産項目は，取得原価から減価償却累計額及び減損損失累計額を控除した価額で計上しなければならない（par. 30）という通常の日本基準である。

　これに対して，再評価法とは，資産の当初認識後，公正価値を信頼性をもって測定できる有形固定資産項目は，再評価実施日における公正価値から，その後の減価償却累計額及び減損損失累計額を控除した評価額で計上しなければならない。再評価は，帳簿価額が貸借対照表日における公正価値をもって決定したであろう金額と大きく異ならないように十分な定期性をもって行わなければならない（par. 31）という公正価値による測定である。

　土地及び建物の公正価値は，通常，専門家としての資格をもつ鑑定人の行う評価による市場価値に基づく証拠によって決定される。有形固定資産項目の構成か否は通常，査定によって決定された市場価値である（par. 31）。有形固定資産項目が特殊な性質のものであって，継続事業の一部として売買されることを除いてめったに売買されないために，市場価値の証拠となるものがないときには，企業はインカム・アプローチ又は減価償却後の再調達原価アプローチを使用した公正価値を見積もる必要がある場合がある（par. 33）。

　ある有形固定資産項目が評価される場合，当該資産の属する種類の有形固定資産全体を再評価しなければならない（par. 36）。

　資産の帳簿価額が評価の結果として増加した場合，その増加額は再評価剰余金の科目を付して，株主持分に直接貸方計上しなければならない。しかし，再評価による増加額は，以前に費用として認識された同じ資産の再評価によ

る減少額を戻し入れる範囲では，収益として認識しなければならない（par. 39）。また，資産の帳簿価額が評価の結果として減少した場合，その減少額を費用として認識しなければならない。しかし，再評価による減少額は，同じ資産に関する再評価剰余金の貸方残高の範囲については，関連する再評価剰余金に直接借方計上しなければならない（par. 40）。

　再評価剰余金は，資産の認識を中止したときに，直接，利益剰余金に振り替えられる。これは，当該資産が除去又は処分されたときには再評価剰余金全体の振替を伴うことがある。しかし，一部の再評価剰余金には，資産が使用されるにつれて振り替えられるものもある。そのような場合，振り替えられる再評価剰余金の額は，資産の再評価後の帳簿価額に基づく減価償却との差額である。再評価剰余金から利益剰余金への振替は，損益をとおして行われない（par. 41）。

　有形固定資産の再評価から生じた法人税等の税効果がある場合は，IAS第12号「法人所得税」に従って認識され，開示される（par. 42）。

　このように，国際会計基準では，原価モデルだけではなく再評価モデルも選択でき，その評価差額は，増加した場合，資本（純資産）のその他包括利益として計上され，減少した場合は費用として計上される。

4　減価償却

　有形固定資産項目の全体の取得原価に関して重要となる取得原価を持つ資産項目の構成部分については個別に減価償却しなければならない（par. 43）。

　企業は，有形資産項目に関して初期に認識された金額を重要な構成部分に配分し，そうした部分ごとに個別に減価償却を行う。例えば，所有又は，ファイナンス・リースの対象を問わず，航空機の機体部分とエンジン部分を個別に減価償却することが適切となることがある（par. 44）として，重要な構成要素ごとに減価償却を行う方法を規定している点が特徴である。

　各期間の減価償却費は，他の資産の帳簿価額に含められる場合を除き，損益として認識しなければならない（par. 48）。しかしながら，時として，資

産に具現化される将来の経済的便益は，その他の資産が製造される際に包含される。このような場合，減価償却費は，他の資産の取得減価の一部を構成し，その帳簿価額に含められる（par.49）。

資産の償却可能価額は規則的な方法で耐用年数にわたって配分しなければならない（par.50）。資産の残存価額と耐用年数は少なくとも各会計年度末には見直さなければならず，予測が以前の見積りと異なる場合には，変更はIAS第8号「会計方針，会計上の見積の変更と誤謬」に従って会計上の見積りの変更として会計処理しなければならない（par.51）。資産の償却可能価額は，残存価額を控除した後算定される。実務上，残存価額は重要でない場合が多く，それゆえ，償却可能価額の算定上，あまり重要ではない（par.53）。

資産の耐用年数の決定にあたっては，以下のような要因のすべてを考慮する（par.56）。

(a)当該資産について予想される使用態様。使用態様は，当該資産の予想能力又は実際生産高を参考にして検討される；

(b)予想される物理的自然減耗。これは，当該資産を使用する交替制の回数，修繕及び維持計画，休止中の当該資産の管理及び維持などの運営上の要因に左右される；

(c)生産技術の変化若しくは向上，又は当該資産によって製造される製品若しくは提供される役務に対する市場需要の変化から生ずる技術的又は経済的陳腐化；

(d)資産の使用に対する法的又は類似の制約，例えば関連するリースの満了日。

資産の耐用年数は当該資産の企業にとっての期待効用の観点から定義される。企業の資産管理方針は，定められた時間の後又は資産に具現化された将来における経済的便益の特定の部分の消費における，資産の処分を含むことがある。したがって，資産の耐用年数はその経済的耐用年数よりも短いことがある。資産の耐用年数の見積りは，同様の資産を有する企業の経験に基づく判断の問題である（par.57）。

土地は，通常，耐用年数が無限であり，それゆえ，減価償却は行われない（par.58）。土地の取得原価に現場の解体，撤去及び現状回復費用が含まれている場合には，土地資産の当該部分については当該の費用によりもたらされる便益の期間にわたって減価償却される。時として，土地そのものが限定された耐用年数を持つ場合がある。その場合にはそれから得られる便益を反映する方法で減価償却される（par.59）。

5　減価償却方法

使用される減価償却方法は，資産の将来の経済的便益が企業によって消費されると予測されるパターンを反映するものでなければならない（par.60）。

資産に適用する減価償却方法は，少なくとも各会計年度の末に見直さなければならず，もし資産に具現化される将来の経済的便益の予測消費パターンに大きな変更があった場合には，当該の方法は変更されたパターンを反映するように変更しなければならない。当該変更はIAS第8号に従って会計上の見積りの変更として会計処理しなければならない（par.61）。資産の償却可能価額を耐用年数にわたって規則的に配分するために，種々の減価償却方法が用いられる。そうした方法には，定額法，定率法及び生産高比例法がある。定額法では，資産の残存価額が変化しない場合には，耐用年数にわたり一定額の費用が計上されることになる。定率法では，耐用年数にわたり，逓減的な費用が計上されることになる。生産高比例法では，予測される使用や生産高に応じて費用が計上されることになる。企業は資産に具現化される将来の経済的便益の予測消費パターンを最も近く反映している方法を選択する。適用される方法は将来の経済的便益の予測消費パターンに変更がない限り毎期継続して適用される（par.62）として，使用される方法として定額法，定率法，生産高比例法を挙げている。

資産の使用を含む活動から創出される収益を使用する方法は，当該資産についての適切な減価償却方法ではない。この方法は，資産に具現化された将来の経済的便益の予想消費パターンではなく，経済的便益が資産から創出さ

れるパターンを反映するものだからである。第60項では，資産の取得時に当該資産に固有であった便益の消費を，減価償却に関する原則として定めている（par.62A）という収益に基づく償却を禁止する規定は今回新たに強調された。

定率法を適用する場合，産出する製品又はサービスの技術的又は経済的な陳腐化に関する情報は，将来の経済的便益の消費パターンと資産の耐用年数の両方の見積りに関連性がある。資産の産出する製品又はサービスの販売単価の予想される将来の低下は，技術的又は経済的な陳腐化の結果としての，当該資産の将来の経済的便益の減少の兆候である可能性がある（par.62B）。

6 減 損

企業は，有形資産項目が減損しているかどうかを判定するために，IAS第36号「資産の減損」を適用する（par.63）。

7 認識の中止

有形固定資産項目の帳簿価額の認識は以下の場合に中止しなければならない（par.67）。

(a)処分された場合；又は

(b)その使用又は処分から将来における経済的便益が何ら期待されないとき。

有形固定資産項目の認識の中止から生じる損益は，当該資産項目の認識を中止したときに損益に計上しなければならない（IAS第17号がセールス・アンド・リースバックについて処理を要求していないのであれば）。利得は収益に分類してはならない（par.68）。

有形固定資産項目の認識の停止から生じる損益は，もし処分受取金が存在する場合にはその受取金と当該資産項目の帳簿価額との差異として算定しなければならない。（par.71）

有形固定資産項目の処分により受領可能となる対価は，当初，公正価値で認識される。当該資産項目に対する支払いが遅延する場合には，受領する対

価は，当初，現金価格相当額で認識される。対価の名目金額と現金価格相当額の差異は，受領する対価の実効利回りを反映してIAS第18号に従って利息収入として認識される（par.72）。

Ⅲ　無形資産に関する国際会計基準の概要（IAS38）

1　定　　義

　主要な用語の定義はつぎのとおりである（par.8）。

　開発……事業上の生産又は使用の開始以前における，新規の又は大幅に改良された材料，装置，製品，工程，システム又はサービスによる生産のための計画又は設計の，研究成果又は他の知識の応用をいう

　無形資産……物質的実体のない識別可能な非貨幣性資産をいう

　研究……新規の科学的又は技術的な知識及び理解を得る目的で実施される基礎的及び計画的調査をいう

　無形資産の残存価額……その資産がすでに年数を経過し，耐用年数の終了時点での期待した状況にあると仮定した場合に，企業がその資産を処分することから現在獲得する見積額から処分費用の見積額を控除した金額である

　耐用年数……つぎのいずれかをいう。(a)資産に対する企業の予測使用期間，(b)企業がその資産から得られると予測される生産高若しくはこれに類似する単位数。

2　識別可能性

　資産が以下の場合には，その資産は無形資産の定義における識別可能性の規準を満たしている（par.12）：

(a)分離可能であること，すなわち資産又は負債と独立に，又は関連する契約と一体として，企業から分離又は区分，売却，譲渡，ライセンス，賃借又は交換できること；又は

(b)そのような権利が譲渡可能であるか又は企業あるいは他の権利・義務から

分離可能であるか否かにかかわらず，契約又はその他の法的権利から生じるものであること。

3　認識及び測定

　ブランド，新聞の名称，出版物のタイトル，顧客リスト及び実質的にそれらに類似した項目に対する事後的な支出（外部から取得したか内部で創設したかにかかわらず）は，つねに発生時に損益として認識される。これは，そのような支出が事業全体を開発するための支出から区分することができないことによる（par. 20）。

　無形資産は，以下を満たす場合に，かつ，その場合にのみ，認識しなければならない（par. 21）。

(a)資産に起因する，期待される将来の経済的便益が企業に流入する可能性が高く；かつ

(b)資産の取得原価は信頼性をもって測定することができる。

　企業は，期待される将来の経済的便益の発生可能性を査定するにあたり，資産の耐用年数にわたって存在するであろう一連の経済状況に関する経営者の最善の見積りを表す，合理的で支持しうる前提を基礎としなければならない（par. 22）。

　無形資産は，取得原価で当初測定しなければならない（par. 24）。

4　内部創出のれん

　内部創出のれんを資産として認識してはならない（par. 48）。

5　内部創出の無形資産

研究局面

　研究（又は内部プロジェクトの研究局面）から生じた無形資産を認識してはならない。　研究（又は内部プロジェクトの研究局面）に関する支出は，発生時に費用として認識しなければならない（par. 54）。

研究活動の例として，以下のものが挙げられる（par.56）：

(a)新知識の入手を目的とする活動

(b)研究成果又は他の知識の応用の調査，評価及び最終的選択；

(c)材料，装置，製品，工程，システム又はサービスに関する代替的手法の調査；及び

(d)新規の又は改良された材料，装置，製品，工程，システム又はサービスに関する有望な代替的手法等についての定式化，設計，評価及び最終的選択。

開発局面

開発（又は内部プロジェクトの研究局面）から生じた無形資産は，企業がつぎのすべてを立証できる場合に限り，認識しなければならない（par.57）：

(a)使用又は売却できるように無形資産を完成させることの，技術上の実行可能性；

(b)無形資産を完成させ，さらにそれを使用又は売却するという企業の意図；

(c)無形資産を使用又は売却できる能力；

(d)無形資産が可能性の高い将来の経済的便益を創出する方法。とりわけ，企業は，無形資産の産出物の，又は無形資産それ自体の市場の存在を，あるいは，無形資産を内部で使用する予定である場合には，無形資産の有用性を立証しなければならない；

(e)無形資産の開発を完成させ，さらにそれを使用又は売却するために必要となる，適切な技術上，財務上及びその他の資源の利用可能性；及び

(f)開発期間中の無形資産に起因する支出を，信頼性をもって測定できる能力。

開発活動の例として，以下のものが挙げられる（par.59）：

(a)生産又は使用する以前の，試作品及び模型に関する設計，建設及びテスト；

(b)新規の技術を含む，工具，治具，鋳型及び金型の設計；

(c)事業上生産を行うには十分な採算性のない規模での，実験工場の設計，建設及び操業；及び

(d)新規の又は改良された材料，装置，製品，工程，システム又はサービスに

関し選択した代替手法等についての設計，建設及びテスト。

　内部で創出される，ブランド，題字，出版表題，顧客名簿及び実質的にこれらに類似する項目は，無形資産として認識してはならない（par.63）。

　内部で創出されるブランド，題字，出版表題，顧客名簿及び実質的にこれらに類似する項目に関する支出は，事業を全体として発展させる原価と区別することは不可能である。したがって，そのような項目は無形資産として認識されない（par.64）。

内部創出の無形資産の取得原価

　内部創出の無形資産の取得原価は，その資産の生成，製造及びその資産を経営者が意図する方法により操業可能とするための準備に必要な，直接配分可能な原価のすべてから構成される。直接配分可能な例として，以下が挙げられる（par.66）：

(a)無形資産を創出する上で使用又は消費した材料及びサービスに関する原価；

(b)無形資産の創出から生じる従業員給付（IAS第19号「従業員給付」で定義されている）の原価；

(c)法的権利を登録するための報酬；及び

(d)無形資産を創出するために用いられる特許及びライセンスの償却。

6　費用の認識

　無形固定資産に関する支出は，その発生時に費用として認識しなければならない。ただし，以下を除く（par.68）：

(a)認識規準（第18項から第67項参照）を満たす無形資産の取得原価の一部を構成する支出；又は

(b)企業結合で取得されたが，無形資産として認識することができない項目。この場合，その支出（企業結合の原価に含まれる）は，買収日現在ののれんに配分される金額の一部を構成する。

　場合によっては，企業に対し将来の経済的便益を提供するが，認識できる

無形資産又は他の資産を取得又は創設しないような支出が生じる。これらの場合，支出は，その発生時に費用として認識される。例えば，研究に関する支出は，企業結合の原価の一部を構成する場合を除き，その発生時に費用として認識される（第54項を参照）。このほか，発生時点に費用として認識される支出の例には，以下が含まれる（par. 69）：

(a)開業準備活動に関する支出（例，開業準備費）。IAS第16号に従って有形固定資産項目の取得原価に含まれる場合を除く。開業準備費用は，法人の設立に際し発生する法務及び書記の費用のような設立費用，新規の施設又は事業を開始するための支出（例，開業前費用），あるいは，新規業務の開始や新製品又は工程の開始のための支出（操業前費用）によって構成されるであろう；

(b)訓練活動に関する支出；

(c)広告宣伝及び販売促進活動に関する支出；及び

(d)企業の一部又は全体の移転又は組織変更に関する支出。

資産認識してはならない過去の費用

当初費用として認識した無形項目に関する支出は，後日，無形資産の取得原価の一部として認識してはならない（par. 71）。

7 当初認識後の測定

企業は，第74項の原価方式か，又は第75項の再評価方式のいずれかを，会計方針として選択しなければならない。無形資産を再評価方式を用いて会計処理する場合，同じ区分のその他すべての資産もまた，それら資産に活発な市場がない場合を除き，同じ方式を用いて会計処理しなければならない（par. 72）。

原価方式

当初認識後，無形資産は，取得原価から償却累計額及び減損損失累計額を控除しなければならない（par. 74）。

再評価方式

当初認識の後，無形資産は，再評価日の公正価値から再評価日以降の償却累計額及び減損損失累計額を控除した，再評価額で認識しなければならない。本基準書の下での再評価の目的上，公正価値は活発な市場を参照して決定しなければならない。再評価は，貸借対照表日における当該資産の帳簿価額が，公正価値と大きく異ならないよう十分な規則性をもって行わなければならない (par. 75)。

無形資産について，第8項に記述した特徴のある活発な市場が存在することは，可能性はあっても通常は考えにくい。例えば，ある地域では，自由に譲渡可能なタクシーのライセンス，漁業免許又は生産割当枠に関し，活発な市場が存在するかもしれない。しかしながら，ブランド，新聞題字，音楽及びフィルムの出版権，特許又は商標に関しては，そのような資産のそれぞれが独特であるため，活発な市場は存在し得ない (par. 78)。

無形資産を再評価する場合，再評価を行う日において，償却累計額の全額を以下のいずれかにより処理する (par. 80)：

(a)再評価後の資産の帳簿価額が，その再評価額に等しくなるよう，資産の帳簿価額の総額の変化と比例的に修正再表示する；又は

(b)資産の帳簿価額の総額と相殺し，相殺後の帳簿価額を資産の再評価額に修正再表示する。

再評価された無形資産と同じ種類の無形資産が，当該資産に活発な市場が存在しないため再評価できない場合には，当該資産は，取得原価から償却累計額及び減損損失累計額を控除した金額で計上しなければならない (par. 81)。

再評価された無形資産の公正価値を，活発な市場を参照して決定することが不可能になった場合，当該資産の帳簿価額は，活発な市場を参照した最後の評価日における資産の再評価額から，その日以降の償却累計額及び減損損失累計額を控除したものとしなければならない (par. 82)。

再評価の結果として無形資産の帳簿価額が増加する場合，当該増加額は資

本勘定の貸方に直接認識し，再評価剰余金として表示しなければならない。しかしながら，同一資産の再評価による減少額が過去に損益として認識されていた場合には，当該増加額は，その金額の範囲内で，損益として認識しなければならない（par. 85）。

再評価の結果として無形資産の帳簿価額が減少する場合，当該減少額は費用として認識しなければならない。しかしながら，当該資産に関する再評価剰余金が貸借対照表貸方に認識されている場合，当該減少額は，その金額の範囲内で，再評価剰余金の借方にて認識しなければならない（par. 86）。

資本勘定に含まれる再評価剰余金累計額は，当該剰余金が実現した場合，利益剰余金に直接振り替えられることがある。剰余金の全体は，資産の廃棄又は処分によって実現するであろう。しかしながら，企業が資産を使用していても，剰余金の一部が実現するかもしれない。そのような場合，実現した剰余金の額は，当該資産の再評価後の帳簿価額に基づく償却額と，当該資産の取得原価に基づいて認識した償却額との差額である。再評価剰余金の利益剰余金への振替は，損益計算書を経由しない（par. 87）。

8　耐用年数

企業は，無形資産の耐用年数が有限であるか又は確定していないかを査定し，もし有限であれば，その耐用年数の期間，又は製品あるいは構成する同様の単位の数を検討する。関連するすべての要因の分析に基づいて，無形資産が，企業に対して正味のキャッシュ・インフローをもたらすと期待される期間について予見可能な限度がない場合，企業は，当該無形資産の耐用年数は確定できないものとみなさなければならない（par. 88）。

無形資産の会計処理は，耐用年数を基礎とする。有限の耐用年数を有する無形資産は償却し（第97項から第106項参照），耐用年数を確定できない無形資産は償却しない（第107項から第110項）（par. 89）。

無形資産の耐用年数を決定するにあたっては，以下のような多くの要因を検討する（par. 90）：

(a)企業が予定する使用方法，及び他の管理者チームによる資産の有効な運営の可能性；

(b)その資産の典型的な製品ライフサイクル，及び同様の用途に供される同様の資産の耐用年数の見積りに関し公表されている情報；

(c)技術上，技術工学上，商業上又はその他の要因による陳腐化；

(d)資産が操業されている産業の安定性，及び資産から産出される製品又はサービスに対する市場の需要の変化；

(e)競争相手又は潜在的競争相手の予想される行動；

(f)資産からの期待される将来の経済的便益を入手するために必要となる維持支出の水準，及びその水準を達成するために必要な企業の能力及び意図；

(g)資産の支配期間，及び関係するリース契約の終了期限のような，資産の使用に関する法的又は同様の制限；及び

(h)当該資産の耐用年数が，企業の他の資産の耐用年数に依存するか否か。

技術の急速な変化の歴史を考えると，コンピューターのソフトウエア及びその他多くの無形資産は，技術革新による陳腐化の危険が高い。したがって，それらの資産の耐用年数は短期間となることが多い（par.92）。

無形資産の耐用年数は，非常に長期となるか又は確定できない可能性がある。不確実性は，慎重主義に基づく無形資産の耐用年数の見積りを正当化するが，非現実的に短い耐用年数を選択することを正当化するものではない（par.93）。

契約その他の法的権利から生じる無形資産の耐用年数は，契約その他の法的権利期間を超えてはならないが，企業がその資産の使用を予定する期間によっては，より短くしてもよい。その他の法的権利が，更新可能である限定期間にわたって移転される場合には，無形資産の耐用年数に，多額の費用なしに企業が更新できるという証拠がある場合に限って，更新期間を含めるものとする（par.94）。

無形資産の耐用年数に影響する要因には，経済的要因及び法律的要因の双方の要因があろう。経済的要因は，企業が将来の経済的便益を享受する期間

を決定する。法律的要因は，企業がそれら便益の入手を支配する期間を制限する可能性がある。耐用年数は，これらの要因により決定される期間のうちいずれか短いほうの期間である（par. 95）。

9　有限の耐用年数を有する無形資産
償却期間及び償却方法

有限の耐用年数を有する無形資産の償却可能価額は，当該資産の耐用年数にわたり規則的に配分しなければならない。償却は，当該資産が使用可能になった時点，例えば当該資産が経営者の意図する方法により操業可能となるよう必要な場所及び条件に置かれたときに，開始しなければならない。償却は，当該資産が，IFRS 第5号「売却目的で保有する非流動資産及び廃止事業」に従って売却目的保有に分類された（又は売却目的保有に分類される処分グループに含まれた）日か，又は資産の認識が中止される日のいずれか早い時点で中止しなければならない。適用する償却方法は，資産の将来の経済的便益を，企業が消費すると予想されるパターンを反映しなければならない。そのパターンを信頼性をもって決定できない場合には，定額法を採用しなければならない。各年度の償却負担額は費用として認識しなければならない。ただし，他の基準書が他の資産の帳簿価額に含めることを許容又は要求している場合を除く（par. 97）。

資産の償却可能価額をその耐用年数にわたり計画的に配分するためにさまざまな償却方法を使用することができる。これらの方法には，定額法，定率法及び生産高比例法が含まれる。ある資産に用いられる方法は，経済的便益の見積消費パターンを基礎として選択され，その選択された方法は，その資産から生じる経済的便益の見積消費パターンに変化がない限り，各期を通じ継続して適用される（par. 98）。

無形資産の使用を含む活動で生み出される収益は，通常，当該無形資産に具現化された経済的便益の消費に直接結びつかない要因を反映している。例えば収益は他のインプット及びプロセス，販売活動並びに販売数量及び価格

の変動の影響を受ける。収益の価格要素は物価上昇の影響を受ける場合があり，これは資産が消費される方法とは関連がない。上記の前提を覆すことができるのは，下記の限定的な状況においてのみであるとして，(a)無形資産が収益の測定値として表現されている場合，(b)収益と無形資産の経済的便益の消費との相関が高いことが立証できる場合（par. 98A）という2つの例を挙げている。

　第98項に従って適切な償却方法を選択する際に，企業は当該無形資産に固有な支配的な限定要因を決定することができる。例えば，無形資産の使用に対する企業の権利を示している契約が企業による当該無形資産の使用を前提に決定された年数（すなわち，時間），生産する単位又は生み出す収益の固定された合計額として定めているかもしれない。こうした支配的な限定要因の識別は，償却の適切な基礎の識別のための出発点として役立つ可能性があるが，別の基礎の方が経済的便益の予想される消費パターンをより密接に反映する場合には，別の基礎を適用することができる（par. 98B）。

残存価額

　無形資産の残存価額は，ただし，以下のいずれかの場合を除き，ゼロと推定しなければならない（par. 100）。

(a)資産の耐用年数が終了する時点において，当該資産を第三者が購入する約定がある；又は

(b)資産に活発な市場が存在し，かつ；

　(1)その市場を参照することにより残存価額を決定可能である；かつ

　(2)資産の耐用年数が終了する時点においてもそのような市場が存在する可能性が高い。

償却期間及び償却方法の再検討

　有限の耐用年数を有する無形資産の償却期間及び償却方法は，少なくとも各会計年度末において，再検討しなければならない。資産について見積耐用年数が従来の見積りと大きく相違する場合には，償却期間は，それに基づいて変更されなければならない。資産から生じる経済的便益の予測パターンに

重要な変化が生じた場合には，償却方法を変化後のパターンを反映するよう変更しなければならない。この変更は，IAS 第 8 号「会計方針，会計上の見積りの変更及び誤謬」に従って，会計上の見積りの変更として会計処理しなければならない（par. 104）。

10 耐用年数を確定できない無形資産

耐用年数を確定できない無形資産は，償却してはならない（par. 107）。

IAS 第 36 号「資産の減損」に従い，企業は，耐用年数を確定できない無形資産について，当該資産の帳簿価額と回収可能価額とを比較することにより，以下の時期に減損テストを行う必要がある（par. 108）：

(a)毎年，及び

(b)当該無形資産に減損の兆候がある場合はいつでも。

耐用年数の査定の検証

非償却の無形資産の耐用年数は，当該資産の耐用年数を確定できないという証拠となるような事象又は状況が引き続き存在するかどうかを決定するために，毎期再検討する。もしそれらが存在しなければ，耐用年数の査定を有限に変更し，IAS 第 8 号「会計方針，会計上の見積りの変更及び誤謬」に従って会計上の見積りの変更として会計処理しなければならない（par. 109）。

11 帳簿価額の回収可能性－減損

IAS 第 36 号に従って，無形資産の耐用年数を，確定できないのではなく有限であると再査定することは，当該資産の減損の兆候となる。結果として，企業は，当該資産の帳簿価額と，IAS 第 36 号に従って測定した当該資産の回収可能価額とを比較することにより，当該資産の減損テストを行い，回収可能価額を帳簿価額が上回る額を減損損失として認識する（par. 111）。

12 廃棄及び処分

無形資産は，以下の場合に認識を中止する；

(a)処分時；又は

(b)使用又は処分により，予定した将来の経済的便益が期待できなくなったとき。(par. 112)

　無形資産の認識の中止から生じる損益は，正味処分収入と，もしある場合には資産の帳簿価額との差額として決定しなければならない。当該差額は，資産の認識を中止した時に損益として認識しなければならない（IAS 第 17 号「リース」によりセールス・アンド・リースバックの処理となる場合を除く）。利得は収益として分類してはならない（par. 113）。

Ⅳ　日本基準と比較した国際基準の特徴

　これまでみてきたように，減価償却に関して，国際会計基準の特徴はつぎのとおりである。

① 　有形固定資産の認識に原価モデルと再評価モデルを選択適用できる。

② 　減価償却方法は，資産の将来の経済的便益が企業によって消費されると予測されるパターンを反映するものでなければならない。そして，減価償却の例として，定額法，定率法及び生産高比例法に言及しているが，あくまでも，資産の将来の経済的便益が企業によって消費されると予測されるパターンを経営者が最も適切に反映すると期待される方法を選択しなければならないので，自由に選択できるわけではない。

③ 　②で述べたように，資産が消費されると予測されるパターンによることを強調しているので，収益に基づく償却は，資産の潜在的便益が企業によって消費されると期待されるパターンではないので，有形固定資産の場合禁止され，無形固定資産の場合使用がかなり制限される。

④ 　取得原価を重要な構成部分に分けて個別に減価償却しなければならない。

⑤ 　内部創出の無形資産に関して，開発局面で一定の条件を満たすものは，無形資産計上しなければならない。

⑥　再評価モデルを採用した場合，固定資産が評価替した際に生じる再評価剰余金累計額が実現した場合直接利益剰余金に振り替える。いわゆるリサイクリングしない。

⑦　無形資産について，原価モデルを採用する場合，有限の耐用年数を有する無形資産と耐用年数を確定できない無形資産とを分け，前者は，定額法，定率法及び生産高比例法により通常の規則的に配分されるが，後者は償却せず減損テストによる。

　この国際会計基準における減価償却は，いくつかの点で日本基準と重要な相違がある。

　はじめに，①でみたように，国際会計基準では，認識後の測定として，原価モデルと再評価モデルを選択することができるが，日本基準では，「土地再評価に関する法律」（平成 10 年 3 月 31 日法律第 34 号，最終改正平成 17 年 7 月 26 日法律第 87 号）のような時限立法による以外は，再評価を選択することができない。再評価法を用いると，専門家による評価も必要となることからコストもかかり，また再評価額に合わせて帳簿価額や減価償却累計額を修正したりする手間がかかる。したがって，「再評価モデルは実務上の負担が大きいこともあり，多くの企業で原価モデルが採用されているのが現状である。」[2] と指摘されるように実際には再評価モデルはあまり使われていない。

　また，減価償却を行うにあたり，②で挙げたように，減価償却方法は，資産の将来の経済的便益が企業によって消費されると予測されるパターンを反映するものでなければならないという点を強調し，定額法，定率法，生産高比例法が例として挙げられている。この減価償却の方法を複数認めていることに関して，IASB 国際活動理事のアプトン（Upton, Wayne）は，「ある程度，すべての『会計』配分の仮定はあいまいで手におえないものである。一つの正しい答えはなく，企業の固定資産のすべてにとって，適切であると思われる一つの方法もない。」[3] という理由によるものであると思われるが，「方法

---

(2)　The International Financial Reporting Group of EY[2016]p. 1290.

(3)　Upton, Wayne[2010]p. 5.

の選択は自由選択ではない。」[4]という点は注意しなければならない。また，この将来の経済的便益が企業によって消費されると予測されるパターンについて，「たとえば，多くの資産は，その耐用年数の後半で，より多くの修繕やより頻繁な修理を必要とする。同様に，資産によって製造される製品の価格はその資産の耐用年数にわたり減少すると経営者は予期する。この両者は，逓減法は消費のパターンの最も良い近似値であることを示唆する。」[5]として，定率法等の逓減法がふさわしい場合も多く，「IAS16において，他の方法よりも定額法が選好されているのか？私はそうは思わない。定額法は，反証がなければ，管理者にとって容易であり，財務諸表利用者にとって理解しやすいものであろう。これらの要素から，定額法は最も容易な方法であるが，必ずしも選好される方法ではない。」[6]として，IAS16において定額法を選好しているわけではないと述べている。

　また，2014年5月の改訂により，③で指摘したように，収益に基づく償却は，有形固定資産の場合原則禁止され，無形資産の場合認められると考えられるケースの例として，つぎの2つの点を挙げている（par.BC72G）：

　a　経済的便益との相関が高い

　b　無形資産が具現化している権利が生み出される収益の合計額（例えば，時間ではなく）として収益の生成が権利の消滅時期を決定するために使用される測定であるような方法で表現されている場合。

　このように，無形資産を利用する権利が特定の年数，生産量，収益額により制限されているような場合が該当する。具体的には，企業が金鉱を探査して金を採掘する権利を取得している場合，この契約の満了が採掘から生じる固定額の合計収益を基礎としている場合（例えば，契約が金の販売による収益が20億通貨単位に達するまで金の採掘を認めている場合）と，企業が有料道路の運営権を取得しており，通行料金の累計額が収益に関する閾値（例えば，1億通

---

(4)　ibid.
(5)　ibid. p.6
(6)　ibid.

貨単位）に達したら契約が終了する場合を挙げ，このような場合には収益に応じて償却することが適切であるとしている（par. 98c）。

　また，生産量に基づく契約を行い，各期の生産量は同じであるが，販売価額は次第に上昇すると仮定した場合，生産高比例法では定額法と同じになるが，収益に基づく償却方法では，逓増法による償却になる点も指摘されている[7]。日本基準では，無形資産に関してこのような制限なく，収益に応じた償却を認めているので，この点では日本基準と相違している。

　③の論点に関連して，無形資産についても耐用年数が有限である場合には定額法，定率法，生産高比例法で償却を行うことになるが，日本基準の場合，定率法は認められていない。
「実務において，定率法が使われることは稀である。顧客関係及び類似の無形資産に関して考えられる理由の一つは，今後数年の間に生じる将来の経済的便益が不確実であり，それを事業の内部創出資産から生み出されたキャッシュ・フローと区別することが困難であるという点である。」[8]という指摘からも，耐用年数が有限の無形資産は，原則定額法を用い，生産量が有限である場合に生産高比例法を用いるのが適切であると思われる。

　つぎに，④で挙げた，重要な構成部分に分けて減価償却を行う点も，日本基準にはこのような規定はないので相違している。ただ，日本基準でこのような償却ができないことはないと考えられる。IAS16では，航空機の機体部分とエンジン部分を個別に減価償却することが適切となることがある（par. 44）と指摘している。例えば，船舶は5年ごとに塗装される。この5年後の塗装に係る費用を期間配分するために，従来は特別修繕引当金が設定されていた。しかし修繕引当金・特別修繕引当金の債務性が問題となり引当金として負債の部に計上することの適否が問題となっている。この問題につ

---

(7)　The International Financial Reporting Group of EY［2016］p. 1239. 同訳書61-62頁。

(8)　The International Financial Reporting Group of EY［2016］p. 1236. 同訳書62頁。

いて，船舶の本体部分と塗装部分を分け償却計算することにより，特別修繕引当金を設定しなくても塗装費用を期間配分できるので，このような重要な構成要素に分けて減価償却する方法を日本基準に取り入れる意味はあると思われる。

また，⑤で挙げたように，国際会計基準では，開発局面で一定の要件を満たす支出は，無形資産として計上しなければならない。日本基準では，無形資産は取得したものに限られ，開発局面のこのような支出は，繰延資産の研究開発費として計上される可能性がある。この点で，無形資産として計上されるか，繰延資産として計上されるかで相違がある。そもそも国際会計基準では繰延資産の概念がないので無形資産として計上されることになると考えられる。

⑥で指摘したように，再評価モデルを採用した場合，固定資産を評価替した際に生じる再評価剰余金を振り替える必要がある場合，その期の損益には計上しないで，直接資本（純資産）の中で振り替えられることになる。いわゆる当期純利益にリサイクリングしない処理となる。この点は，日本でも「土地再評価に関する法律」により，平成10年から4年間のうち1つの会計年度に限って土地の再評価が認められ，繰延税金資産又は繰延税金負債を控除した後の金額を純資産の部の評価換算差額等に計上されることになった。他の評価換算差額等の項目（その他の包括利益項目）と異なり，日本でもこの土地再評価差額金は，再評価した土地を処分又は減損を行った場合，当期損益には関係させず直接利益剰余金に振り替えることになるので，この点では国際会計基準と日本基準は同じ処理となる。ただし，IAS16やIAS38では，再評価モデルを採用した場合の評価差額の振替を資本（純資産）内部で行うとしているのみで，タイミングや項目を特に規定していないので，この場合でも日本基準と相違する可能性はある。

また，⑦で取り上げたように，無形資産について，原価モデルを採用する場合，有限の耐用年数を有する無形資産と耐用年数を確定できない無形資産とを分け，前者は，定額法，定率法及び生産高比例法により，通常規則的に

配分されるが，後者は償却せず減損テストによる。日本基準ではすべて有限の耐用年数があると仮定しているので，減損テストのみによる処理は適用できない。

　また，減価償却の論点と直接関係しないが，減価償却は取得原価をもとに行われるので，取得原価の測定に関してつぎの2つの点が間接的に影響を及ぼすと考えられる。

　はじめに，IAS16においては，有形固定資産の取得原価は，認識日における現金価額相当額である。支払が将来にわたる場合，現金価格相当額と支払総額との差額は利息として認識される。日本基準では，長期の分割払いにより資産を取得した場合でも支払総額を取得原価としている点で相違がある。近年の日本の会計基準で，リース会計基準にみられるように，資産・負債の取得原価の測定に利息相当部分を分離して処理する方法も多くみられるようになり，他の基準との整合性のうえでも考慮する必要がある問題だと思われる。

　つぎに，交換により固定資産を取得した場合，原則として公正価値で測定される。信頼性をもって測定できない場合にのみ引き渡された資産の帳簿価額で測定される。これに対して，日本基準では，原則として，交換に供された自己資産の適正な簿価を取得原価とすることになる。この点で，国際会計基準と日本基準で取得原価が相違する可能性がある。

V　おわりに

　これまでみてきたように，減価償却に関して，有形固定資産の認識に原価モデルのほかに再評価モデルを適用することができるので再評価モデルを採用した場合減価償却のパターンが変わること，減価償却の方法は将来の経済的便益が企業により消費されると予測されるパターンを反映するものでなければならないので収益に基づく償却は適用できないこと，取得原価を重要な構成部分に分けて個別に減価償却しなければならないこと，内部創出の無形

資産について開発局面で一定の条件を満たすものは無形資産に計上しなけれ
ばならないと，無形資産について原価モデルを採用する場合，耐用年数を確
定できない無形資産については規則償却せず減損テストによること，という
点において国際会計基準は日本基準と異なる。しかし，取得原価を重要な構
成部分に分けて減価償却を行う点など，日本基準にも明確に取り入れた方が
いいと思われる点もあり，また，減価償却方法として定額法，定率法，生産
高比例法を挙げている等日本基準と似ている点も多い。

参考文献

IAS16；International Accounting Standards No.16.　"Property，Plant and
Equipment."　2014.

IAS38；International Accounting Standards No.38，"Intangible Assets."　2014.

The International Financial Reporting Group of EY[2016]；"International
GAAP 2016, Generally Accepted Accounting Practice under International Fi-
nancial Reporting Standards Vol.1"　Wiley，2016.　新日本有限責任監査法人
『IFRS　国際会計の実務　International GAAP 2015　中巻』

Upton，Wayne[2010]；"Depreciation and IFRS"，IASB Occasional Education
Notes，19 November 2010.

減価償却課税制度

第10章　法人税法上の減価償却に関する主要な裁判例－昭和63年以降－

関西学院大学教授　　一高　龍司

はじめに

　本稿は，主題のとおり，昭和63年以降の法人税法上の減価償却に関する主要な裁判例を，そこで問題となっている事項に即して類型化しつつ紹介し，若干の考察を加えることを目的とする。法人税法31条及びその特例を巡る解釈適用上の問題点毎に裁判例を整理することを通じて，法人税法上の償却（損金算入）限度額計算の構造と基礎にある考え方が浮かび上がるようにしたい。なお，所得税法にも同様の償却費に関する定め（所税49条等）があるが本稿では扱わない。また，国税不服審判所の裁決例も省く。以下，まず法人税法上の減価償却規定の要点を確認したい。

I　法人税法上の減価償却の定めの概要

　法人税法は，固定資産の一類型として，減価償却資産を，「建物，構築物…その他の資産で償却をすべきものとして政令で定めるもの」と定義し（法税2条22号・23号），これを受けた委任命令が，「棚卸資産，有価証券及び繰延資産以外の資産のうち次に掲げるもの」として，各種のいわゆる有形減価

償却資産[(1)]に加え，所定の「無形固定資産」及び「生物」（動物と植物）を含めて列挙し（法税令13条），これらのうち，「事業の用に供していないもの及び時の経過によりその価値の減少しないもの」を除いている（法税2条23号・法税令13条）。

　法人（以下，内国法人を指す）が「各事業年度終了の時において有する減価償却資産[(2)]」に関し，償却費として損金経理をした金額（損金経理額）のうち，「その取得をした日及びその種類の区分に応じ」，「政令で定める償却の方法」の中から法人が選定した償却の方法（選定しない場合は法税令53条所定の法定償却方法）に基づき，「政令で定めるところにより計算した金額」を上限として，損金に算入する旨定めている（法税31条1項）。このように，法人税法上の減価償却費の計算は，損金経理した金額のうちの償却限度額，つまり損金算入限度額の計算に留まる。加えて，選定可能な償却の方法の特例，選定手続，減価償却資産の取得価額，使用可能期間を延長させる部分等に対応する支出金額を取得価額とする特例，「その他減価償却資産の償却に関し必要な事項」も政令に委任される（法税31条6項）。組織再編成に関連する定めを除けば，減価償却（評価損等は除く）に直接かかわる法人税法の定めはこれらのみで，政令委任が多く，実にシンプルである。

　次いで，明示的に，上記「政令で定める償却の方法」として政令は，取得日を平成19年4月1日より前か同日以後かに大別して，減価償却資産の種類毎に，（旧）定額法，（旧）定率法，（旧）生産高比例法（鉱業権及び鉱業用減価償却資産のみ選定可），旧国外リース資産定額法，またはリース期間定額法，のいずれかによるべきことを定める（法税令48条・48条の2，図表参照）。加

---

(1) 「建物及びその附属設備（暖冷房設備，照明設備，通風設備，昇降機その他建物に附属する設備をいう。）」，「構築物（ドック，橋，岸壁，桟橋，軌道，貯水池，坑道，煙突その他土地に定着する土木設備又は工作物をいう。）」，「機械及び装置」，「船舶」，「航空機」，「車両及び運搬具」，「工具，器具及び備品（観賞用，興行用その他これらに準ずる用に供する生物を含む。）」のみである（法税令13条1号乃至7号）。「機械及び装置」のみ，耐用年数省令の別表第二の項目とされ，他はいずれも同別表第一に記載されている。

(2) 平成13年度改正前は単に「内国法人の減価償却資産」というのみであった。

第 10 章　法人税法上の減価償却に関する主要な裁判例　215

<図表　法人税法上の減価償却方法（主要項目のみ）>

	H.19.3.31 以前取得	H.19.4.1 以後取得*	H.28.4.1 以後取得
建物 （H.10.3.31 以前取得）	旧定額法又は 旧定率法	—	—
建物（上記以外）	旧定額法	定額法	定額法
建物の附属設備	旧定額法又は 旧定率法	定額法又は 定率法	定額法
構築物	旧定額法又は 旧定率法	定額法又は 定率法	定額法
機械及び装置，船舶，航空 機，車両及び運搬具，工具， 器具及び備品	旧定額法又は 旧定率法	定額法又は 定率法	定額法又は 定率法
無形固定資産，生物	旧定額法	定額法	定額法
国外リース資産 （H.20.3.31 以前契約）	旧国外リース期 間定額法	旧国外リース期 間定額法	—
リース資産 （所有権移転外リース取引 の賃借人）	—	リース期間 定額法	リース期間 定額法

（筆者作成）*H.28.4.1 日以後取得分を除く

　えて，税務署長の承認を条件に，これら以外の償却の方法（特別な償却の方法）を選定することも認める（法税令 48 条の 4 第 1 項）[3]。

　平成 19 年度改正で，同年 4 月以降に事業の用に供した減価償却資産に関し，定額法における「残存価額」の控除が廃止され（耐用年数省令別表（以下，耐用年数別表という）第十一）[4]，定率法においても，償却率の計算上残存価額を考慮していたのを改め，加速的な 250％ 定率法（平成 24 年 4 月以降に事業の

---

(3)　軌条，枕木等の「取替資産」には取替法（法税令 49 条）もある。他に，漁網，活字に常用されている金属，映画用フィルム（二以上の常設館で順次上映されるもの），所定の短期的な金型その他の工具は，所轄国税局長の認定を受けた償却率を用いた償却方法を選定しうる（法税令 50 条，法税規 12・13 条）。

(4)　但し，改正前は，取得価額の 95％ が償却限度額とされていた（法税 61 条 1 項 1 号）。

用に供したものは，同年度改正で200％定率法）の計算に従った償却率とし，現在に至っている[5]。現行法は，平成19年度改正の適用開始前に取得された資産に適用されるものを旧定額法及び旧定率法と呼んでいる。

償却方法の選定は，減価償却資産の種類毎に，また後述の各耐用年数別表に規定する設備等の種類毎に，償却方法を選定しなければならない。事業所が複数あれば事業所ごとにかかる選定をしてもよい（法税令51条・法税規14条）。償却限度額は，各耐用年数別表の細目等毎（かつ事業所毎）に，（異なる）償却方法を適用して計算する（法税令58条・法税規19条）。他に，償却方法の変更手続に関する規定もある（法税令52条）。

他方，上記「政令で定めるところにより計算した金額」（損金算入限度額）を受けた特定の条文は見あたらないが，法人税法31条6項の上記委任と相まって，減価償却資産の取得価額（法税令54条），資本的支出（同132条）の取得価額の特例（同55条），耐用年数，償却率，残存価額等の財務省令委任（同56条），耐用年数の短縮（同57条），償却限度額とその特例（同58条ないし61条の3），合併等で取得した減価償却資産に係る損金経理額（同61条の4），償却超過額の処理（同62条）の各定めと，計算に関する細目を財務省令に委ねる規定（同63条の2）が全体として，上記の各委任の下に損金算入限度額を導く構造である。なお，償却費の計算に関する明細書の添付（同63条）も要求される。

以上の政令の諸規定の中には，手続的な事項のみならず，例えば，取替資

---

(5) 財務省ウェブサイト「平成19年度 税制改正の解説」249-251頁（佐々木浩ほか執筆），同「平成24年 税制改正の解説」（平成23年12月改正）110-111頁（椎谷晃ほか執筆）参照。前者の解説によれば，平成19年度改正は，税制における国際的なイコール・フッティングの確保と，償却限度額（取得価額の95％）が実態を反映していない点を踏まえたものであった。後者の解説によれば，平成24年度改正は，法人実効税率の引き下げに際しての課税ベース拡大の一環であるというのが，国会審議における立案担当者の説明である。もっとも，法人税法上の償却限度額計算が実態以上に加速化するにつれて逆基準性の問題も増す。申告調整による限度額までの損金算入を認めるべき旨の見解（成道秀雄「減価償却と減損損失の課税上の論点」租税研究721号26頁（2009年）27・29頁）もある。

第 10 章　法人税法上の減価償却に関する主要な裁判例　217

産の範囲，特別な償却率によることが可能な減価償却資産の範囲などの実体的な事項をも，財務省令にいわば再委任するものがある。法人税法施行規則の減価償却に係る殆どの定め（法税規 9 条の 3 ないし 21 条の 2）は，これらの再委任に具体的に基づくものである[6]。

　特に重要なのは，上記法人税法施行令 56 条（及び所税令 129 条）の委任を受けた「減価償却資産の耐用年数等に関する省令」（以下，耐用年数省令）である。耐用年数省令 1 条が定める耐用年数のうち，主要な項目に関するものは，耐用年数別表第一（機械及び装置以外の有形減価償却資産），同別表第二（機械及び装置），同別表第三（無形減価償却資産），同別表第四（生物）及び同五（公害防止用減価償却資産）において，種類又は細目毎に定められている（同省令 1 条 1 項）[7]。別表第二では，設備ないしプラント単位で耐用年数が決まるので，別表第二の耐用年数を総合耐用年数と称し，他を個別耐用年数と呼び分けることもある[8]。平成 20 年度改正で，別表第二は，日本標準産業分類の中分類を基本とした資産区分の整理により従前の 390 区分から 55 区分に改められ，また別表第五（汚水処理用減価償却資産）と第六（ばい煙処理用減価償却資産）を統合して上記第五が定められている[9]。

　中古資産の場合は，「使用可能期間」を見積もって耐用年数を決める必要があるが，見積りが困難なものに限り，法定耐用年数×20%（法定耐用年数全部経過資産），又は，法定耐用年数-経過年数＋経過年数×20%（同一部経過資産）で計算した年数によることができる[10]。

---

(6)　ただ，償却限度額の計算を耐用年数省令に定める種類の区分に従って，耐用年数及び償却の方法の異なるごとに計算することを求める定め（法税規 19 条）のみは，法人税法施行令 63 条の 2 の一般的な委任に基づくものと解される。

(7)　加えて，鉱業権，坑道及び公共施設等運営権についても，各々の各耐用年数（一部は所轄税務署長の認定した年数）を定めている（耐用年数省令 1 条 2 項）。

(8)　例，東京地判平成 23 年 9 月 14 日税資 261 号-175（順号 11765）。但し別表第五は「機械及び装置」を含む点に留意。

(9)　財務省ウェブサイト「平成 20 年度 税制改正の解説」246-280 頁（佐々木浩ほか執筆）

(10)　事業の用に供するために支出した「資本的支出」（法税令 132 条）が当該資産の取得価額の 50% を超えるものは除く。耐用年数省令 3 条 1 項。

法人税法65条に基づく所得の金額の計算の細目に係るより一般的な委任に基づくと解されるのが，第一に，短期又は少額減価償却資産に係る事業の用に供した時の取得価額の全額損金算入（損金経理要件がある）の定め（法税令133条）である。第二に，取得価額が20万円未満の減価償却資産の全部または一部を一括したもの（一括償却資産）については，損金経理要件の下で，選択により，取得価額の合計額を3年（月割り）で償却できる（法税令133条の2，損金経理要件）。後者は，確定申告書への所定の記載と，計算に関する書類の保存が適用の条件である（同条12項）。また，損金算入額の計算に関する明細書を確定申告書に添付しなければならない（同13項）。

　実務上は，法人税基本通達第7章及び「耐用年数の適用等に関する取扱通達」（以下，耐用年数通達）も看過しえない。

　減価償却費は，その損金算入時期を早めることで課税繰延べの利益を当該資産の所有者に供与することができるので，当該資産の取得や投資を促す等の効果が生じる。耐用年数省令は前述の「汚水処理」又は「ばい煙処理」の用に供されている減価償却資産のうち，構築物は18年を，機械及び装置は5年を，それぞれ耐用年数（耐用年数省令2条1号，同「別表第六」として，政策的に早めの償却を認めている。同様の優遇が，「開発研究…の用に供されている」減価償却資産のうち所定の項目（ソフトウェアを含む）についても与えられる（同令2条2号・同別表第七）。後述する幾つかの裁判例で，これらの政策規定の解釈を巡って争われている[11]。

　他方，租税特別措置法において，青色申告等を条件に，所定の期間，償却限度額が，普通償却限度額（法税31条に基づく限度額）と特別償却限度額の合計額とされて優遇される減価償却資産（租特2条2項25号で法人税法上の定義を借用）もあり[12]，その適用を巡る裁判例もある。本稿では，特例措置に係る裁判例でも，本則上の減価償却費の損金算入時期を考える上で参考になる

---

(11)　立法論上そもそも省令限りでこのような政策的な耐用年数の短縮を可能とすることが，再委任の範囲として適切か（政令の問題），あるいは再委任の範囲を解釈論上越えないか（省令の問題）という疑問は残る。

ものについては取り上げる。

Ⅱ　昭和 63 年以降の主要な裁判例の読み取り

1　法人税法 31 条 1 項の趣旨について

　東京高判平成 23 年 11 月 29 日税資 261 号-230（順号 12231）（パチンコ器及びパチスロ機の少額減価償却資産該当性を争点の一つとする事案）において，法人税法 31 条 1 項の趣旨を以下の如く述べている。

　「減価償却資産は，法人において長期間にわたって収益を生み出す源泉であるから，その取得に要した金額は，将来の収益に対する費用の一括前払の性質を有しているといえ，費用収益対応の原則に照らし，それについては，使用又は時間の経過に応じて徐々に費用化するものとした上で，課税の公平を図る観点から，耐用年数その他の償却の方法の基準については，これを政令で定めることとしたものであると解される。」

　法人税法上の償却限度額の計算は，費用収益対応の原則の観点から，投資原価の年度配分を行うものであり，課税の公平を図る観点から画一的な計算がなされる。

---

(12)　一般に，特別償却限度額が，当該資産の取得価額に一定割合を乗じて計算されるときは「特別償却」といい，普通償却限度額に一定割合を乗じて計算されるときは「割増償却」と称される。特別償却としては，例えば，エネルギー環境負荷低減推進設備等に係る特別償却（租特 42 条の 5），中小企業者等の特定機械装置等に係る特別償却（同 42 条の 6），国家戦略特別区域における特定機械装置等に係る特別償却（同 42 条の 10），国際戦略総合特別区域における特定機械装置等に係る特別償却（同 42 条の 11），地方活力向上地域における特定建物等に係る特別償却（同 42 条の 11 の 2）などがあり，他方，割増償却としては，障害者使用機械等に係る割増償却（同 46 条），次世代育成支援対策推進法所定の特例基準適合認定を受けた場合の次世代育成支援対策資産に係る割増償却（同 46 条の 2），サービス付き高齢者向け賃貸住宅に係る割増償却（同 47 条）などがある。

2　法定耐用年数

　個別耐用年数（別表第一）と総合耐用年数（別表第二）をそれぞれ定める取扱いは，「固定資産耐用年数表」（昭和 17 年改正）に端を発するが[13]，現行の耐用年数省令は，「固定資産の耐用年数等に関する省令」（昭和 26 年大蔵省令第 50 号[14]）が数度の見直しを経たものとされる。財務［大蔵］省令に基づく画一的な耐用年数（法定耐用年数と称される[15]）の適用は，大量回帰的に行われる課税処分について個々の減価償却資産の効用持続期間を測定することは困難であり，また，恣意的な減価償却を防止して租税負担の公平を担保する意味からも，合理的とされる（東京高判平成 14 年 11 月 25 日税資 252 号順号9233）。

　耐用年数算定に当たっての考え方は，昭和 26 年の大蔵省主税局「固定資産の耐用年数の算定方式」（以下，昭和 26 年「算定方式」）で明らかにされた[16]。本稿の対象期間に係る若干の裁判例の言及に依拠してこれを確認すると，「通常の維持補修を行うとした場合の通常の効用持続年数を想定し，これに一般的な陳腐化を折り込んで算定する」ものである。つまり，「著しい技術革新や経済情勢の変化による特別の陳腐化や不適用［ママ］化といったものについては，耐用年数の短縮という別途の制度によって処理するという考え方が基本」であり，一般的な法定耐用年数は，これらの「特別の陳腐化や不適応化は取り上げず，通常程度の陳腐化を想定して，効用持続年数について調整を加えて算定をする」[17]。「通常の効用とは，固定資産の素材，構造，用途，用法などから，その資産がある予定された利用条件のもとに使用される場合において，通常予定される効用をあげることができる期間を，

---

(13)　東京地判平成 23 年 9 月 14 日税資 261 号-175（順号 11765）。
(14)　官報（号外）第 51 号（昭和 26 年 5 月 31 日）15 頁。
(15)　法税令 57 条 1 項，耐用年数省令 3 条 1 項 2 号も参照。
(16)　東京高判平成 17 年 10 月 27 日税資 255 号-297（順号 10178）。
(17)　以上，名古屋高判平成 21 年 9 月 25 日税資 259 号（順号 11277）。同旨の説明が，津地判平成 23 年 1 月 27 日税資 261 号-11（順号 11601），東京高判平成 23 年 11 月 29 日税資 261 号-230（順号 11820）にも見られる。

現在の状況によって，客観的，技術的に想定してみた，その意味においての効用を指し，また，通常の維持補修とは，固定資産の通常の効用が平常的に維持確保されるために加えられる，通常必要と考えられる修繕を指す[18]」。同様に別の裁判例も，「法定耐用年数については，通常考えられる維持補修を加えることとして，その減価償却資産が本来の用途・用法により予定される効果をいつまであげられるかということを想定して決定されるものであり，その際には，単なる物理的減価だけに着目するのでなく，経済的にどれだけの効果があるかということが考慮されるのであって，いわゆる効用持続年数の考え方によるものであると解すべき」と言う[19]。耐用年数の間におけるそれを使用する主体の変動等は格別考慮に入れられていない[20]。

3 法定耐用年数と資産の単位の判定

(1) 建物内部造作の「器具及び備品」該当性

このような法定耐用年数の基本的な考え方が，減価償却資産の単位の判定と密接に関係している。広島地判平成 5 年 3 月 23 日税資 194 号 867 頁では，原告法人 X が，その取得した賃貸用の鉄筋コンクリート造のマンション（本件建物）に係る建築工事のうち，窓や扉などを含む「鋼製建具工事，木製建具工事，硝子工事，内装工事のうち畳敷物及び雑工事のうちユニットバス」（本件建具等）は当該建物とは別の「器具及び備品」（耐用年数は 5 年ないし 15 年）に該当する前提で確定申告をしたところ，被告税務署長は，本件建具等は建物を構成し耐用年数は 60 年だとして課税処分を行った。争点は，本件建具等が，本件建物とは別個に償却限度額を計算すべき「器具及び備品」に該当するかどうかである（係争年度は昭和 62 年 4 月期及び同 63 年 4 月期）。

---

(18) 広島地判平成 5 年 3 月 23 日税資 194 号 867 頁。

(19) 東京高判平成 23 年 11 月 29 日税資 261 号-230（順号 11820）（但し，判旨はこのような解釈に当事者間に争いがないという言及の仕方に留まる）。かかる効用持続年数の説明は，市丸吉左エ門・稲村香一郎『改正耐用年数と減価償却』（税務経理協会・1951 年）12 頁に見られる（著者は大蔵省所属）。

(20) 東京高判平成 23 年 11 月 29 日税資 261 号-230（順号 11820）。

判旨は，上述の「効用持続年数という考え方によれば，複合体資産につい
ては，まず，固定資産としての本来の効用をあげうるか否かの基準で，減価
償却の単位に分解し，単位資産とされるものについて，投下された支出を，
資本的支出と修繕費の区分をして，右効用持続年数という考え方に基づく耐
用年数が，具体的に算定される」とした。そして上記のような法定耐用年数
の考え方の下で，耐用年数別表第一における鉄筋コンクリート造の建物につ
いては，「建物を構造上，『防水』，『床』，『外壁』，『窓』，『構造体その他』に
区分して，それぞれの耐用年数を個別に算定した上で，それを総合して耐用
年数を算定し，これに一般的な陳腐化及び現況下の技術及び素材の材質によ
る一般的調整を加え…更に，ホテル…等特殊の用途に使用されるものは，比
較的に命数の短い床，窓，壁等に多額の資金を要しているのみならず，しば
しば改造が行われ，客引きの競争もあってその有効使用期間は，一般建物の
10パーセントないし15パーセント減と見積もるのを適当と認められるので，
一般の耐用年数より短縮した耐用年数を定めるものとされている」とい
う(21)。よって，「建物の耐用年数は，建物本体の他に，個々の内部造作（建
物附属設備に該当するものは除く）を総合して算定した上で，更に，建物の構
造及び用途の違いを勘案して，具体的な建物の耐用年数に差を設けており，
住宅用なら住宅用というように用途にふさわしい内部造作を想定して算定さ
れているものと認められる」ところ，「このような建物の耐用年数算定の趣
旨からすると，耐用年数省令別表第一所定の『建物附属設備』に該当しない
建物の内部造作のうち，当該建物と物理的・機能的に一体となったものにつ
いては，建物の耐用年数が適用され，他方，構造上建物と独立・可分であっ
て，かつ，機能上建物の用途及び使用の状況に即した建物本来の効用を維持
する目的以外の固有の目的により設置されたものについては，同所定の「器
具及び備品」に関する耐用年数が適用されるものと解される」と判示し，本

---

(21) こうした見方が，耐用年数別表第一（機械及び装置以外の有形減価償却資産の
耐用年数表）において，「構造」，「用途」，そして使用状況等の「細目」の区分
に応じて耐用年数が決まるのに即している点を示唆している。

第 10 章　法人税法上の減価償却に関する主要な裁判例　223

件建具等は，この意味で「器具及び備品」には該当しない（よって耐用年数は本件建物の 60 年）と評価した。

　判旨が言及するように，「建物附属設備」に該当すれば別個の減価償却資産とされるところ，耐用年数別表第一は，建物附属設備に係る「構造又は用途」の区分で「電気設備（照明設備を含む。）」を始めとする 9 項目を具体的に挙げた後に「前掲のもの以外のもの及び前掲の区分によらないもの」も置いている（計 10 項目）(22)。耐用年数通達は，上記「前掲のもの以外のもの」として，各々所定の条件を伴う溶接装置，散水装置，外窓清掃用の屋上のレール・ゴンドラ等，避雷装置，書類搬送装置を例示する（同通達 2-2-7）。建物の一部とされる内部造作と，比較的短い耐用年数で償却可能な「建物附属設備」との境界の判定も容易ではない場合がありうる。

　耐用年数通達は，建物の内部造作物が当該建物の骨格の構造と異なっているとしても，あるいは，例えば工場建物に関し，温湿度の調整制御等のために特に施設した内部造作物で，機械装置とその効用を一にするとみられるときでさえも，建物に含めるとする（同通達 1-2-3）。他方で，一の建物を 2 以上の用途に使用するため，建物の一部に特別な内部造作等をしている場合，耐用年数別表第一の「建物」の「細目」に掲げる 2 以上の用途ごとに区分して耐用年数を適用することができるとする（あくまでも「建物」内での区別）。事務所用ビルの地下等に附属する電気室，駐車場等も，当該「建物の機能を果たすに必要な補助的部分（専ら区分した用途に供されている部分を除く。）」である限り，建物の主たる用途に従って耐用年数を適用するとしている（同通達 1-2-4）。これらの通達の取扱いは，物理的・機能的一体性，より具体的には，構造上の独立性と，建物本来の効用・用途以外の固有の効用・用途の有無を判断基準とする上記平成 5 年広島地判と矛盾するわけではない。

　もっとも，例えば，ある機械装置に該当する内部造作が，当該建物の効用に資すると同時に，他の機械装置と同一の効用に一体として資するときに，

---

(22)　その「細目」の区分に含まれる「主として金属製のもの」と「その他のもの」は，それぞれ 18 年と 10 年が耐用年数とされる。

仮に耐用年数別表第一における機械装置の各用途の耐用年数もまた，他の機械装置との総合利用を想定した上で決められているにもかかわらず，なお建物の耐用年数に一致させるのであれば，そこには，一般に長期に及ぶ（よって納税者に不利な）建物耐用年数優先主義ともいうべき原理が働いていることになる。この点は後述する。

(2) 建物内部造作の「機械及び装置」該当性

東京高判平成 17 年 10 月 27 日税資 257 号-136（順号 10745）では，建物内の「電波暗室」（大中小の三室ある）が，「建物」かそれとも別個の「機械及び設備」に当たるかなどが争点となった。X（原告・控訴人・上告人）は電気通信機器等の製造販売等を主たる業とする株式会社である。X は，訴外 B 社を請負人とする工場工事請負契約（代金約 15 億円）を締結し，さらに訴外 C（請負人）との間で当該工場内の本件建物の一つに電波暗室（3 室）を設置する電波暗室請負契約（代金約 1 億円）を締結し，各々完成品の引渡しを受け対価を支払った（係争年度は平成 11 年 3 月期乃至同 13 年 3 月期）。X は，製造・開発過程に要するアンテナ製品等の発射電波の測定に当たり，測定の妨害となる反射電波を吸収するなどの機能によりアンテナの性能を正確に測定するため，電波暗室（電波の反響がない空間を実現するべく空間を構成する全ての壁面にシールドを設置したもの）を設置した。

X は，確定申告に際し，本件建物とは別に，電波暗室を別表第二の「機械及び装置」の「電気計測器…製造設備」（当時）に該当する前提で，耐用年数 10 年として定率法で減価償却額を計算していたところ，税務署長 Y が，本件電波暗室は，本件建物と構造上も機能上も一体不可分で「機械及び設備」には（「建物附属設備」にも）該当せず，本件建物に含めて償却限度額を計算し（耐用年数 31 年）課税処分を行った。

判旨は，昭和 26 年「算定方式」を踏まえ，同年の耐用年数省令において，建物附属設備に該当しない建物の内部造作を，「本体である建物に含めて償却されることが想定されていた」のであり，そのような耐用年数の算定方法は，「現行の耐用年数省令における耐用年数の算定の基礎となっている」と

第10章　法人税法上の減価償却に関する主要な裁判例　225

した。かかる算定の趣旨に照らし、(1)「建物の内部造作とは、建物の内部に
設置されたもので、建物と物理的・機能的に一体となって、建物のそれぞれ
の用途における使用のために客観的な便益を与えるものであると解される」
とした。

　判旨は、他の鍵概念にも以下の如く一般的解釈を示した。すなわち、(2)
「建物附属設備とは、建物に固着されたもので、その建物の使用価値を増加
させるもの又はその建物の維持管理上必要なものであるが、建物と機能的・
物理的に一体不可分とはいえず、建物の用途そのものに客観的な便益を与え
るものではないことから、建物とは独立して耐用年数が算定される［耐用年
数別表第一に建物附属設備として掲げられた］もの」であり、次いで、(3)
「機械とは、①剛性のある物体から構成され、②一定の相対運動をする機能
を持ち、③それ自体が仕事をするもので、航空機及び車両等の耐用年数省令
別表第一に該当する機器を除いたものであり」、最後に、(4)「装置とは、剛
性のある物体から構成されており、機械と一体となって、又は機械の補助用
具として、工場等の設備を形成し、総合設備の一部として用役の提供を行う
もので、耐用年数省令別表第一の工具等に該当するものを除いたものである
と解するのが相当」とした。

　判旨は、事案への当てはめにおいて、(a)本件建物のうち本件電波暗室が設
置されている区画は、第一電波暗室（三室のうち最大の暗室）を設置するため
に建物の基礎を掘り下げ、あるいは、ＢとＣの間で本件電波暗室を設置す
るための打ち合わせ等が行われていたことから、本件建物自体の主要な目
的・用途の一つが電波暗室の設置にあったと認められること、(b)本件建物内
部の電波暗室を設置する空間の大きさも、設置予定の電波暗室の大きさに対
応するものとし、また本件電波暗室のシールドルームは本件建物から容易に
取り外すことができず、経済的な観点からは、本件建物から独立して存在す
ることは不可能な構造になっていることなどを挙げて、本件電波暗室が、
「本件建物と機能的・物理的に一体となって、本件建物にその目的・用途に
即した客観的な便益を与えるものと認めることができる」と結論づけ、Ｘ

の控訴を棄却した[23]。

思うに，このような判旨の立論も，建物に含まれるべき内部造作か否かの判断に終始し，これが肯定されれば，そこで建物とされて決着するという建物耐用年数優先の考え方が表れている。ただ，本件建物自体の主要な用途が電波暗室の設置だというのであれば，もはや耐用年数別表第一上の細目の想定する建物の通常の用途とはいえない可能性もある（現に細目上電波暗室はない）。そのような場合は細目上「その他のもの」といった区分で扱われるであろう。ただ想像を広げると，最初から建物と内部造作の主従関係が逆転しているような例外的な場合（例えば，特殊な内部造作の利用により建物の効用持続もより短期の当該内部造作のそれに一致するような場合）は，当該内部造作の本来の耐用年数を用いるほうが適当な場合もないとはいえない。もっとも，現行法規の下では，そのような場合は，耐用年数の短縮（法税令 57・法税規 16）の事由に該当する限りで個別に調整することが予定されているのであろう（但しかかる事由は幾分限定的である）。

同時に，判旨による限り，いわゆる有形減価償却資産に関しては，その物理的な存立の単位に加え，その目的ないし用途に応じた本来的な機能を発揮しうる単位としての存在に，その本質があるように解される。なお，判旨の示した機械及び装置の一般的定義（その出典を判旨は特に明示しない）は，後述の裁判例でも言及されたが，必ずしも踏襲されていない。

4 特例措置と減価償却資産の区分

(1) 公害防止用設備と特例該当性

建物の内部造作の場合は償却が長期に及ぶ建物とは物理的にも機能的にも

---

(23) なお，本件電波暗室の取得価額のうち，電源盤と絶縁トランスは「建物附属設備」のうち「電気設備（照明設備を含む。）」のうち「その他のもの」に該当し（耐用年数 15 年），インターホン 3 セットと監視カメラシステム 2 セットは「器具及び備品」のうち「事務機器及び通信機器」のうち「インターホン及び放送用設備」に該当する（同 6 年）と評価された（課税処分と金額上齟齬無し）。

別個の資産であるとされたほうが納税者に一般に有利であるが，反対に，ある資産が政策的な特例措置の対象となるときには，納税者は，関連する資産も特例対象資産に含まれる旨の主張を行うのが有利になる。

大阪高判平成 20 年 8 月 29 日税資 258 号-157（順号 11015）[24]では，廃棄物処理業者である青色申告法人 X（原告・控訴人・上告人）が，廃棄物処理施設として一括して発注・設計・設置された本件施設（79 種の設備等から成る）の大半について，(1)耐用年数省令 2 条 2 号（当時）所定のばい煙処理用機械及び装置に該当し（耐用年数 7 年），併せて，(2)租税特別措置法 43 条 1 項の表 1 号（当時）の公害防止用設備（昭和 48 年大蔵省告示で具体的に規定）として特別償却を受けられるとして確定申告を行ったところ，税務署長 Y（被告・被控訴人・被上告人）は，例えば，X の焼却ガス冷却設備，排ガス処理設備及び余熱回収設備に各々属する機械及び装置については遍く(1)(2)の処理を受け入れる一方で，例えば受入供給設備に属する「廃棄物ビット」(廃棄物を一時的に貯留する設備）は「建物」の一部だとして(1)(2)のいずれも否定し，あるいは焼却設備に係る機械及び装置については，いずれも(1)の適用のみを否定する処分を行った（係争年度は平成 10 年 8 月期乃至同 12 年 8 月期）。本件で中心的な(1)の争点に検討を絞れば，X と Y の評価が対立する主要な設備は，上記の廃棄物ビットと，焼却設備に属する全設備（10 項目）である。

判旨は，まず減価償却資産（法税令 13 条列挙）のどれに当たるかを決めるべきとした上で，例えば廃棄物ビットは，工場棟の上屋の基礎として一体を成す「建物」と評価すべきとし Y の処分を支持した。次いで，機械及び装置に係る法定耐用年数に関し，上述の効用持続年数に基づく算定に一般的に触れた後，「機械及び装置については，個々の資産を単位とするのではなく，標準設備（モデルプラント）を想定し，その構成に基づき，その設備を構成する資産を一括して総合的な持続年数を算定するものとなっており，具体的には，モデルとなる工場設備のまとまりを選定し，これを構成する機械及び装

---

(24) 最決平成 21 年 3 月 5 日税資 259 号-39（順号 11152）で上告棄却・上告不受理決定。

置をその用途又は製造設備ごとに区分し，これを一つのグループとした上で，これを構成する個別の資産の耐用年数を見積り，各資産の価額を加重平均して算定…されたものが，別表第二に掲記されている機械及び装置の耐用年数である」と述べた。

その上で，耐用年数省令上のばい煙処理用減価償却資産の規定（昭和38年改正で導入）は，「大気汚染を積極的に防止するための設備については，特に短い耐用年数により…設備の更新をし易くし，新しいばい煙処理技術の導入を促進するとともに，…当該企業の社会的努力に応えようという政策的な配慮から定められた」ものであり，「一般的な費用の期間配分の方法の例外として，上記政策目的のために定められた特別措置であるから，規定の文言を拡大解釈することは相当でない」とした。よって，耐用年数省令上「ばい煙処理」として列挙されない処理（例，高温燃焼によりばい煙発生自体を抑制すること）をしても，この政策的規定の適用はない。耐用年数省令2条2号に係る別表六（当時）上も，対象資産を工場設備を構成する資産を一体とせず，単に「機械及び装置」とし，これと一体と認められる排気管等を含むと敢えて規定していることからも，個別の資産単位で適用する趣旨を明らかにしている。よって，対象となる資産か否かは「個別の資産ごとに検討すべきであり，…ばい煙を公害の生ずるおそれのない状態で排出するため特に設けられた構築物並びに機械及び装置と認められるものについてのみ適用があるものと解すべき」と判示した[25]。Xは，本件設備が有機的に相互に関連し一体としてばい煙処理の用に供されている機械及び装置に当たる旨の主張を展開したが，判旨は，本件施設は，「本来的な基本的機能である焼却処理の機能を果たす設備と，公害防止のための排ガス処理の機能を果たす設備などにより構成され，それぞれ独立の機能，効用を営み得る建物，構築物及び機械・装置等により構成されている」のであり，「これを全体で1つの機械及び装置と見ることは無理であり，建物や各設備ごとに区分してそれぞれの効用の

---

(25)　なお，現在の耐用年数通達2-9-5乃至同2-9-7も参照。

第 10 章　法人税法上の減価償却に関する主要な裁判例　229

耐用年数を考えることができ」,「本件施設全体をばい煙処理の用に供される施設とみることは困難」として, 償却限度額は各施設や工事毎に計算すべき旨判示した[26]。

　X は,「機械及び装置」の法定耐用年数が, モデルプラントの選定に始まり, 一括した総合的持続年数を算定して決められている点から, いわば比喩的に, ばい煙処理用の機械装置が主として効用を発揮する過程に当たる焼却(及びその前の貯蔵)のための設備も含めて一体として,「ばい煙処理…の用に供されている減価償却資産で別表第六に掲げるもの」(構築物並びに機械及び装置の種類に区分し, 構築物には細目があった)に該当し, 特例の対象とされるべきと考えたのかもしれない。だが, 当時の耐用年数別表第六(ばい煙処理用減価償却資産)の「機械及び装置」は, それ自体が当然ながら「ばい煙処理…の用に供されている減価償却資産」(耐用年数省令 2 条 2 号(当時))に限定され, そのような処理への投資(公害の低減)を促すための特例的措置であるところ, ばい煙の発生源となる焼却等の設備や活動に優遇を及ぼすことは矛盾であるから, X の主張には無理があった。判旨が特例の適用対象に関し, 文理に即し拡大解釈を排したという点は従来的で, 驚きはない。ただ, 同別表第六においても同別表第二と同じ「機械及び装置」という文言を使う以上, 判旨のいうように同別表第六においてのみ「資産単位」で判定するとまで言い切れるかどうかは疑問である。むしろ, ばい煙処理という目的・機能において限定される設備を構成する資産を一括した観念として「機械及び装置」を読み, 資産単位で判断される構築物とは別に耐用年数が決まっているという見方の方が自然であろう。このように解しても結果は恐らく判旨と

---

(26)　本件では,「再燃焼室ピット」に係る基準額を X が機械及び装置に配賦し, 本文(2)の租税特別措置法上の特別償却の対象としていたのに対し, Y が構築物(耐用年数 60 年)だとして特別償却の適用も否定する課税処分を行っていたが, 判旨は,「再燃焼室ピットは, 機械及び装置群の中の…焼却設備としての機械及び装置の基礎部分であって, その上部の機械及び装置と一体となってその効用を発揮するものと考えられ, 上部の機械及び装置の一部として減価償却資産とすべきもの」との評価に基づき, 一審判断(課税処分の一部を取り消した)を維持している。

相違なく，説明の仕方だけの問題であるが，このような私見は，平成 20 年
度改正で別表第五とされて，排気管等を含む旨の括弧書きが消えた現行法に
より良く当てはまるし，後述の東京高判平成 21 年 7 月 1 日における「機械
及び装置」の解釈とも整合的といえる。

　なお，後に本件の類似事案に関し，津地判平成 23 年 1 月 27 日税資 261
号-11（順号 11601）（係争年度は平成 16 年 4 月期），及び，名古屋高判平成 21 年
9 月 25 日税資 260 号-146（順号 11502）[27]（二事件の係争年度は平成 10 年 4 月期
乃至平成 13 年 4 月期）が，判旨と同様の理由付けで請求を棄却し確定してい
る。

(2)　中小企業者等に係る特別償却：「機械及び装置」と「器具及び備品」

　ある医療用の有形減価償却資産が，もし「器具及び備品」に当たるなら，
関係する省令で特例対象として具体的に列挙された項目に該当しないので特
例を受けられないことが明白であるが，政令上そのような限定列挙のない
「機械及び装置」に該当するならば，特例の対象となる。このような問題状
況で，東京高判平成 21 年 7 月 1 日税資 259 号-124（順号 11237）では，医療
機関から委託を受けて臨床検査を行うことを主たる業務とする会社 X（原
告・控訴人）が，本件係争年度に複数のリース会社からリースを受けて臨床
検査事業の用に供していた資産（各々本件係争年度である平成 16 年 3 月期は 8 品
目，同 17 年 3 月期は 7 品目ある）が，機械及び装置として特別償却（租特 42 条
の 6 第 3 項，以下本件特例）を利用しうるか否かが争われた。問題の資産（本
件資産）の名称は「全自動染色装置」，「血液ガス分析装置」等で，いずれも
X の検査室に置かれた検査関係の「機器」である。器具及び備品の場合は，
この特例の対象は「事務処理の能率化等に資するものとして財務省令で定め
るもの」に限定され，当該省令（租特規 20 条の 2 の 2）は，電子計算機，デジ
タル複写機など一般的な事務機器 9 種目を挙げるのみである（条文はいずれ
も本件係争年度当時）。よってこのような検査機器は該当しない。法令上「機

---

(27)　最決平成 22 年 9 月 7 日税資 260 号-146（順号 11502）で上告棄却・上告不受
　　　理決定。

械及び装置」と「器具及び備品」の一般的な定義規定は存しない。

　Ｘは，本件資産は，上記東京高判平成17年10月27日が示した「機械」の一般的定義の三要素のすべてを満たすことに加え，別の特別償却（租特45条の2）の対象である「医療用の機械及び装置並びに器具及び備品」には，耐用年数別表第一の「器具及び備品」に係る「医療用機器」に加えて，医療用の「機械及び装置」に該当するものが含まれる（後者には本件資産を含む高度なIT技術等を駆使した機器が当たる）ところ，本件特例上も本件資産は耐用年数別表第二の369（現行55）の「前掲の機械及び装置以外のもの並びに前掲の区分によらないもの」に該当すると主張した。国（被告・被控訴人）Ｙは，本件資産はいずれも別表第一の「医療用機器」に該当し，別表第二の「機械及び装置」には当たらないし，高機能医療機器向けの租特45条の2は，中小企業向けの本件特例に係る本件の争点の評価を左右しない旨反論した。

　判旨は，(1)広辞苑等に照らして機械，装置，器具，備品等の各用語の意味に接近しても「機械及び装置」と「器具及び備品」の意義や違いを一義的に決することはできないし，（上述の東京高判平成17年10月27日が示したのと同じ）三要素から成る「機械」の一般的解釈に基づいたならば，上記省令（租特規20条の2の2）で器具及び備品とされる項目（例，デジタル複写機）が機械に該当すると考えられるなど，かかる一般的解釈によっても「機械及び装置」の意義は明らかにならないとした。「耐用年数省令は，…画一的処理を図るために定められた法的拘束力を有する省令であり，…法解釈の基準となり得る」ところ，別表第二の耐用年数の算定方法を踏まえると，「『機械及び装置』といえるためには標準設備（モデルプラント）を形成していなければならず，…資産の集合体が集団的に生産手段やサービスを行っていなければならないものというべきであ［り］，本件各資産が連動あるいは連携して一体となって設備を形成していることを認めるに足りる証拠はな［く］，…逆に…，本件各資産は，その目的（検査項目等）は共通ではなく，それぞれが独立して機能するものであ［り，］…Ｘの主張は採用できない」と判示した。租特45条の2が医療機器のうち「機械及び装置」に該当するものがあるこ

とを前提とした定めであることについては，従来の取扱いを変更するもので
はなく，「医療用機器の機能や構造の進歩発展等を背景に，従来の減価償却
資産とは性格を異にし，観念的には機械及び装置に該当するものが出現して
きた場合に，新制度の適用からそれを排除すべき理由はないので，その旨を
明らかにするためであったと解するのが相当」とし，課税処分を維持した。

　本件でも，耐用年数別表第二の「機械及び装置」に係る総合耐用年数が，
元来，資産の集合体としての選定された標準設備（モデルプラント）の効用持
続年数に基づいて決められていることに鑑みて，他の資産と一体となって共
通の効用に資するべく機能するものであることは，ある資産が「機械及び装
置」に該当するための必要条件又は少なくとも重要な間接事実と考えられて
いるといえ，昭和 26 年「算定方式」とこれを踏襲する裁判例の強い影響が
読み取れる。本判決が大部分引用する第一審判決に関する先行の評釈では，
「機械及び装置」と「器具及び備品」とは，「その機器の能力・構造・機能，
大きさ，用途，他機器との関連等によって判定することになり，これらに一
律の基準を見出すことは難しい(28)」とする見解がある一方で，本判決（控訴
審）に関し，平成 20 年度改正を踏まえてなお，「個々の装置や器具の種類に
よって決定されるわけではなく，製造工程等において有機的に牽連結合され
て用いられる性質のものであるか否か，すなわち設備の一部であるか否かに
よって決定される(29)」とする見方もある。本判決及び本稿が扱う他の裁判
例を考慮する限り，後者の見方が支持されるように解される。なお，本判決
は，特別償却は特例だから用語の解釈は狭く厳格にというアプローチに特に
依拠するものではない。

　本件との類似事案に関し，東京地判平成 23 年 9 月 14 日税資 261 号‐175
（順号 11765）も判旨と同様の理由付けで，問題の医療用機器の「機械及び装
置」（租特 42 条の 6 第 1 項 1 号）該当性を否定し，特例（同第 3 項）の適用はな

---

(28)　古矢文子「判批」税理 53 巻 10 号 98 頁（2010 年）103 頁（東京地判平成 21 年
　　　1 月 16 日税資 259 号‐3（順号 11116）に関するもの）。
(29)　藤曲武美「判批」税務弘報 62 巻 1 号 106 頁（2014 年）112 頁。

いものとした。その中で判旨は，前述の昭和17年改正後の「固定資産耐用
年数表」で機械及び装置に対し総合耐用年数を用いることとした根拠として，
「『機械及び装置』は，最初の工程より最後の工程に至るまで有機的に牽連結
合して活動するものであり，資産の内容を見ても細目ごとの区分が必ずしも
明瞭でなく，中には資産の細分が不可能に等しいようなものもあるため」だ
とし，耐用年数別表第二が総合耐用年数を用いる根拠も基本的に同様だとし
ている。

5　賃借店舗に係る中古内部造作の取得

中古減価償却資産の耐用年数は，当該資産をその用に供した時以降の使用
可能期間の年数を見積もるのであるが，見積が困難なものに限り，法定耐用
年数×20％（法定耐用年数全部経過資産の場合），又は，法定耐用年数−経過年
数＋経過年数×20％（法定耐用年数一部経過資産の場合）とされる（耐用年数省
令3条1項）。

東京高判平成14年11月25日税資252号（順号9233）では，訴外会社B
に対する貸付金と相殺するために，株式会社X（原告・控訴人）が平成5年3
月にBから取得したBの本件店舗造作設備一式（Bのレストランの店舗改装
費）の耐用年数が争点の一つになった（Xは取得後もBに本件店舗造作設備一式
を無償で貸し付けた）。Xは，建物附属設備の耐用年数10年で定率法を適用し
て確定申告を行っていたところ，税務署長Y（被告・被控訴人）は建物（鉄筋
コンクリート造，飲食店用等，木造内装部分面積3割超）の耐用年数40年（定率
法）を適用すべきとの前提で法人税に係る課税処分を行った（係争年度は平成
5年6月期乃至同9年6月期）。BはXへの譲渡前，改装時（平成元年11月）に
本件店舗造作設備一式を資産計上する際に，税理士の関与の下で，これが賃
借建物と一体で効用をなしうるものとして，建物の当該耐用年数40年を適
用して減価償却費を計算して損金に算入する確定申告を行っていた。

判旨は，賃借店舗（建物）の改装費の減価償却計算をする場合の耐用年数
は，「当該店舗の耐用年数のほか，賃借期間，改装部分の用途，使用材料等

を勘案し，その耐用年数を合理的に算定すべき」とした上で，「特段の具体的立証のない限り，当該改装部分は建物と同程度の耐久力を有するものと推定される」とした。Xは3年から5年で改装しないと陳腐化するのが常態であるとか，本件店舗造作設備一式は，むしろ「電動式舞台装置，照明器具，厨房設備，什器備品など」であって，その耐用年数は10年であるなどとも主張したが，裁判所は，具体的な立証はないとし，3年から5年で陳腐化する店舗造作設備一式を，他の設備を含めてであるものの9,000万円超を支払って取得したことになって不自然であり，Bの譲渡前の処理とも矛盾し不自然である旨判示している。具体的には，(1)Xの取得価額として，平成5年3月時点での本件店舗造作設備一式の未償却残高（耐用年数40年，定率法）を求め，(2)耐用年数省令3条1項の上述の計算式（法定耐用年数一部経過資産）に基づき耐用年数36年を求め，その後の償却費（限度額）を計算すべきこととされた。

　本件で，中古資産として取得した建物内部造作の減価償却についても建物の内部造作に関する扱い（つまり建物とする）を及ぼしていること，さらに，賃借建物に係る内部造作でさえも，建物内部造作の扱いを及ぼしていることが注目される。もっとも，建物自体は第三者所有なので，Xは本件店舗造作設備一式を当該建物に含めるわけにはいかず，どの減価償却資産項目（法税令13条）とするかが問われる。判旨は，本件店舗造作設備一式が，本件でXが別に取得した同様の用途・細目に係る建物と「同程度の耐久力を有するものと推定すべき」とは述べているものの，この点に関し不分明である。償却限度額さえ計算できれば足りるであろうが，Xが建物内部造作を建物として扱うべき根拠が，前述の如く建物の耐用年数がその本来的な用途・効用を想定して，いわば内部造作を織り込んで設定されていることによるのであれば，建物（店舗）自体を所有しないX（またはB）に同様の扱いを及ぼしめる理由は本来ない。改装の内容の詳細は不明だが，仮にそれが附属設備に当たる，あるいは，他の資産と一体的に利用されるならば別表第二（機械及び装置）の中で該当する設備を見出すといった可能性も十分にある。本件で

第 10 章　法人税法上の減価償却に関する主要な裁判例　235

は，X 側からのそのような主張も判旨の検討も全くなされていない。

　なお，X から B への本件店舗造作設備一式の無償貸し付けに関しては，寄附金扱いとなった賃料相当額（年額）を Y は本件店舗造作設備一式の取得価額÷耐用年数（但し月割り計算）で算定していたところ（他店舗に関しても同様の取引があった），判旨は，本件の如き事案は「極めてまれなケース」であり，X が造作設備に関し償却資産に係る固定資産税を納付していないことにも言及して，「適正賃料額の算定方法は，投下資本の回収という見地からアプローチすることが適切」であるとして，Y の計算を支持している。そうすると，期間と損益の合計額は同じ（残存価額部分を除く）でも償却限度額は定率法で計算されたため，なお X には有利な効果が生じたことになる。

6　減価償却資産の取得と「事業の用に供していない」の意義

(1)　両者の関係

　名古屋高判平成 4 年 10 月 29 日行集 43 巻 10 号 1385 頁では，会社 X（原告・控訴人）の工場に請負契約に基づき設置された発電用ボイラー設備と蒸気タービン発電設備（あわせて本件設備）につき，本件係争年度（昭和 60 年 3 月期）に，(1)法人税法上の減価償却費の損金算入（約 5,554 万円を X 申告）ができるか，及び，(2)中小企業者等の機械等の特別償却（当時の租特 45 条の 2）を行いうるか（約 2 億 2,807 万円を X 申告）が争点である。具体的には，これらが許容されるには本件係争年度に本件設備を「取得」する必要があるか，あるとすればその取得の時期はいつかが問題となった。

　X は，昭和 58 年 12 月に，訴外 T（代理人 S）との間で請負契約（本件契約）を締結し，水飴製造のための本件ボイラーと本件タービン，そしてその据付試運転工事を請負金額 7 億 2,000 万円で発注した。本件契約上，S は X の本社工場内の指定場所に施工し，本件設備は，X の立ち会いのもと S が検査及び性能試験を行い，X がこれを確認することをもって，S から X に引き渡されたものとし（引渡後の官庁立会試験・検査等の定めもあった），X の代金支払完了時にその所有権が移転することとされた。

実際に，試運転（昭和60年2月）を経て，総合負荷試験（同年2月27日・一部3月14日）で所定の出力が確認されたが，本件タービンに関し，試運転以来，総合負荷試験後も，種々のトラブルが生じ，官庁立会試験には合格した（同年4月）ものの，契約上の性能を確保するべくかかるトラブルへのTの対応・調整が続けられ，本件タービンを停止した改造工事も行われた（同年6月12日乃至22日）。その後，本件設備の性能確認テストで所定の発電性能と出力が確認され（同月26日・27日），本件設備の性能報告と検収が行われた（同年7月12日）が，検収書の日付は同年6月27日であった。その後，Sから請求を受けた本件設備の請負代金につき，XはSに約束手形を交付（同年9月）し，期日に決済された（同年10月）。

　Xは，同年2月27日の総合負荷試験での出力確認により本件設備一式の引渡しをTから受けて以来，Xが管理権を得てこれを運転し，自己の資産として本件設備を稼働させ，事業の用に供している旨主張し，Xの申告どおり本件係争年度に減価償却及び特別償却が認められるべき旨主張し，また少なくとも本件ボイラーについては本件係争年度の減価償却と特別償却が認められるべきと主張した。これに対しYは，事業の用に供する前提として当該資産をXが取得していることを要するところ，本件設備の取得日は，Xによる性能確認と検収が行われた日（同年7月12日）であり，従って本件係争年度の減価償却費と特別償却準備金の計上はできないし，本件設備は一体の設備であり，本件ボイラーのみ分離して同年2月27日に取得したとはいえないと反論した。

　判旨は，「減価償却資産…とは，事業の経営に継続的に利用する目的をもって取得される資産で，その用途に従って利用され，時の経過によりその価値が減少していく資産であり，その［取得価額］は，将来の収益に対する費用の前払の性質を有し，資産の価値の減少に応じて減価償却費として徐々に費用として計上されるもの」であるから，減価償却費を損金に算入するには，事業の用に供したことを要するのみならず，「当該事業年度以前に当該資産を取得し，これによって右資産の取得価額を構成する費用が発生しているこ

第10章　法人税法上の減価償却に関する主要な裁判例　237

とが必要である」と解した。そして請負契約では，民法上の所有権移転時及び報酬請求権発生時（民633条），並びに請負人の益金算入時期（法基通2-1-5）の取扱いの反面として，「原則として，注文者が請負人から完成した当該資産の引渡しを受けることによって，右の『取得』があったと解するのが相当」であるとした。この意味で「取得したというためには，請負人において当該装置の試運転及び調整作業を完了し，当該機械装置等が所期の性能を有することが確認され，これに基づいて目的物の引渡しが行われることが必要」であり，「単に，目的の機械装置等が注文者の工場に設置され，注文者がこれを事実上占有するに至ったというだけでは，請負人の仕事は完成しておらず，注文者において完成した目的物の引渡しを受けたものということはできない」として，Ｘの主張を斥けた。ただ，Ｘの取得日（引渡日）は，第一審が支持したＹ主張の日（性能確認後の検収日）ではなく，Ｘによって性能の確認がなされた同年6月27日と認めるのが相当と判示したが，結論に影響はなく，かかる「取得」の解釈が，明文上「取得」が要件となる本件の特別償却にも当てはまるとしている。また資産の単位に関しては，「本件ボイラー及びタービンは一式として金7億2,000万円で請負契約が締結され，…Ｘによる性能確認及び代金の支払も一体の設備として処理されてきたものであるから，本件ボイラーとタービンを分離して本件ボイラーについては同年2月27日に引渡しを受けたものと認めることはできない」として，控訴審におけるＸのかかる追加主張も排斥した。

　現行の法人税法31条1項は，法人が「取得」し，かつ事業年度末時に「有する」減価償却資産に関し，選定された償却方法に従って損金算入限度額が計算される旨明記している。これに対し，当時の同項の文理上，資産を取得し又は有することが同項の適用の前提ないし必要条件であることまでは明確ではなかったが，判旨は，かかる資産の取得と取得価額を構成する費用の発生を，同項の下で損金に算入するための必要条件であると解した。そして設備に関する請負契約の注文者側における取得時は，試運転や調整作業を完了し，当該設備が所期の機能を発揮する性能を有することが確認され，目

的物の引渡しが行われた時点だとしており，現行法の下でもこの点は応用可能な規範と解される。加えて，売手の益金計上時期との対称性を斟酌している点も参考になろう。さらに，本判決からは，取得（引渡）時期を巡っても設備の単位が争点となること，そしてその場合には，性能確認単位に表象される同一効用に資する機能的一体性に加えて，当該契約における取引単位が主な考慮要素となることが読み取れる。なお，本件の評釈として，三木義一「判批」判評411号6頁（1993年），武田昌輔「判批」税弘41巻5号82頁（1993年）等を参照。

(2) 減価償却資産に該当しないとされた判例

　任意組合を通じたフィルムリースに係る減価償却費計上に関する判例として，最判平成18年1月24日民集60巻1号252頁（パラツィーナ事件）がある。スキーム自体は，一般的な多額の融資を伴うリースバック取引である（中間介在者CとDが入り複雑化）。事案の要旨（金額も概数）は以下のとおりである。組合Bが，銀行Eからの借金（63.7億円）と業者Mの勧誘を受けたX会社（原告・控訴人・上告人）ら組合員からの出資（26.2億円）で（X持分は1/19），映画フィルムをCから購入取得し，その対価（85.6億円）をCに支払い（差額はE銀行とMへの手数料），著作権の譲渡も受けた。BはDに映画の配給を許諾し（本件配給契約），さらに，DがF（映画制作者であり元の著作権者）に配給権を譲渡した。Bの結成，フィルム取得，第一次配給契約は同日付で実施された。FがDに支払う対価（6,000万ドル）は，銀行EからのBの借入金相当額と認定され，DからBに配給許諾の対価（最低保証額91億円＋Dの購入オプション又はBの延長オプション行使時の対価=100億円=E銀行への元利返済額）として還流した（H銀行が後者対価の保証人）。もっとも，DがBに支払う対価は，映画の興行成績次第では，最低保証額を超え得る取決めになっていた。こうして，Fは，取引全体としては，Xらの出資に係る部分（1/4）の資金調達を新たに行ったのであるが，Xの減価償却費は映画フィルムの取得価額を基にその持分に応じて計上されていた。本件の各契約に従い，例えば，a)Dは，著作権侵害に対し必要な手段を取る代理権をBから付与

され，b)Dは映画フィルム等を自由に破棄することができ，c)Dは任意に契約上の権利を第三者に譲渡可能であるがBはこれが許されず，d)本件配給契約等の失効・終了にかかわらずDの映画に対する権利は影響を受けず，e)Dの契約違反に対するBの救済は金銭上の損失の回復に限られ，Dの権利を制限できない。さらに，f)Bはその全資産に関しDの同意なしに譲渡等を行いえず，g)映画の派生著作物等につきDを担保権者とし，h)Bの組合員は，その債務に関し映画の著作権を譲渡担保目的でDに譲渡した。

　税務署長Y（被告・被控訴人・被上告人）は，Xは専ら租税回避目的でこの投資に参加しており，本件取引は，単に映画に係る費用を出資ないし融資した取引に過ぎないとして，1)Xの映画に係る減価償却費の持分割合につき損金算入を全額否定し，2)E銀行からの借入は，Dから受領可能であるから認められず，損金算入済の借入利息と同額を益金算入し，3)DからBに支払われた配給料のX持分相当額（益金算入済）は，出資の返還として益金から減額する各処分を行った（係争年は平成元年10月期乃至同5年10月期）。

　かかる融資の認定を含むYの立論を受け入れた第一審，控訴審判決と異なり，最高裁は，以下の如く，課税要件事実の認定に手を入れるアプローチは採らず，問題の映画フィルムを減価償却資産に該当しないと判示して同じ結果を導いた。以下がその結論部分である。

　「そうすると，本件組合［B］は，本件売買契約により本件映画に関する所有権その他の権利を取得したとしても，本件映画に関する権利のほとんどは，本件売買契約と同じ日付で締結された本件配給契約によりD社に移転しているのであって，実質的には，本件映画についての使用収益権限及び処分権限を失っているというべきである。このことに，Bは本件映画の購入資金の約4分の3を占める本件借入金の返済について実質的な危険を負担しない地位にあり，Bに出資した組合員は本件映画の配給事業自体がもたらす収益についてその出資額に相応する関心を抱いていたとはうかがわれないことをも併せて考慮すれば，本件映画は，Bの事業において収益を生む源泉であるとみることはできず，Bの事業の用に供しているものということはできないから，法人税法（平成13年法律第6号による改正前のもの）31条1項にいう減価償却資産に当たるとは認められない。」「したがって，本件映画の減価償却費を損金に算入

すべきではないとした原審の判断は，結論において是認することができる。」

　本件に対しては，主として租税回避論の問題関心から数多くの評釈，解説等がなされている[30]。リスクを限定して取得価額を膨らませ不相応に多額のかつ加速的な減価償却費を損金に計上して税負担を減らす仕組みには，具体的な立法上の対処があっても良い。本件は前述の平成13年度改正前の事案であり，現行法上は，Xは映画フィルム（耐用年数別表第一「器具及び備品」の一細目，耐用年数2年）を「有する」又はその「取得をした」という要件を満たさないという筋もありうる。判旨は，問題の映画フィルムに関し，B（の出資者）がその使用・収益・処分に係る権能を実質的に喪失していることを主な理由に，当該フィルムはBに収益を生じる源泉と見られず，かつ，Bの事業の用に供されているとはいえないとして，減価償却資産に当たらないと判示した。かなり唐突な「融資」の認定を通じて租税回避を否認したと読める原判決に比して，「減価償却資産」の解釈に基づく判旨の方が受け入れられやすい面があるが，現に配給されていない旨の認定もなく，Xの出資部分には確実にリスクを伴い，実際に利得を得る機会の残る事案であるにもかかわらず，収益を生じる源泉でない，事業の用に供していないという評価は，条文（法税31条1項・法税令13条）の文言からの乖離が過ぎる懸念が残る。むしろ事業の用に供する前提として，Cの譲渡益の実現時も斟酌した上で，Bによる映画フィルムの「取得」を要求するアプローチの方がより説得的であったと考える。

　本来，映画フィルムの収益の究極の源泉は，「器具及び備品」としての映画フィルムというより，映画を利用しうる権限である。通例フィルム（著作物）の所有者も自身で限定的な利用が可能だが，本件のBの如く他人に配給権を付与し一部であれ成果に応じた対価を受けるような利用には，著作権の譲渡ないし使用許諾を受ける必要があり，現にBは著作権の譲渡を受けている。

---

(30)　谷口豊「判批」最高裁判所判例解説民事篇平成18年度163頁及びそこ（注21等）に引用の文献

第 10 章　法人税法上の減価償却に関する主要な裁判例　241

　法人税法は，著作権を減価償却資産に含めていない[31]。例えば映画の著作物の著作権は公表後 70 年が保護期間（著作 54 条）とされるなど（同 58 条も参照），一般に著作権の保護は長期に亘るから，「時の経過によりその価値の減少しないもの」に当たるというのが，かかる除外の主な根拠と考えられる。仮に B が C に支払った 85.6 億ドルが著作権の取得価額であれば，資産の評価損の損金不算入（法税 33 条 1 項）の適用により，原則として譲渡されるまでその取得価額が維持される。本件の BC 間の契約は当然この扱いを避け，著作権を現に譲渡しておきながら，対価の全額を映画フィルム（著作物）の取得価額として記述している。もし B と C が，85.6 億ドルを，その真意に反し課税上の考慮のみに基づき割り付けている（著作権にはゼロ）とすれば，かかる割り付けを仮装のものとして争う余地も生じる（大阪高判平成 14 年 10 月 10 日税資 252 号順号 9212 参照）。「時の経過によりその価値の減少しない」著作権を減価償却資産から除く一方で，映画フィルム（著作物）の耐用年数が 2 年と短いことの正当化を放棄しない限り，法人税法と耐用年数省令は，著作権と著作物との区別を予定しているというべきである。映画フィルムと著作権の一体的な譲渡に際し，実直な契約当事者が，対価のほぼ全額を著作権の譲渡の対価として契約したが故に減価償却がいっさい認められない状況を想像すると，この区別の問題は深刻である。時価を踏まえた真の対価の割当ての主張立証は困難だが，本件の真の争点は，むしろ 2 年という平均的な効用持続年数と矛盾しない「映画フィルム」（耐用年数省令別表第一）の解釈（そして B が取得したものがこれに該当するか）及びその取得価額如何であったと考える。

7　短期・少額減価償却資産該当性

(1)　趣旨と概要

　法人税法 65 条の一般的な委任に基づき，政令は，「内国法人がその事業の

---

(31)　岡村忠生「判批」税研 25 巻 3 号 34 頁（2009 年）36 頁，渕圭吾「判批」『租税判例百選［第 6 版］』40 頁（2016 年）41 頁。

用に供した減価償却資産…で，［資本的支出に関する法税令132条1号］に
規定する使用可能期間が1年未満であるもの又は取得価額…が10万円未満
であるものを有する場合において，…当該取得価額に相当する金額につきそ
の事業の用に供した日の属する事業年度において損金経理をしたとき」，損
金経理額を損金に算入する（法税令133条）。この制度の基本的な考え方につ
いて，東京高判平成23年11月29日税資261号順号11672は以下の如く述
べている。

「法人税法65条は，各事業年度の所得の金額の計算の細目にわたる事項について，
これを政令の定めるところに委ねるものとしているところ，施行令133条は，このよ
うな細目に係る事項の一つとして定められたものであり，減価償却資産のうち取得に
要した金額が少額であるものや短期間で収益し尽くすものについて，企業会計におい
て重要性の乏しい資産につき資産として取り扱わずにこれに係る金額を費用化するこ
とを認めるいわゆる重要性の原則の考え方を踏まえ，減価償却についての原則どおり
の手続によって納税者がその費用に係る処理をしなければならないとする場合の煩雑
さも考慮して，同条所定の使用可能期間が1年未満であるもの又は取得価額が10万
円未満であるものについては，その取得価額に相当する金額をもってそれを事業の用
に供した事業年度の所得の金額の計算に当たり損金の額に算入することを認めること
としたものと解される。」

同様に，後述のさいたま地判平成16年2月4日税資254号順号9549は，
この制度の趣旨を以下のように要約している。

「少額減価償却資産の制度は，耐用年数にわたり原価配分することにより
期間損益の算定が適正化する必要があるほどの重要な金額でなく，実務上減
価償却資産として扱う実質的意味がないとの企業慣行に由来している」

昭和22年に導入され，昭和42年の改正前は，少額減価償却資産のうち，
(1)業務の開始又は拡張のために取得した固定資産で耐用年数1年以上のもの，
(2)業務の性質上基本的に重要な固定資産（少額重要資産），及び，(3)当該業務
に固有の必要性に基づき大量に保有される固定資産（少額多量資産）は，適
用除外（つまり減価償却を要する）とされていたが，これらの除外も，同年の
改正で，主に簡素化の見地から廃止されている。重要性が乏しいとされる金

第 10 章 法人税法上の減価償却に関する主要な裁判例 243

額は，昭和 63 年の改正で従前の 10 万円未満から 20 万円未満に引き上げられたが，平成 10 年の改正で再び 10 万円未満に引き下げられ，現在に至っている。

なお特例として，所定の中小企業者[32]等の場合，取得価額 30 万円未満で少額減価償却資産の扱い（但し，同資産の取得価額合計額 300 万円が上限）が受けられる（租特 67 の 5）。

(2) 取得価額と消費税

法人税法上の消費税の経理方式については，別段の定めはなく，ただ平成元年の通達（最近改正平成 27 年）[33]が，いわゆる税抜経理方式と税込経理方式のいずれも公正処理基準に合致するとの指針を公表している。より簡便とされる税込方式の場合は，資産の取得価額は消費税を含めた金額で計上され，消費税の納付額が租税公課として損金に算入されることになる。当該資産が減価償却資産の場合は，消費税額を含めて減価償却を通じて損金に算入されるのであるが，取得価額が消費税額分だけ上昇することによって，少額減価償却資産の取得価額の上限を超える事態も生じうる。

最判平成 9 年 11 月 28 日税資 229 号 916 頁は，税込経理方式で処理していたが会社 X（原告・控訴人・上告人）が，その減価償却資産（ショーケース）1 台当たり取得価額が同方式の故に 20 万円を若干超えていた（当時の上限は 20 万円未満）にもかかわらず，その取得価額の合計約 611 万円の全額を，当該資産を事業の用に供した年度（平成 2 年 3 月期）の損金の額に算入したところ，税務署長 Y（被告・被控訴人・被上告人）がこれを否定する課税処分を行ったため，X がその取消を請求した事案である（係争年度は平成 2 年 3 月期）。X は，消費税が企業内を通過していくだけの勘定（X は通過勘定と称する）である以上，会計処理にかかわらず消費税額は減価償却費を含めて損益に算入し

---

(32) 租特 42 条の 4 第 6 項 4 号・租特令 27 条の 4 第 5 項。

(33) 国税庁長官通達「消費税法等の施行に伴う法人税の取扱いについて」平成元年 3 月 1 日直法 2-1（最近改正平成 27 年 6 月 30 日）。免税事業者は，税込み経理方式が実務上要請される（同通達・5 項（平成 9 年改正））。

ない扱いが求められるのであって，会計表記の仕方によって消費税の性格を
左右し，あるいは取得価額になったりならなかったりするのは本末転倒など
と主張した。

　平成9年最判が是認した東京高判平成8年10月30日行集47巻10号68
頁は，大要以下の如く判示した。免税事業者や簡易課税制度などのため，消
費税を課税所得の計算上全く影響させない純粋な通過勘定（理論上はそれが基
本であるとしても）とはなしえず，消費税を通過勘定として扱う会計処理（税
抜経理方式が対応）も資産の対価あるいは費用として扱う処理（税込経理方が
対応）も，両者を混用しない限り，いずれも一般に公正妥当と認められる会
計処理の基準に従ったものというべきであるが，Xの処理には混用がある。
Xは会計処理によって課税所得ないし税負担が変わるのは不公平と主張す
るが，そのようなことは消費税以外にも起こりうることである。税込経理方
式の下では消費税相当額も購入の対価と区別しないので，同相当額も「当該
資産の購入の代価」（法税令54条1項1号）に含まれる。確定決算主義に鑑み，
確定申告後に会計処理方法を変更することは許されない（これを許す規定も存
しない）(34)。

---

(34)　控訴審が引用する第一審の評釈として，堺澤良「判批」ジュリスト1111号
　　245頁（1997年）等がある。なお，なお，少額減価償却資産に関する事案では
　　ないが，福岡高判平成28年3月25日TAINS（Z888-1191）は（係争年度は
　　平成22年6月期），地方税法上のある年の賦課期日（1月1日）時点で土地・
　　建物の所有者であったものが固定資産税及び都市計画税を納付し，後に（当該
　　年）当該土地・建物を譲渡する場合の売買契約書において，売買代金とは別に，
　　固定資産税及び都市計画税の日割り精算金（日割りは1月1日から12月31日
　　までを1年として計算）の定めがある場合，「契約上，本件精算金の支払いを
　　怠った場合にも売主が本件売買契約を解除することができる旨が定められてい
　　ること…も考慮すれば，本件精算金は，実質的には，本件売買契約に基づく本
　　件不動産の『購入の代価』の一部を成すものと解するのが相当であるし，本件
　　精算金のうち，本件建物に係る部分は，実質的には，［消費税法上］『課税仕入
　　れに係る支払対価』の一部を成すものと解するのが相当である」と判示し，か
　　かる精算金を支払時の販売費ないし一般管理費とするX会社（原告・控訴人）
　　の処理が否定されている。

第 10 章　法人税法上の減価償却に関する主要な裁判例　245

⑶　判定単位

ⓐ　店舗用防犯ビデオカメラ等一式

　　少額かどうかで問題となりがちなのは，資産の単位である。通達は，
「取得価額が 10 万円未満…であるかどうかは，通常 1 単位として取引さ
れるその単位，例えば，機械及び装置については 1 台又は 1 基ごと，工
具，器具及び備品については 1 個，1 組み又は 1 そろいごとに判定し，
構築物のうち例えば枕木，電柱等単体では機能を発揮できないものにつ
いては一の工事等ごとに判定する」（法基通 7-1-11）という。

　　さいたま地判平成 16 年 2 月 4 日税資 254 号（順号 9549）は，少額と
される金額が 20 万円未満であった頃の係争年度（平成 9 年 2 月期・同 10
年 2 月期）の事案で，会社 X（原告）の主張が一部認容されている。争
点は，X が購入して，X の全国 584 の営業店舗に設置した防犯用のビ
デオカメラ等の取得価額の全額を，その利用開始時の年度（本件係争年
度）の損金に算入しうるかである。本件ビデオカメラ等の内訳は，（監
視）カメラ，コントローラー，テレビ，ビデオ，及び，接続ケーブルで
あり，これらの単価の合計金額は 20 万円未満であったが，1 店舗でビ
デオカメラ等のうち（監視）カメラは 4 又は 5 台利用していたので，1
店舗当たりでは合計額は 20 万円を超えていた。

　　被告税務署長 Y は，減価償却費の計算（法税 31 条）における償却単
位の計算は，資産具体的な購入目的，用途，使用状況に基づいて行われ
るべきとし，耐用年数省令に依拠した償却単位の把握は，用途の一体性
（構造の一体性を伴う）や，機能的一体性（有機的結合）でなされるべきと
ころ，各店舗でこれらが一体的に利用されて防犯目的での効用に資する
などと主張して，耐用年数別表第一（当時）上は，種類「器具及び備
品」の「事務機器及び通信機器」の「インターホン及び放送用設備」に
該当する前提で損金不算入とする更正処分等を行った。X は，法基通
7-1-11 が通常の取引単位として 1 台ごとに判定すると定めていること，
本件防犯用ビデオカメラ等はセット商品ではなく（むしろ業務用と民生用

が混在している），ビデオ，テレビは一部更新も行われており，最低限カメラは1台とコントローラーがあれば機能することなどを理由に挙げて，Yの償却単位の把握は誤りだと主張した。

　判旨は以下のとおりである。本件ビデオカメラ等の「構造的，物理的一体性は希薄」であり，「ビデオカメラ，テレビ，ビデオはそれぞれ独立した機能を有し，特にテレビやビデオは普通それら単独で取引単位となるものであり，応接セット［耐用年数別表第一「器具及び備品」の細目の一つ］などの場合とは異なりそれらの組み合わせが取引の常態とはいえない。そして，Xは，テレビ，ビデオについては監視用として長期間連続運転に耐えられるように製作されたものではなく，普通の家庭用の安価なものを購入している」。少額減価償却資産の制度の趣旨からすれば，「テレビやビデオなどの普通の家庭用商品については，特段の事情がない限り，1品ごとの通常の取引価額により判定すれば足りるというべきであ［り］，このことを前記法人税基本通達7-1-11は定めていると解される」。「そうすると，本件防犯用ビデオカメラ等は全体として監視目的のため一体的用いられているといっても，本件防犯用ビデオカメラ等を常に一体として一つの償却資産として扱うことは必ずしも合理的とはいえず，カメラ，ビデオ，テレビは一つ一つを器具備品として取り扱っても差し支えない」[35]。「これらは取得価額20万円未満の減価償却資産に当たる」。「しかし監視カメラ，コントローラー，ケーブルについては…これらの設置の経緯や本件監視カメラの使用状況等からみて監視カメラ等についてはその取得価額は設置された店舗ごとの単位で判定するのが相当である」。よって，結果的に，(1)テレビとビデオは，独立して判定し，いずれも20万円未満で少額減価償却資産に該当し，(2)カメラ（4または5台），コントローラー及びケーブルは，一体と見て，

---

(35)　「こうした取扱いは，平成5，6年当時の現役の国税局職員やOBが編集，執筆した複数の市販の書物にも記載されており…，本件当時このような取扱いもYにおいて是認されていたのではないかとも推測される」とも述べている。

第 10 章　法人税法上の減価償却に関する主要な裁判例　247

店舗ごとに判定し，これらは 20 万円以上となり減価償却を要し，耐用
年数別表第一の「器具及び備品」の「高額機器及び写真製作機器」の細
目「カメラ」として耐用年数は 5 年とする，(3)(2)のうち平成 9 年 2 月分
はなお 20 万円未満だから少額減価償却資産に該当する，と結論づけら
れた。

　思うに，法人税法上の償却限度額は，耐用年数別表における細目等ご
とに算定されるのが基本である（法税令 58 条・法税則 19 条）[36]。そして
そこでの各年数は，効用持続年数を基礎に算定されている。よって，同
別表第二の設備関係はもとより，同別表第一の「器具及び備品」の細目
も，当該資産の物理的ないし構造的な単位を区分の基本としつつも，例
えば判旨で言及のある「応接セット」，「インターホン及び放送用設備」
のように，当該品目の構造的な単位や，取引可能な最小単位を越えて
（つまり例えばイスとテーブルに分解せず），納税者の一般的な利用目的に応
じ区分されたものが含まれる。Y の主張は，構造的な一体性は「用途
の同一性」に包摂されると見た上で，本件の問題（第一次的には償却限度
額計算の起点となる取得原価の問題）も，用途の同一性の観点から考察さ
れるべきであり，店舗での防犯という効用に資する単位で取得原価を算
定すべきというものだと解される。この見方の一般的な問題は，構造的
一体性を説得的な根拠なく用途の一体性に包摂して軽視（同視）する点
と，ある種の資産が複数の用途に供されているときに，主張する者の都
合に応じて限度額計算ないし取得価額計算の単位が広がりすぎるきらい
がある[37]ことであろう。少額減価償却資産の制度の適用に関しては，
特に，法基通 7-1-11 が「通常 1 単位として取引される単位…1 個，1 組
み又は 1 そろい」と定めていることとの整合性も，納税者の予測可能性

---

(36)　岡村忠生「判批」『租税判例百選［第 5 版］』106 頁（2011 年）107 頁が，この
　　　観点を，後述の NTT ドコモ事件に関連して強調している。
(37)　それは特定の用途への間接的な貢献があるに過ぎない資産を過剰に取り込むと
　　　いう方向と，「用途」の立て方次第でそこに計算上集約される資産の範囲が広
　　　げられてしまう（場合によっては限定されてしまう）という方向がある。

の観点から解釈論上考慮すべきである。判旨は，予測可能性ある解釈を
重視して，主観的になりがちな用途や効用を原則的視点とせず，むしろ
「取引の常態」としての単独の取引単位に加え，独立した機能，物理的
一体性の範囲に依拠して線引きを行ったものと解される。

(b) エントランス回線利用権

最判平成 20 年 9 月 16 日民集 62 巻 8 号 2089 頁が良く知られてい
る(38)。本件は，会社 X（原告，被控訴人，被上告人）が訴外会社 A から
PHS 事業の営業譲渡を受ける際に A に支払ったエントランス回線利用
権の対価，及び X の PHS 事業開始後に NTT に X が支払った所定の負
担金が，いずれも「電気通信施設利用権」（法税令 13 条 8 号ソ［現行］）の
取得価額に該当し，その額が 10 万円未満であるから，法人税法施行令
133 条の下で，当該利用権を X が事業の用に供した年度にこれらの全
額を損金に算入しうるとの前提で X が確定申告等を行ったところ，所
轄税務署長 Y（被告，控訴人，上告人）が同条の適用を否定する処分を行
ったため，X がその取消を請求した事案である（係争年度平成 11 年 3 月
期ないし同 13 年 3 月期）(39)。ここでエントランス回線利用権は，X を含
む NTT 網依存型の PHS 事業者が，NTT のエントランス回線設置費用
を負担することで，自社の特定の基地局と，NTT の PHS 接続装置との
間を相互接続し，当該基地局のエリア内で PHS 端末を用いて行われる
通話等に関し，NTT をして PHS 利用者に対し NTT のネットワークに

---

(38) 原審，第一審のものを含め多数の評釈がある。例えば，辻富久「判批」ジュリ
スト 1326 号 209 頁（2007 年），上西左大信「判批」税理 56 巻 11 号 104 頁
（2007 年），岡村忠生「判批」税研 25 巻 3 号 104 頁（2009 年），同「判批」『租
税判例百選［第 5 版］』106 頁（2011 年），武田美和子「判批」法曹時報 63 巻
10 号 163 頁（2011 年）及びそこに引用の文献，安井栄二「判批」『租税判例百
選［第 6 版］』106 頁（2016 年）及びそこに引用の文献等を参照。

(39) X は，平成 12 年 3 月期分及び平成 13 年 3 月期分は，更正を避けるために負
担金について耐用年数 20 年の定額法で減価償却限度額を計算して確定申告し，
Y がこれとは無関係の理由で課税処分等を行い，後に X が更正の請求をして
いることなどから，本件の処分関係は錯綜しているがこの点は省いて記述して
いる。

第 10 章　法人税法上の減価償却に関する主要な裁判例　249

よる電気通信役務を利用させる権利とされる。本件のエントランス回線
利用権の取得価額は，X と NTT との契約（電気通信事業法上の約款に従
う）上の負担金（1 回線当たりで 72,800 円）であるところ，Y は，上告理
由等において，X が A から譲り受けた約 15 万回線分の対価は 111 億円
余りとなりその金額が重要でないとはいえないことや，PHS 利用者が
複数あるなどの基地局のエリア内でも通話ができることが PHS 事業では
不可欠であり，物理的な施設としての回線ではなく，X の事業におけ
るエントランス回線利用権（電気通信施設利用権）としての機能に照らし
て資産の単位を考えるべきであり，よって営業譲渡を受ける際に支払っ
た 111 億円余りの対価はそれで一単位の減価償却資産を構成し，さらに
その後の個別の利用権の対価は，エントランス回線の増設を通じ当該利
用権の価値を増加するものであって，資本的支出（法税令 132 条 2 号）に
該当するとなどと主張した。

　第一審東京地判平成 17 年 5 月 13 日民集 62 巻 8 号 2133 頁は，上述の
法基通 7-1-11，法人税法施行令 133 条の改正の経緯も踏まえ，またレ
ンタルビデオ事業のレンタルビデオを例にとりつつ，「少額減価償却資
産に該当するか否かを判断するに当たっては，当該企業の事業活動にお
いて，一般的・客観的に，資産としての機能を発揮することができる単
位を基準にその取得価額を判断すべきであって，業務の性質上基本的に
重要であったり，事業の開始や拡張のために取得したものであったり，
多数まとめて取得したものであるなどといったことは，…取得価額を判
断する上で考慮されるべき点ではない」として，Y の課税処分を取り
消し，控訴審東京高判平成 18 年 4 月 20 日民集 62 巻 8 号 2338 頁もこれ
を維持した。Y の上告受理申立に対し最高裁が受理を決定した。以下
が平成 20 年最判の要点である。

　「エントランス回線利用権［以下，本件権利］は，エントランス回線 1 回線に
係る権利一つを 1 単位として取引されているということができる。…減価償却資
産は法人の事業に供され，その用途に応じた本来の機能を発揮することによって

収益に獲得に寄与するものであると解されるところ，…［NTT網依存型PHS事業］におけるエントランス回線利用権の用途に応じた本来の機能は，特定のエントランス回線を用いて当該事業者の設置する特定の基地局とNTTの特定のPHS接続装置との間を相互接続することによって，当該基地局のエリア内でPHS端末を用いて行われる通話等に関し，NTTをして当該事業者の顧客であるPHS利用者に対しNTTのネットワークによる電気通信役務を提供させることにある…。」「エントランス回線が1回線あれば，当該基地局のエリア内のPHS端末からNTTの固定電話又は携帯電話への通話等，固定電話又は携帯電話から当該エリア内のPHS端末への通話等が可能であるというのであるから，本件権利は，エントランス回線1回線に係る権利一つでもって，XのPHS事業において，上記の機能を発揮することができ，収益の獲得に寄与するものということができる」。「本件権利については，エントランス回線1回線に係る権利一つをもって，一つの減価償却資産とみるのが相当であるから…本件権利は，その一つ一つが［法税令133条］所定の少額減価償却資産に当たる」。

　本判決は，法人税基本通達7-1-11，法税令133条に係る経緯をふまえて，通常の取引単位を重視し，独立した用途・機能の観点から減価償却資産の単位を捉えており，上記の平成16年さいたま地判とも矛盾するものではない。判旨の「減価償却資産は法人の事業に供され，その用途に応じた本来の機能を発揮することによって収益に獲得に寄与するものである」という下りは，一般的な規範として今後参照されることが多くなるであろう[40]。判旨は，一つ一つの回線の物理的一体性（上記平成16年さいたま地判が判断基準の一つとしている）は特に考慮していないように読めるが，この点は，前述の「本件ビデオカメラ等」が異なる複数のいわゆる有形減価償却資産を含んでいたのに対し，本件は「無形固定資産」に当たる同一の利用権が多数取引された事案であるという

---

(40)　他に，例えば，名古屋高判平成4年10月29日行集43巻10号1385頁は，「減価償却資産…とは，事業の経営に利用する目的をもって取得される資産で，その用途に従って利用され，時の経過によりその価値が減少していく資産であり，その取得に要した金額（取得価額）は，将来の収益に対する費用の前払の性質を有し，資産の価値の減少に応じて減価償却費として徐々に費用として計上されるもの」と述べる。

違い（あるいは複数のエントランス回線は元より一体的であるから判断基準になりえない）があり，有形資産の少額減価償却資産該当性の事案には，本判決の示唆のみをそのまま当てはめて判断すれば十分であるということにはならない可能性がある。また，本判決は「収益の獲得に寄与」という判断基準を明記した点に一応特徴がありそうである。ただ，減価償却が投資減価の配分であり収益との個別的又は一般的な対応から説明される以上いわば当然のことともいえ，特に一般的な対応関係であれば，収益の獲得への寄与は間接的なもので足り，判旨のいう「事業に供され」る限りふつう充足されることになる[41]。逆に，「収益の獲得に寄与」することを過度に要求して，例えば公害防止用設備が減価償却資産から排除されれば不合理である。その意味では，上の一般的規範の中では，やはり当該資産の「用途に応じた本来の機能」が中核的な要請であると解しておくべきであろう[42]。

(4) 使用可能期間

また，使用可能期間が1年未満の減価償却資産の取得価額もまた，その事業の用に供した年度の損金に算入される（損金経理）。通達は，使用期間が1年未満とは，「法人の属する業種…において種類等を同じくする減価償却資産の使用状況，補充状況等を勘案して一般的に消耗性のもの」であり，かつ，「その法人の平均的な使用状況，補充状況等からみて［概ね過去3年間の平均値が基準］，その使用可能期間が1年未満である」ことを指すという（法基通7-1-12）。さらに国税庁ウェブサイトのタックスアンサー（No.5403）では，例えば，テレビ放映用のコマーシャルフィルムは，通常は法定耐用年数

---

(41) もっとも，加速的な減価償却の便益のみを狙った事案で，問題の減価償却資産に係る「使用収益権限及び処分権限を失っているというべき」状況においては，当該「事業において収益を生む源泉であるとみることはできず，…事業の用に供しているものということはできない」（前述最判平成18年1月24日）として，減価償却自体を否定する際にも，本文で述べた判旨の一般的規範が利用されることはあろう。

(42) 谷口勢津夫『税法基本講義』（弘文堂，第5版，2016年）420頁参照。

2年で減価償却するが，テレビ放送期間は1年未満であることが一般的であり，従って，テレビ放映期間が1年未満のものは，使用可能期間が1年未満のものに該当すると説明している[43]。かように，課税当局は，業界における一般的な使用状況等と，当該法人の平均的な使用状況等の両面から判定する方針を示している。

東京高判平成23年11月29日税資261号（順号11672）は，法定耐用年数における効用持続年数の考え方に触れた後，法人税法施行令133条が引用する同132条1号にいう「使用可能期間」は「通常の管理又は修理をするものとした場合に予測される当該資産の使用可能期間」を指し，「施行令133条の『使用可能期間』についても，物理的な減価だけに着目するのではなく，経済的にどれだけの効果があるかということが考慮された効用持続期間を定める趣旨のもの」と解するのが相当としている。

この平成23年東京高判は，パチンコ等の遊技場の経営を主な事業とする会社X（原告・控訴人・上告人）が，本件係争年度（平成18年12月期）にパチンコ器及びパチスロ機（本件パチンコ器等）を取得して（いずれも単価10万円以上）各店舗にて事業の用に供し，取得価額に相当する金額の全額を販管費として損金経理をして申告したところ，税務署長Y（被告・被控訴人・被上告人は国）が，本件パチンコ器等は短期減価償却資産に該当せず，固定資産として減価償却すると（パチンコ器耐用年数2年，パチスロ機同3年）1億7400万円余りの減価償却超過額があるとして更正処分等を行ったので，Xがその取消を求めて出訴したものであり，その専らの争点は，本件パチンコ器等の使用可能期間が1年未満か否かである。

判旨は，平成15年から同19年までの我が国におけるパチンコ器の設置台数及び販売台数（警察庁等の調査による），回転率（＝販売台数÷設置台数），K連合会調査による中古パチンコ器の販売台数，公安委員会認定の遊技機の台数（警察庁回答），さらに，平成18，19，22年に各発行（営利法人）の中古機

---

(43) https://www.nta.go.jp/taxanswer/hojin/5403.htm（2016年8月8日確認）

市場に関する複数の一般的情報，同じく係争年度前後の民間の文献（雑誌）に記載のパチンコ器の使用期間，パチンコホール向けのシステム開発等を行う会社の新機種の寿命週の調査等の認定を踏まえ，他店舗へのパチンコ器の移動や，「人気機種を中心に中古市場において取引がされることも定着しており，…中古市場の流通の安全等の確保に当たる業界団体も存在し，…人気機種の中には…3年以上にわたり使用されているものも少なからずあり，例えば，平成16年ないし17年においては，設置台数が300万台前後であったのに対し，約70万台が風営法所定の手続を経て3年以上にわたり使用されていたことがうかがわれ，このような事情が本件事業年度において急激に変更したことをうかがわせる証拠は見当たら［ず］，［使用期間は］経営判断に左右される事柄であって，…中古のパチンコ器を活用するものも相当数存在する…こと等も考慮すると，本件において，…業種を通じてのパチンコ器一般に係る資産としての共通の性質についての認識として，その取得の時においてそれにつき通常の管理又は修理をするものとした場合に事業の用に供されてから1年未満の期間内に経済的にみて使用することができなくなりその使用を廃することとなるものと予測されていたとの事実までは認めるに足りない」と認定している。また業界関係者以外の有識者等によるパチンコホール経営に係る監視等を事業とする一般社団法人Gが，平成18年にG会計基準を策定し（平成19年4月以降開始事業年度から発効），遊技機の取得価額は原則として営業供用時に取得価額をもって費用処理する（資産計上する合理的な理由があれば資産計上する）とし，かかる会計基準の考え方として，遊技機の経済使用期間が1年以内であるとの記述も見られるが，そもそも本件係争年度はその適用開始前であり，いずれにせよ「G会計基準の存在をもって，これが策定された平成18年の時点で，直ちに，パチンコホールを経営する法人が一般的にこの会計基準又はその基礎として述べられたところのとおり認識を有していたとまでは認めることは困難」と判示され，さらに，「パチンコ器について認定判断したところに照らすと，本件パチスロ機についても，施行令133条の規定の適用があるとは認め難い」と判示した。

判旨は，法基通 7-1-12 等の当局の指針に従い，使用可能期間の判断において，業界レベルでの一般的な使用状況等の認定に多くを割き，本件パチンコ器等の使用可能期間の判断に際し，かかる一般的な使用状況等に多く依っていることが分かる。なお，耐用年数別表上の細目等で年数が具体的に示されている品目等については，それが経済的な効用持続年数の算定を反映しているものである以上，より短縮された 1 年未満という効用持続年数を証明するのは容易ではあるまい。

結びに代えて

本稿の結論として，法人税法上の減価償却費の損金算入額を巡る昭和 63 年以降の主要な裁判例の考察を通して明らかになったことを，手短に 5 点まとめておく。

第一に，建物の内部造作に関しては，耐用年数を導く用途に応じた平均的な効用持続年数の考え方に徴し，建物附属設備に該当しない限り，建物と物理的・機能的に一体の資産であれば，建物に含めてその耐用年数が適用される。もっとも，第三者所有の賃借建物に係る事後的な内部造作の中古資産としての取得にまで建物の耐用年数を適用すべき旨の判決には疑問がある。

第二に，「機械及び装置」(耐用年数別表第二) と「器具及び備品」(同第一) の区別に関連する資産の単位の問題もある。前者では，標準設備 (モデルプラント) 単位で総合耐用年数が定められ，各資産が一体となって効用を発揮することが想定されており，この点が，後者から前者を区別する重要な考慮要素に含まれる。特別償却等の特例の適用対象を判定する文脈でも同様である。

第三に，減価償却資産を事業の用に供したと言うためには，その取得を伴わなければならない。最判平成 18 年 1 月 24 日は，映画フィルムと著作権を取得したはずの者が悉く著作物の支配を失っている状況から融資の認定に至った原判決を踏襲せず，減価償却資産の縮小解釈によって課税便益の否定を

導いた。だが，文理からの予測不能な乖離が懸念され，むしろ解釈論であれば，「映画フィルム」の意義とその取得価額，もしくは事業の用に供する前提としての「取得」を問うべきであった。課税要件事実の認定をいうのであれば，映画の著作物と著作権との一体的譲渡に係る 85 億ドル余りの対価の割当てと矛盾する真意を争うべき事案であったと考える。

第四に，短期・少額減価償却資産を巡る裁判例が少なくない。少額減価償却資産に関しては，取得価額の見極めとの関連で資産の単位が問題となり，用途に応じた本来の機能を発揮しうる単位が問われる（最判平成 20 年 9 月 16 日）。短期減価償却資産該当性で中核的問題となる使用可能期間は，業界レベルでの一般的な使用状況に重きを置いて測定されうる。

最後に，耐用年数省令（各別表を含む）の重要性が指摘できる。同省令の中から対立の多くが生じる一方で，同省令の基礎にある考え方が，減価償却を巡る解釈論上の問題の解決の手掛かりとなることも少なくないからである。

減価償却課税制度

第11章 アメリカの減価償却制度

甲南大学教授 　古田　美保

Ⅰ　はじめに

　事業活動から収益を得るために長期性の費用性資産すなわち固定資産を用いることは通常のことであり，その過程においては，固定資産に投下した資本の回収や収益に対する貢献を把握する必要があることについても特に議論はない。しかし，期間損益を算定する上で長期性の資産の各期費用の額を確定する会計処理すなわち減価償却処理については，国によって，また時代によって必ずしも定まっていない。アメリカにおいても，その時々の情勢やあるいは企業会計と税務それぞれの論理によって，固定資産の会計のあり方については様々な議論を経て変遷してきた。特に，法人所得税の計算における所得控除項目としての減価償却費については，会計理論的な控除のあり方あるいは政策的な設備投資促進刺激としてのあり方など，種々の議論を経て，「減価償却の自由」を掲げて企業会計理論から独立し，現行の加速償却制度に至っている。また，アメリカの連邦所得税制における減価償却関連規定は1986年以降大きな改正は行われておらず，おおよそ安定的な運用がされてきていると考えられる。

　近年の日本の法人税法上の減価償却は，企業会計の論理を尊重して制度化

された背景を持ちつつ，2007年度には設備投資の促進の観点から残存価額を廃止した上で250％定率法（のちに200％定率法に変更）を導入し，あるいは節税効果によって減価償却方法が選択されるべきではないとして定額法償却に統一すべきとの検討が政府税制調査会法人課税ディスカッショングループ（2014年）において行われるなど，そのあり方についての議論のスタンスが必ずしも定まっていないように思われる[1]。会計との関連も含めて，アメリカにおける減価償却制度の議論が参考になると考えられる。

　以下，アメリカの企業会計および連邦所得税税務において，固定資産の貢献がどのように把握されてきたのかについて確認し，検討を行うこととする。なお，紙幅の関係上，検討の対象を営利企業の連邦所得税制に限定し，また，特に断りのない限り有形固定資産の通常の償却計算についての検討を行うこととする[2]。したがって，特定業種や特定資産について認められる特別償却制度については検討の対象外とする。

II　企業会計における減価償却制度

　他の多くの国と同様，アメリカにおいても減価償却の実務は会計と税務が相互に作用しながら定着，発達してきた。アメリカの税務計算は企業会計から独立したいわゆる申告調整主義によっているが，税務計算における減価償却制度を理解する上で，企業会計における減価償却実務と制度の発展を確認することは意義があると考えられる。

---

(1)　日本の法人税における減価償却制度の近年の議論については，古田［2015］などを参照。

(2)　アメリカの連邦所得税法上，資産の償却について depreciation の語を用いるのは有形固定資産のみであり，のれん等の無形資産については amortization（IRC sec. 197(c)(2)），天然資源については depletion（IRC sec. 611(a)）の語がそれぞれ使用される。本稿では depreciation の規定に焦点を当てて検討を行うため，これらの資産の償却を検討から除外した。

1　企業会計における減価償却制度の発達

　企業会計における減価償却 depreciation の慣行は，Matheson や Littleton らの著述によれば，おおよそ 19 世紀頃には鉄道事業や大規模工場等の経営において重要な評価手段として確立していたようである（Littleton［1966］p. 239）。ただし，その計算に定まったルールはなく，償却率も一般的に定めることはできないものと理解されていた（Matheson［1884］p.1）。当時は，減価償却は固定資産の取替資金の積立のための経理であり，可能であれば毎期末の資産価値の再評価によるべきだが，実施が困難であることから，計画的償却率による控除 write-off が行われていたとされる（Matheson［1884］pp. 11-12）。また，会計慣行として明確に確立したのは，水道事業における料金算定に関する判決のあった 20 世紀初頭頃とされる。1909 年の最高裁判決で，公益事業規制（水道事業）において，当初投資額を維持（資本維持）するために取り替え費用の積み立てを行うことが義務付けられる（公益に資する）とされたのである[3]。このように，企業会計における初期の減価償却の手続きが費用としてではなくもっぱら資産価値の評価と取替資金の手当の観点から議論されていたのは，減価償却計算の重要性が一般企業において必ずしも高くなかったためとされる。すなわち，資本規模が小さく純損益の計算が重視されなかったことおよび長期性固定資産の利用度が相対的に低かったことから，その費用のあり方について必ずしも検討がされなかったのである（Littleton［1966］p.239）。また，資本の維持と安全性（返済能力）が重視されており，したがって貸借対照表がより重要な計算書とされていたために，費用自体の把握も積極的にはなされていなかった（Littleton［1953］p.88）。

　しかし，1909 年には法人所得を課税標準とする法人消費税 corporation excise tax が創設され，その所得算定における控除として「資産減価に対する合理的引当額 reasonable allowance for depreciation of property（sec. 38）」を規定していたため，節税の観点から減価償却実務すなわち固定資産

---

(3)　ノックスビル水道会社事件判決。詳細については平島［1983］等参照。

の費用の額の把握が重要となり，急速に普及した（Littleton［1953］p. 90 およ
び青柳［1969］112 頁）。また，企業会計における変化としては，1920 年代以
降に普及した株式や社債による長期的な資金調達が，成長性や収益力すなわ
ち損益計算書への重点の移行をもたらした（Littleton［1953］p. 90）。すなわ
ち，配当可能利益を計算する必要上，期間損益計算の精緻化が求められたの
である（Littleton［1966］pp. 239-240）。

　以上のように，1900 年代初頭までの減価償却会計は，固定資産の評価や
取替資金，所得控除要素等の観点から要請されていたと考えられる。しかし
その後，損益計算の重要性が増し，その中で減価償却の意義も繰延費用であ
る固定資産の各期への配分を費用として把握するものへと変化した。また，
1929 年の大恐慌を契機として公的な会計原則制定の運動が高まり[4]，投資
家のための会計規制が構築される中で発生主義会計処理としての減価償却制
度が確立された。すなわち，減価償却を「資産の取替とは全く別の，発生主
義会計における残存価額を除いた原価の額を有効耐用年数各期に費用配分す
るための体系的計算」と定義し（AICPA［1953a］pp. 24-25），評価ではなく原
価配分の手続きであることが明示された（AICPA［1953b］chap. 9 sec.[c]
para. 5）。これが現在のアメリカにおける減価償却資産会計の基礎を形成し
ており，減価償却計算の自己金融効果については，あくまでも副次的な効果
とされている（Paton and Littleton［1940］p. 89）。

　なお，1950 年頃のアメリカでは極端なインフレーションが進行し，適正
利益計算の観点から減価償却費のインデックス修正の是非が盛んに議論され
た。すなわち，極端なインフレーションが進行する中で，長期性の固定資産
を歴史的原価で記録しこれを配分計算するだけでは資本の回収が不足すると
いう議論である（たとえば May［1954］p. 9）。しかし，継続企業の前提のもと

---

(4)　アメリカにおける会計規制は 19 世紀末には行われていたとされるが，近代的
　　な公的会計規制の起源は 1929 年の大恐慌を起源とする 1933 年証券法および
　　1934 年証券取引所法の制定にあるとするのが通例とされる。詳細については
　　大石［2000］41-59 頁等。

では財務諸表の数値は取得原価 historical cost に基づくべきであり（Littleton［1953］p. 210），客観性や同質性を保持する上で過去の取引額を基礎に会計を行うことの有用性は明らかである（Littleton［1953］pp. 219-220）との反論がなされ，以降，この貨幣価値の変動を前提としない取得原価主義に基づく会計処理が今日まで受け継がれている。

　また，計算方法については，当初は特に言及はないが，実務上定額法 straight-line がごく一般的だったようである（May［1954］p. 9，Lent［1962］p. 483 等）。Paton and Littleton においても，生産高比例法が採用可能である場合はこれによることが考えられるが，一般に総用役数を見積もることは困難であり，また，定率法のような複利式配賦 compound-interest は必要以上に複雑で定額法ほどの合理性がないとして，定額法による会計処理が最も合理的なものとして推奨されている（Paton and Littleton［1940］pp. 84-85）。

2　現行会計基準における減価償却制度

　以上のように，減価償却は固定資産の評価手段，通常の修繕費を超えて積み立てられた現金，取替資金等々，様々な理解がされていたが，次第に取得原価主義と発生主義に基づく期間損益計算の重要性が理解され，1940 年代頃には取替資金や貸借対照表の未使用資産の額の評価ではなく「投下原価を生産力持続期間にわたって分散させる目的」（Littleton［1953］p. 66）すなわち原価配分手続であり，期間損益計算を適正に行うためのもの（Paton and Littleton［1940］p. 88）としての理解に統一されたことが指摘される。

　現行の会計基準は ASC Topic 360 において，購入時の資産原価 historical cost から残存価額 salvage value を控除し，耐用年数 estimated useful life にわたって計画的に配分するものと規定しており，この内容は会計基準制定当初とほぼ同様である（AICPA［1953a］p. 25）。耐用年数や残存価額は各自において適切に見積もられることとされる。

　償却費の計算方法については，定額法 straight-line，級数法 sum-of-the-year's-digits，定率法 double-declining balance のほか，生産高比例法

units-of-production なども例示される。採用した計算方法を開示する必要はあるが，企業会計上いずれの方法の優劣も示されていない。また，償却の単位についても個別またはグループ等の指摘は特にされず，適宜選択が可能となっている。

Ⅲ　連邦所得税法における減価償却制度

連邦所得税法は，その課税所得を算定するにあたり，特に逸脱が認められるあるいは要求される場合を除き，納税者が採用する公正妥当な会計処理方法により課税所得を算定することを要求している（CFR sec. 1. 446-(a)）。固定資産に関する費用である減価償却については逸脱が認められている項目であり，現行法上，企業会計上の減価償却費の額にかかわらず，税法上の償却費の額（IRC sec. 167 および 168）を損金とすることができる。ここでは，連邦所得税法上の減価償却規定の変遷を概観した上で，現行制度が企業会計とどのように乖離してきたのかを確認する。

1　連邦所得税法における減価償却規定の変遷

まず，連邦所得税法上の減価償却規定を時代区分ごとに概観する。

(1)　第1期：1909-1933 年　納税者見積による減価償却の容認

前述の通り，連邦所得税法はその前身である 1909 年の法人消費税にその起源を求めることができ，その課税標準算定にあたり控除すべき項目に減価償却の取り扱いがすでに見られる。すなわち，「資産減価に対する合理的引当額（sec. 38）」であるが，1913 年の連邦所得税法ではより明確に「資産の使用から生じる消耗，摩滅，陳腐化等への合理的引き当て」として固定資産の所得計算上の控除項目の規定が引き継がれている。しかしながら，その控除されるべき額について明確な規定を設けていたわけではなく，固定資産の評価損勘定としての意義が強かったようである（OTA［1989］p. 4）。その適正な見積もりについてはもっぱら納税者の裁量に委ねられており，したがっ

第11章　アメリカの減価償却制度　263

て会計帳簿との一致すなわち損金経理を控除の要件としていた。その後，企業会計慣行が成熟したことを受けて，1918年改正において評価損としてではなく資本支出額の費用配分という減価償却会計の思考が導入された。すなわち，資本支出額から残存価額を控除し，有効耐用年数にわたって配分することを要求した。ただし，残存価額や有効耐用年数については陳腐化の程度も含めて納税者側の合理的な見積もりに委ねられており，企業会計経理との一致が要求された（OTA［1989］p.4）。すなわち，当初の減価償却とは，評価損把握の技術としての減価償却から内部計算確認手段としての減価償却へと発展したものであり，そのために企業会計経理との一致が条件とされていたといえる。償却の単位についても，1920年の時点では個別あるいは総合償却のいずれも認められており，耐用年数の異なる資産の総合についても明確な禁止規定はなく，企業会計で採用している単位での償却が認められたようである（OTA［1989］p.5）。減価償却の計算方法についても特に規定はなく，合理的であれば認められていたようである。ただし，基本的には定額法が想定されており，特定のケースにおいて生産高比例法も容認していた（OTA［1989］p.7）。企業会計実務では定額法が一般的であったこと，および総合償却により実質的な加速償却が可能[5]であったことがその要因であると考えられる。

　以上の取り扱いから，償却費の計算にあたっては有効耐用年数の見積合理性が重要となったわけであるが，この点について，当時の内国歳入局は1920年にブレッティンＦを発行し，税務事務における耐用年数の指針として用いた（OTA［1989］p.7）。ただし，納税者がここから逸脱することを妨げるものではなく，否認する場合の立証責任は課税庁側に課せられていたようである（平島［1983］18頁）。ブレッティンＦは1931年に改訂されたが，

---

[5]　総合償却の場合，平均耐用年数を採用するために償却費の額が多額になりやすかったこと，および除却時に残存価額分の損失が通常計算されないことから，多くの納税者が総合償却を採用していたようである（OTA［1989］p.5ほか）。なお，除却時の損失計上について，現行法においては除却資産簿価を推定する規定が置かれている。

これは 1920 年代の減価償却実務を元に，推定耐用年数と償却率を 44 産業の約 2700 タイプに分類したものであった。事例の蓄積を元により明示的な指針を示したものだったが，一方で，蓄積された事例とは納税者の申告耐用年数であり，資産の使用可能期間の実態を検証したものではなかった。その意味において，納税実務を反映したものだったようである（OTA［1989］p.7)。

すなわち，この時期における減価償却税務は，有効耐用年数の見積もりも含めて企業の実務と同様であれば合理的な引き当てであるとしておおよそ認められ，当局が確認するのは減価償却費の総額が取得原価から残存価額を除いた額を超過していないかという点のみであった。総合償却が行われることも積極的ではなくとも容認されており，実質的に個別償却以上の償却費の計上が行われていても否認されることはなかったようである[6]。

(2) 第 2 期：1934-1953 年 税務規制の成立

1933 年，連邦政府は税収不足を補う観点から減価償却費の 25% 削減を財源として求めた。これを受けて，1934 年に財務省規則 4422 を施行し，実質的な償却率の引き下げが行われた。具体的には，これまで合理的であれば納税者の自由な裁量で減価償却を行うことを認めてきた方針を転換し，減価償却費計上に税制上の規則を定め，規則からの逸脱については納税者側に立証責任を負わせた（U.S. Department of the Treasury［1934］p.58)。その内容としては，実態として償却済みの資産が事業に用いられており，資産の実際の状況に照らして償却費の額が過大であった可能性を指摘した上で（U.S. Department of the Treasury［1934］p.61)，資産の額が残存耐用年数と対応していることを求めたものであった。また，総合償却にあたってのグルーピングについても，「税務目的に照らして」適正であるよう求められ，具体的にはグループ内の資産の中で最も長い耐用年数での償却を行うこととされた（U.S. Department of the Treasury［1934］p.61)。

---

(6) 当時においても減価償却費の計算に関する基礎資料の備え付けは規則上求められていたが，実態として税務署に提示されるということもなく，確認もされなかったようである（U.S. Department of the Treasury［1934］p.59)。

ブレッティン F は 1942 年に税務調査実務と研究を反映して改訂され，こ
れを元に課税実務が行われることで実質的な法定耐用年数表として機能し，
これと異なる耐用年数を用いる場合には納税者の確実な証明を必要とした
（OTA［1989］p. 11）。この改訂版ブレッティン F は 57 業種 5000 種以上の資
産の平均耐用年数を掲載し，総合償却勘定のための耐用年数表も用意するな
ど，総合償却実務を反映した改訂もされていたが，概して当時の減価償却実
務に照らして長めの期間が設定されていたようである（OTA［1989］p. 11）。
これは，当時以前の実務が償却過大の傾向にあったとの判断と償却率引き下
げを目的とした当時の改正目的に照らして当然の帰結といえるが，納税者か
らの反発は強く，種々の紛争をもたらした（平島［1983］18 頁）。その結果，
1945 年に内国歳入局は耐用年数や残存価額等の減価償却計算要素について
課税当局とあらかじめ協定することができる旨公示し，この取り決めがのち
の 1954 年内国歳入法典に取り入れられた。また，1953 年には歳入規則 90，
91 が公示され，納税者側に明らかな非合理性がない限り減価償却費の額は
否認されず（Revenue Ruling 90），また，それぞれの状況に応じて実質的かつ
合理的であることなどが重要視される（Revenue Ruling 91）など，合理的な
範囲での減価償却費であれば認められる旨が明示された。

　すなわち，この時期における減価償却税務は，外形としては歳入不足の問
題意識から導入された規則により制限を課しているように思われるが，具体
的な基準を提示した規制ではなく，内容としてはより純粋な会計理論的見地
に立って過大償却を排除するというものであった。また，納税者の立証責任
についても課税当局が特に問題視した場合にのみ求められるものであった
（OTA［1989］p. 9）。

　なお，償却計算方法としては依然として定額法が想定されており，これま
で定率法の使用について可否を明言していなかったが，1946 年に企業会計
経理との一致すなわち損金経理要件が課した上で定率法の使用を可能とする
取り扱いを明示した（I. T. 3818）。この点についても，当時の減価償却税務
が企業会計理論を尊重していたとの評価が可能であろうと思われる[7]。

⑶　第3期：1954-1962年　減価償却の自由化

　この時代に先立って，1918年，1940年，1950年のそれぞれの戦争にあたっての特別措置としての特別償却制度が連邦所得税法上に置かれた。その概要としては，国防関連投資について5年での償却 five-year amortization すなわち残存価額なしに5年での定額償却を認めるというものであった[8]。対象となる資産は国防関連のものに限られていたものの，土地も対象となっていたことから，いわゆる固定資産の費用化の手続きとしての減価償却というよりは一種の戦時補償措置といえる。しかし，この措置による設備投資促進の経済効果は戦時超過利潤税が課されたことと相まって大きかったようで，当時のアイゼンハワー大統領は1954年年頭教書において「国防設備に関する5カ年特別償却の過去の経験は，加速償却が投資に対して強力な刺激となりうることを示している」とし，経済成長のためにも設備投資費用の償却は企業の自由な選択に委ねるべきとした（White House ［1954］ p.80）。特に設備投資費用の大部分が耐用年数の前半において償却される，前倒しを可能とする方法すなわち加速償却についても選択可能とするべき等，明確に加速償却制度の法定化を促した。

　これを受けて行われた1954年税制改正では，減価償却費について内国歳入法167条を制定し，「使用等に対する合理的な引き当て」という減価償却の既存の概念を維持しながら，償却方法として定額法，200％定率法，級数法の3つを明記し，定率法や級数法から定額法への変更は納税者の自由とした。この改正は，減価償却税務の恒久的な自由化を意図したものとされ（OTA ［1989］ p.12），現行規定の基礎となっている。また，当時のインフレーション傾向の中で200％定率法はむしろその影響を排除しうるものとして歓迎されたようである。また，1958年にはさらなる加速措置として初年度

---

　(7)　実際には，企業会計実務において定率法が採用される事例はほとんどなく，したがって定率法による申告もほぼ行われることはなかったようである（小森 ［2002］ 177頁等）。

　(8)　5カ年特別償却制度の詳細な検討については小森 ［2002］ を参照。なお，この特別償却の経理については会計帳簿との一致は要求されなかった。

第 11 章 アメリカの減価償却制度 267

償却措置（IRC sec. 179）が導入された。上限は設けられているものの取得価額全額の即時費用化を認めるものであり，これも資産の種類を問わないという点で政策的特別償却ではなく通常の減価償却の自由な選択肢の一つということができる[9]。残存価額についても 1962 年に 10% の基準を示し，かつ残存価額が取得価額の 10% に満たないと見積もられる資産については残存価額をゼロとしうることとした（OTA［1989］p. 13）。

このように，1954 年改正は減価償却の概念自体は維持しながら定率法等の償却方法を明示し，その選択の自由を認める（U. S. Department of the Treasury［1970］p. 12）ことにより税務上の減価償却費の額の自由を大きく認めることとした（Greene［1963］, p. 355）わけであるが，加速償却のための定率法等は当時の企業会計理論としては直ちに受け入れられるものではなかった。当然の帰結として，税務減価償却の計算については会計記録との一致の要求から除外され，別々の計算と記録が認められることとなった（Lent［1962］p. 485）。すなわち，「減価償却の自由」とは，減価償却費の額の自由と同時に減価償却計算方法の企業会計経理からの自由も意味していたと考えられる。ただし，その後の会計理論においては定率法等も採用可能となったことから，そういった意味では会計理論との決別が起きたわけではないといえる。

(4) 第 4 期：1962-1970 年　ガイドライン耐用年数による管理

1954 年の改正は減価償却計算すなわち原価配分方法について前倒しの「自由」が認められたにせよ，その総額は取得原価（投下資本額）であり，残存価額を控除した上で耐用年数にわたって配分するという減価償却理論自体は踏襲していた。したがって実質的な法定耐用年数表であるブレッティン F の重要性は依然として高く，一方でその改訂は 1942 年以来なされていなかったため，その陳腐化が問題となっていた。歳入庁では 1956 年からその改

---

(9)　上限や償却率は変化しているものの，現行法においても有効な条項であり，初年度償却措置を適用した後に残額がある場合は当該残額について通常の減価償却を行うことができる。

訂のための研究を重ね，1962年にブレッティンFを代替するものとして減価償却ガイドライン規則を公布した。ガイドライン規則の目的は大きく2つあげられる。第1には，ブレッティンFを改定して実際の経済的耐用年数に合うように基準耐用年数 guideline lives を設定することであった。ブレッティンFが平均耐用年数を推定するものであったのに対し，このガイドライン規則では資産をグループを考慮したクラスに分類の上でクラスごとに基準耐用年数 guideline lives を設定しており，資産分類は100以下と大幅に簡素化され，かつ現状分析を基に短縮された。第2に，個々の企業の状況に応じた減価償却を行い得るよう，減価償却引当比率テストを導入した。このテストは企業の経営状況や資産取替計画等に照らして適切な償却計算が行われているかどうかを形式的に確認するためのものである[10]。これにより，納税者は当局との紛争を回避し，それぞれの実態に応じたより適切な減価償却を行い得る，すなわちより一層の減価償却の自由を与えるための改訂であったとされる（U.S. Department of the Treasury［1970］pp.11-12)。しかし，減価償却引当比率テストを含めたこのガイドラインは，概念としてはシンプルであったもののその執行は極めて複雑であり，特にテストに合格しない企業が続出する恐れがあったことから，1965年にはテストの緩和を含むガイドラインの改訂が実施された（OTA［1989］pp.16-17）。

いずれにせよ，当時の規定は「減価償却の自由」を前提に採用した耐用年数があらかじめ策定した資産取替等の経営計画に一致するよう定められていることを引当比率テストによって確認するというものであった（U.S. Department of the Treasury［1970］p.12）。耐用年数の短縮も実際の実務に照らしてのアップデートであったことから，ガイドライン制定の目的は減価償却税務の合理的運用であったと考えられる。また，このガイドライン規則から税務上の減価償却は明確に総合償却を基本とするようになった。特に，資産を取得する都度，固定資産勘定に借方記入していく open-end 勘定で，かつ，

---

(10)　減価償却引当比率テストの概要については平島［1983］等参照。

第 11 章　アメリカの減価償却制度　269

種類や取得年度ごとではなく異種資産を総合する償却が導入されたのはこの時からとされ，以降の税務減価償却の特徴となっている（浦野［1988］89 頁）。

(5)　第 5 期：1971-1980 年　ADR システムによる管理

　1970 年頃，減価償却税務に関連して論じられたのは①インフレーションを伴う経済成長の鈍化への対策としての減価償却の自由化の必要性[11]，②ガイドラインの実務的困難性，③税務上の減価償却制度が経済的な減価償却から乖離しているとの批判，の 3 点だった（U. S. Department of the Treasury［1970］p. 10）。経済的減価償却とは通常経済実態に即した減価償却すなわち会計理論的な減価償却を指すが，当時は特にインフレーションを問題視して，更新にあたっての設備価格の変動も耐用年数の見積もりに影響し，したがって耐用年数の見積もりを含めて納税者に自由を権利として与えることが経済的減価償却にもつながるとされた。同時に，減価償却引当比率テスト自体の不備もガイドラインの耐用年数の妥当性に原因の一つがあるとされた（U. S. Department of the Treasury［1970］p. 13）。この議論を受けて 1971 年に導入されたのが Asset Depreciation Range（ADR）システムであり，現行内国歳入法典 167 条 Depreciation の運用規則を構成する制度である。

　この制度の主な概要としては，①ガイドラインの基準耐用年数を拡張する総合耐用年数制の導入，②減価償却引当比率テストの廃止，③資産取得初年度の償却の規則 convention，④資本的支出と修繕費の形式的区分，の 4 点である。①が改正の主眼であるが，これは納税者はまず全ての資産をガイドラインの資産区分に分類の上，各資産区分に設定されたクラス耐用年数 original class life を参考に上下 20% の範囲内で自由に償却期間を決定することを認めるというものである。なお，立証できるのであればその他の合理的な見積耐用年数によることも認められる。③は期中取得資産の償却費を月

---

(11)　本稿では検討の対象としていないが，景気刺激策として投資税額控除制度が 1962 年に創設され，1969 年には景気の過熱を理由として廃止されていた。その直後から景気の後退に入ったことから，投資促進のための施策が必要とされていたようである。

割りではなく 1/2 または 3/4 の計上を容認するものであり，④とともに簡便的計算を認めるものであった。

このように，ADR システムは合理的な範囲で耐用年数の選択を認めることによる減価償却の自由化の流れを踏襲したものとも評価しうるが，インフレーションによる償却不足が経済的減価償却との関係において議論されたことから，減価償却の自己金融効果と資本維持が重視されていた傾向がうかがえる(12)。しかし，税制改正案検討の段階で提案されていた残存価額の廃止 (U.S. Department of the Treasury［1970］pp. 14-15) については実現しなかった点を踏まえると，自由化とそれによる景気刺激の効果を期待しつつも本質としては会計理論的な合理的減価償却の枠内での規定と評価しうる。ただし，より合目的的なクラス分類と各クラス基準耐用年数の検討を重視する（OTA［1989］p. 20）など，総合償却(13)を税務減価償却の基本とする傾向は強まったといえる。

(6) 第6期：1981-1986年　原価回収概念の導入による投資刺激

1980 年以前の減価償却は当該資産の効用に応じた償却すなわち経済的耐用年数と残存価額を考慮した取得原価の計画的配分の範囲内で配分の前倒しの自由を認める内容となっており，インフレーションの進行に伴う償却不足については理論上対応されにくかった。レーガン大統領はインフレーションと当時の減価償却計算の複雑さを問題視し（White House［1981］），この点への対応を図る観点から 1981 年税制改正において原価回収 cost recovery という概念を導入した。すなわち，歴史的原価の有効耐用年数にわたる配分計算ではなく，課税目的に照らして適切な原価回収期間での償却計算であり，耐用年数や残存価額の見積もりを行わない新たな固定資産経理である。そのために内国歳入法典に 168 条 Accelerated Cost Recovery System：ACRS

---

(12)　同様の主張として浦野［1988］58 頁等参照。
(13)　特に取得年次ごとに区分するヴィンテージ勘定 vintage account の採用が求められたが，永久勘定や複合勘定，個別勘定によることも否定されなかった。総合償却に関する検討については浦野［1988］等を参照。

を新設し，1981年以降に取得する有形固定資産についてはこの条文による償却経理を求めている。

ACRSでは，ADR基準耐用年数表を5分類にまで簡素化した上でそれぞれに3年から15年の回収期間を設定した。ACRSの簡素化は有効耐用年数や残存価額の見積もりを排除したことによって達成されたといえる（OTA［1989］p.22）。償却計算方法は動産，不動産を問わず150%等の定率法（途中から定額法に切り替え）を原則とし，納税者の選択により定額法も採用可能とした。ほとんどの動産が5年償却区分に分類されたほか，最長でも15年の回収期間が設定されたため，ほとんどの資産の計算において従前の減価償却制度よりも所得控除額が大きくなり，納税者にとって有利なものとなった（OTA［1989］p.22）。

ACRSはそれまでの減価償却とは全く異なる措置となっている（U.S. Department of the Treasury［1985］p.132）が，計算の基礎となる額はあくまでも取得に要した支出額であり，この意味においては取得原価主義の枠内での経理といえる。また，納税者は1981年以降取得分の固定資産の費用化をこの制度によってしか行い得ないという点で，本制度は固定資産の費用額計算の本則であり，特別償却制度とは異なる（GAO［2005］p.93）。

(7) 第7期：1987年── 原価回収速度の調整（修正ACRS）

1985年，レーガン大統領は税制改革の方向性として「税負担の公平化」「経済活動の活性化」「税制の簡素化」を掲げ，その一貫としてACRSについても改正を提案した（U.S. Department of Treasury［1985］p.132）。そこではACRSを経済的耐用年数ではなく政策的に短縮された原価回収期間が設定され，残存価額も考慮されない点で経済的減価償却となっておらず，また，インフレーションに応じたインデックス修正がない点で投資インセンティブも中立ではないなどの問題がある制度としている（U.S. Department of Treasury［1985］pp.132-136）。この問題への対応として経済的耐用年数とインデックス修正された償却基礎価額に基づく償却計算（Capital Cost Recovery System: CCRS）を提案したが，実際の1987年の税制改正では従前の短縮著し

かった ACRS の原価回収期間を 8 区分に再分類の上でやや延長し，不動産については定額法計算のみ認めるといった ACRS の修正に終始した。不動産について定率法償却を認めないこととした点を税負担の公平化の観点から整理するとしても，動産の定率償却率をそれまでの 150% から 200% に拡大するなど，全体としては優遇措置の性格は維持されたことから公平性よりも経済活動の活性化を優先する内容であるが（森川 [1987] 93 頁），償却基礎価額についてのインデックス修正も行われなかった点で歴史的原価に基づく取得原価主義の枠内での配分計算は維持されているといえるだろう。

以降，今日に至るまで，アメリカの税務減価償却制度は基本的に加速償却率の修正のみが行われてきている。

(8) 小括

以上のように，税務減価償却制度の変遷を 7 区分して概観したが，より大きく区分するなら，見積耐用年数による合理的減価償却制度（第 1 期～第 5 期）と人為的回収期間での経済政策的原価回収制度（第 6，第 7 期）に分類することができる。しかし，いずれも有形固定資産一般の各事業年度の損金についての本則としての取り扱いであり，その意味において政策的特別償却制度とは分類を別とする。現行制度の特徴としては，総合償却，原価回収期間と定率法による加速償却，そしてインデックス修正を行わない点での取得原価主義の堅持などが挙げられる。また，企業会計との関連においては，「減価償却の自由」の提言のもとで分離している。

2　現行規定における固定資産の償却計算
(1)　本則としての減価償却制度の概要

以上の変遷をへて制度自体の簡素化が図られてきたが，現行制度としては資産の取得年度に応じて異なる制度が適用されることとなる。すなわち，1980 年以前取得分の資産については IRC sec. 167 に基づく合理的減価償却計算が適用され，1981 年から 1986 年取得分には ACRS，1987 年以降取得分には IRC sec. 168 に基づく修正 ACRS による償却費が計算される[14]。償

第 11 章　アメリカの減価償却制度　273

（表）　アメリカの取得年度別税務減価償却制度

取得年度	制度	残存価額	償却方法	償却期間
1970 年以前	減価償却 （IRC sec. 167）	見積処分価額 （償却不可）	定額法 200% 定率法 級数法 その他適切な方法	見積耐用年数[※1]
1971-1980 年	IRC sec. 167 または ADRS も選択可能			ADR 基準耐用年数の 上下 20% で設定
1981-1986 年	ACRS	0	動産：150% 定率法 不動産：175% 定率法 （いずれものちに定額 法へ変更） ※定額法も選択可能	原価回収期間 5 区分 （3, 5, 10, 15, 18 年）
1987 年以降	修正 ACRS （IRC sec. 168）	0	動産：200% or 150% 定率法（のちに定額 法へ変更）[※2] ※定額法も選択可能 不動産：定額法 水道設備：定額法	原価回収期間 動産 6 区分 （3, 5, 7, 10, 15, 20 年） 不動産 2 区分 （27.5, 39 年） 水道設備は 25 年

※1　1962 年の class life を使用することも可能
※2　15, 20 年動産については 150% 定率法のみ

却方法は，動産については定率法が原則となり，定額法は選択肢という位置付けとなる。なお，1971 年から 1980 年取得資産については ADR システムによる償却，また，1970 年以前取得資産には 1962 年減価償却ガイドライン規則によることもできる。以上をまとめると（表）のようになる。

　また，いずれの場合も，償却計算の基礎は取得原価等の支出額である（IRC sec. 1012）。

───────────────

(14)　条文の構成としては，IRC sec. 168 の適用が先に示され，IRC sec. 167 は IRC sec. 168 の適用がない資産について適用されることとされる。ただしその詳細については IRC sec. 168 において「適正な償却方法，回収方法，慣習を使用して償却」（IRC sec. 168(a)）と規定している。このような参照条項とされたのは IRC sec. 168 の創設により IRC sec. 167 の不要となった部分を 1990 年税制改正で削除したためである。したがって，IRC sec. 167 が適用される場合の償却方法等の詳細については全て財務省規則 CFR sec. 1. 167 を参照することとなる。

なお，1987年以降取得資産であっても，その償却初年度において生産高比例法のような期間を基礎としない償却を選択する場合には，修正ACRSは適用されない（IRC sec. 168(f)(1)）。

(2) 修正 ACRS における代替的減価償却制度

修正 ACRS の本則としての償却計算（General Depreciation System: GDS）（IRC sec. 168(a), (b)）でも定額法による償却ができるが，これとは別に，代替的減価償却制度（Alternative Depreciation System: ADS）（IRC sec. 168(g)）が定められており，基本的には，ADR 基準耐用年数による残存価額ゼロの定額法による計算となる。国外所在資産等一定の資産に適用が強制されるほか，納税者の選択によりこの方法による償却計算が認められ，加速償却の必要のない場合に有用な選択肢となりうる（伊藤［2013］210頁）。

(3) 取得・除却時の規則

減価償却資産を取得あるいは処分した年度においては，償却費計算の規則 convention（IRC sec. 168(d)）が適用される。すなわち，資産の使用開始と処分の事業年度においては，1年分の償却費の計上はできず，償却資産の種類に応じて半年分，四半期の半分，あるいは半月分といった償却費の上限が課される。これは，総合償却が基本的な取り扱いであることから求められる償却費の平均化の取り扱いであると考えられる（浦野［1988］153-154頁）。

詳細については割愛するが，たとえば半年分の規則とは，償却期間3-20年の動産についてはその取得・処分が期央に行われたとみなして償却費の額を1/2とする。したがって，例えば3年償却資産の場合，たとえ期首に取得し事業供用していたとしても初年度の償却費は1/2とされ，したがってその全額の償却は4年目以降となる。

不動産や使用の開始あるいは処分が特定の四半期に集中している場合には半月分の規則あるいは四半期の半分の規則が適用される。

(4) 即時費用化の選択

減価償却制度と同時に適用しうる固定資産の処理として，初年度の即時費用化制度（IRC sec. 179）があり，各課税年度で上限つき[15]ではあるが即時費

用化を行うことができる。この規定の適用後に残額がある場合にはIRC
sec.168により償却手続きが行われる。

3　通常所得計算以外の所得計算における償却費

(1)　代替ミニマム課税所得計算における調整

代替ミニマム課税 alternative minimum tax：AMT は，納税者の納税義
務が政策的経過規定により過剰な税優遇を受けていると判定される場合に追
加の税負担を課す制度である（IRC sec.55）。減価償却に関する調整項目とし
ては，1998年末までに使用を開始した動産，不動産について代替的減価償
却制度により再計算し，差額が調整項目として加算対象となる（IRC sec.56
(a)(1)）。

(2)　配当所得 earnings & profits 計算における減価償却費の扱い

アメリカの連邦所得税では，受取配当金は受取側で通常所得として課税対
象となる。そのため，法人から受ける支払いのうち課税対象となる配当所得
を計算する上で，資金流出を伴わない寄附金や減価償却費について実態に即
した額に調整することとされている。具体的には，減価償却について代替的
減価償却制度による再計算が求められる（IRC sec.312(k)）。

(3)　小括

このように，適正所得を計算する観点からは定額法が"妥当"な償却費の
計算であるとの理解がうかがえる一方，IRC sec.168の加速償却制度は，政
策税制としての特別償却制度とは別の税法上の本則としての減価償却制度と
して扱われる（GAO［2005］p.93）。すなわち，償却期間の課税目的に合わせ
た恣意的な短縮と，原則的減価償却方法としての定率法の採用の2つにより，
アメリカの本則としての税務減価償却制度は企業会計上の減価償却と比較し
て前倒し償却を行っており，企業会計上の原価配分手続きからは「自由」に

---

(15)　課税年度ごとに上限の変更があり，2007年から2010年までは＄250,000，
　　　2009年から2015年までは＄500,000，2014年度以降は＄25,000となっている
　　　（IRC sec.179(b)(1)）。

なっている。

なお，税務減価償却制度の妥当性について経済政策的観点すなわち投資促進の観点から議論される傾向があり（たとえば U. S. Department of Treasury [1970] [2000], Keightley and Sherlock [2014] 等），政策的軽課措置を集計する租税支出レポートでも本来の納税義務を繰り延べる効果のある措置として加速償却の額が開示されているが，政策税制と直ちに断定されておらず，その額の把握のあり方にも議論がある（GAO [2005] p. 94）[16]。

Ⅳ　会計と税務の調整

以上のように，アメリカでは減価償却の経理につき現在では企業会計と税務とは分離しているが，最初から分離していたわけではなく，また，その分離も議論が全くなかったわけではなかった。アメリカの課税所得計算は，日本の確定決算主義等との対比において申告分離型と言われるが，企業会計利益を課税所得計算の参照点とする点に変わりはなく，減価償却計算等については逸脱が認められているにすぎない（CFR sec. 1. 446-(a)）。アメリカにおいて減価償却の税務がどのように逸脱を認められたのか，その経緯と議論を確認する。

1　企業会計と税務の分離

前述の通り，減価償却費について企業会計経理からの逸脱が認められたの

---

(16)　GAO によれば，1974 年にはすでに税務減価償却規定が租税支出に該当する繰延項目として報告が行われている（GAO [2005] p. 117）。ただし，既存所得税制における本則規定を基準とする租税支出の測定（reference law baseline）の場合には加速償却による租税支出は存在せず，理論的な包括所得税を基準とする測定（comprehensive normative baseline）の場合に，本来の所得計算における減価償却費との差額が租税支出を構成することになる（JCT [2008] pp. 26-27）。JCT では後者の立場から代替的償却方法（IRC　sec. 168(g)）と加速償却方法との差額を租税支出と観念し，租税支出レポートを開示している（JCT [2010] p. 9）。

第 11 章　アメリカの減価償却制度　277

は 1954 年の改正からであり(17)，それまでは企業会計での経理との一致が確認されていた。1954 年改正は「減価償却の自由」のために定率法や級数法といった償却費の前倒し計上が可能となる加速償却を選択可能な償却方法として定め，その経理が企業会計と異なることを容認したものであった。しかしその一方で企業会計の経理から全く乖離したわけではなく，耐用年数や残存価額の見積もり等減価償却計算要素については企業会計との同質性が求められていたと思われる。たとえば 1970 年まで実施されていた減価償却引当比率テストは採用された耐用年数の適切性を実際の経営状況に照らして判断するものであり，条文の「合理的引き当て」を確認するための措置であったといえる。そして，各企業の使用状況に応じた合理的な減価であれば，企業会計上の減価償却と大きく乖離することは想定されなかったと思われる。この意味において，アメリカの減価償却における企業会計と税務の分離は1981 年の原価回収概念の導入以降に顕在化したといえるだろう。

2　企業会計と税務の一致についての議論

　アメリカにおいても，企業会計と課税所得計算とは可能な限り一致しているべきとの主張が会計士協会によりなされ（AAA［1952］p.429），税務計算における発生主義会計の認容に繋がってきた。減価償却についても，合理的な会計慣行として継続的に採用されていることを条件に，課税所得計算上控除が認められてきた。すなわち，企業会計との一致はむしろ当然のこととして受け取られており，1954 年以前においてはもちろんのこと，1954 年以降も多くの企業が税務と企業会計で同じ減価償却方法を採用していた（Lent［1962］pp.483-484）。ここから，社会的経済的配慮の観点から税法規定が設計される中での一致要求はむしろ会計基準を毀損する（Lent［1962］p.486）といった一致要求からの離脱が通説化（浦野［1988］48 頁）する一方で，納

---

(17)　なお，Kahn は取得原価が上限であり，また，費用化の程度も定額法よりもむしろ実際に合致しているなどとして，定率法等の加速償却が所得計算の一要素として観念されるべきと指摘している（Kahn［1979］p.11 ほか）

税実務においては減価償却についても帳簿との一致要求に賛成する，あるい
は問題としていなかった企業が，少なくとも 1960 年頃には多かったといえ
る。

　また，税法の加速償却制度自体を問題視する議論もある。特に IRC sec.
168 の原価回収制度につき，租税政策的な原価回収期間での損金算入が経済
的事実を反映していない，すなわちいわゆる実質的な減価償却となっていな
いことを問題視する指摘は，税務減価償却制度を適正所得計算の観点から批
判するものである (U.S. Department of Treasury［1985］p.134)。税務減価償
却を企業会計と一致させることの利点として，会計と税務の 2 つの帳簿を用
意する必要がないというコストの点，税務調査や争いを避けることができる
点に加えて，会計上の減価償却の方がより適正所得計算に適している点が挙
げられていることもその証左といえる (U.S. Department of Treasury［2000］
p.58)。

　一方，減価償却計算を企業会計のものと一致させることのメリットは誇張
されすぎているとの指摘もある (U.S. Department of Treasury［2000］p.58)。
すなわち，減価償却を帳簿経理と一致させた場合には，内部計算の正当性を
確認するために課税実務上なんらかの制限を加えることは避けられず，結果
として事務負担や争いの軽減は計られない。そういった制限は業種によって
有利・不利を生み，また，そもそも課税所得算定の目的に照らして企業会計
の減価償却がより適切であるとの証拠もなく (U.S. Department of Treasury
［2000］p.59)，総じて現行規定を包括的に改定する必要はない (U.S. Depart-
ment of Treasury［2000］p.3) とされる。ただし，税務執行上の困難は一致要
求から除外された後のブレッティン F や減価償却ガイドライン規則の執行，
原価回収期間についても指摘されてきた問題であり，必ずしも一致要求に限
られた問題ではない。

　分離を主張するものとしては，税務減価償却制度の経済政策的効果を強調
するものが多い。すなわち，そもそも「減価償却の自由」(White House
［1954］p.80) の観点もあり，一連の税務減価償却制度の改正が法人企業の税

第11章 アメリカの減価償却制度 279

負担の政策的軽減による投資刺激を目的としていたことから，企業会計上の減価償却と一致させるような経済的減価償却を税務上行う必要は必ずしもないとする主張である（たとえばU.S. Department of Treasury [2000]）。実際，一連の税制改正は投資刺激と投下資本の早期回収の観点から償却期間を耐用年数ではなく原価回収期間すなわち人為的政策的償却期間（小森 [2002] 18頁）へと変化させて償却率を操作し，総合償却を基本とするなど，償却費の前倒し計上を可能とする施策を講じてきた。しかし，この主張は税務減価償却制度を一種の政策税制とみなした上でなされるものである。

3　税務減価償却制度の意義と償却計算方法

　では，税務減価償却制度を企業会計から独立させることはどのような意義を持つのか。現行規定における償却計算は加速すなわち償却率と償却方法の操作を行うものの，その償却基礎は取得原価であり，その意味においては企業会計との乖離は大きくないとも言い得る。しかし，その計算の背景にある概念は必ずしも一致していたわけではなかった。企業会計における減価償却が資産評価・設備更新のための引き当てとして導入され，その後「評価ではなく配分の手続きである」と明示したのに対し，税務では減価償却引当比率テストによる設備更新計画との整合性が議論されたように，投資意思決定を抑制しないという意味での中立性と減価償却による自己金融効果が重視されてきた。特に償却基礎額のインデックス修正に関する議論は，インフレーションや陳腐化への対応として，原価主義での理論的減価償却では対応できない取替資金蓄積に資するためのものである。導入こそされていないが，インデックス修正の議論は税制改正の都度行われており，1985年の大統領提案でも経済的減価償却の観点から償却基礎額のインデックス修正の必要性が強く主張されていた（U.S. Department of Treasury [1985] p.139）。インデックス修正が導入されなかった理由も，歴史的原価配分の観点からの排除というよりはその導入による税収ロスが問題視されたためであり（U.S. Department of Treasury [2000] p.51），投資の経済的費用の回収にはインデックス修

正がより確実な方法であると指摘されている。加速償却や初年度即時費用化制度についても，インデックス修正を代替する措置として償却不足を補う効果が議論されることもあった（U.S. Department of Treasury［2000］p. 56）。すなわち，税務減価償却制度における経済的減価償却とは，固定資産設備に関する実質資本維持的な思考を重視した費用計算であるといえる。

このように，企業会計と税務の差異は本質的なものであり両立させる方が適切（Chatfield［1974］p. 211）との指摘もあるが，固定資産の各期費用に関する税務上の議論はほぼ一貫して投資意思決定への中立性とインデックス修正の要請に終始しており，実質資本維持的な思考での議論が行われてきた点が，名目資本維持に基づく企業会計経理との分離を不可避にしたように思われる。また，級数法や生産高比例法による計算が採用されず，定額法も選択肢となっている点についても，使用度に応じた費用化額の計算ではなくインデックスを考慮した原価回収計算を行うという税務減価償却制度の目的に照らせば妥当なものとなりうる。他の償却計算方法と比較して定率法は償却額の前倒しの程度が大きく，総合償却にもそぐうためである[18]。

V　お　わ　り　に

以上のように，アメリカ連邦所得税法上の固定資産の費用化は，1980 年以前は取得原価の耐用年数での配分を行っており，また，償却計算方法も定額法，定率法，級数法等の方法から合理的に選択ができることから，もっぱら会計学的な減価償却との指摘が可能である。しかし，1981 年以降は企業

---

(18)　償却費の前倒し計上という意味においては定率法よりも級数法の方が累計額で効果が高い（償却累計額では定率法よりも級数法の方が早くに大きくなる）が，償却期間の初期で計上される償却費の額は定率法の方が高く，また，計算の構造上級数法は取得年度と償却期間が同じ資産群のみが総合償却の対象となるのに対し，定率法ではその制限なしに総合償却が適用しうることから，ACRS および修正 ACRS 原価回収計算においては定率法が加速償却計算方法として採用されたと考えられる。

会計理論における原価配分ではなく，減価償却経理によって設備更新資金積み立てが可能となっているかが常に重要な論点となってきた。すなわち，政策的に設定された原価回収期間での投下資本回収計算であり，そのため残存価額の見積もりなしに各課税年度の費用額が計算される制度となっている。そして，早期の投資回収による再投資可能性を高め，またインフレーション対応としてのインデックス修正を代用する効果から，償却費の計算は定額法や級数法ではなく定率法が原則的な計算方法として採用されていると考えられる。このような租税政策上の配慮の観点から，企業会計上の減価償却制度とは理念を異とし，「減価償却の自由」の提言のもとで分離し，政策税制とは異なる原則的な減価償却計算に加速償却要素を与えている。すなわち，税務減価償却計算の効果としては固定資産の流動化と自己金融の効果が重視され，償却不足を問題視する主張も，原価配分のあり方として耐用年数や減価償却方法を議論するものではなく，経営計画に照らした資産取替をある種保守的な観点から見積もっているものと考えられる。

　このような加速償却は資産の使用や実際の設備更新といった経済的事実を反映していない点で実質的な減価償却計算となっていないとの批判もあるが，税務減価償却制度はそのような経済的減価償却とするべき必然性はないという理解がより一般的なものであると思われる。ただし，建物等不動産や無形資産について定率法等による加速償却が行われない点[19]は，再投資の奨励が動産に限られているということができ，資産分類や償却率の設定と合わせて経済政策的意図が選択的に反映されているとも評価しうる。課税対象となる配当所得計算では減価償却費の再計算が行われる点と合わせて，課税所得

---

(19)　不動産については修正 ACRS においては定額法償却とされ，また無形資産については 15 年間の定額償却 amortization のみが適用される。不動産は ACRS では定率法償却となっていたことからすれば原価回収の後ろ倒しが生じており，無形資産については従前は償却規定がなかったものが 15 年の定額償却の規定が整備されたという点で明確化したというのが現状であるが，いずれにせよその経済効果や所得計算上の妥当性についての議論が尽くされたとは言い難いと考えられる。

計算の本則としての減価償却計算に政策税制としての性質が混入していると
の評価も妥当すると考えられる。

これらの観点からすれば，アメリカの今後の固定資産関連の税制改正とし
ても企業会計経理を参照することなく，独立の傾向は維持されると考えられ
る。また，税務減価償却方法として定額法への統一の方向性は考えにくく，
インデックス修正の議論と設備投資促進の経済効果への影響を考慮しながら
償却率や加速償却の対象について政策的容認の程度を増加減する内容での改
正が行われるものと考えられる。

〔参考文献〕

AAA [1952] Accounting Principles and Taxable Income: Supplementary State-
ment No. 4, *The Accounting Review* Vol. 27 No. 4, pp. 427-430

― [1957] Accounting Standards for Corporate Financial Statements 1957 Revi-
sion, *The Accounting Review* Vol. 32 No. 4, pp. 536-346

AICPA [1953a] *Accounting Terminology Bulletins No.1*

― [1953b] *ARB 43: Restatement and Revision of Accounting Research Bul-
letins*

Chatfield, M. A. [1974] *A History of Accounting Thought*, Dryden

Gesseck R. H. and Gramling L. [2015] *2015 U.S. Master GAAP Guide,* CCH

Greene, E. D. [1963] Changing from Declining Balance to Straight-Line Depre-
ciation, *Accounting Review* Vol. 38, No. 2, pp. 355-362

JCT [2008] *A Reconsideration of Tax Expenditure Analysis*

― [2010] *Estimate of Federal Tax Expenditures for Fiscal Years 2009-2013*

Kahn, D. A. [1979] Accelerated Depreciation ― Tax Expenditure of Proper Al-
lowance for Measuring Net Income, *Michigan Law Review* Vol. 78 No. 1, pp.
1-58

Keightley, M. P. and Sherlock M. F. [2014] *The Corporate Income Tax System:
Overview and Options for Reform*

Lent, G. E. [1962] Accounting Principles and Taxable Income, *The Accounting
Review* Vol. 37 No. 3, pp. 479-487

Littleton, A.C. [1953] *Structure of Accounting Theory,* American Accounting Association

― [1966] *Accounting Evolution to 1900,* New York

Matheson, E. [1884] *The Depreciation of Factories and Their Valuation,* London

May, G.O., [1954] Concepts of Business Income and Their Implementation, *The Quarterly Journal of Economics* Vol. 68, No. 1, pp. 1-18

OTA [1989] *A History of Federal Tax Depreciation Policy (OTA Paper 64)*

Paton, W.A. and A.C. Littleton [1940] *An Introduction to Corporate Accounting Standards,* American Accounting Association

Staff of the Joint Committee on Internal Revenue Taxation [1961] *Suggested Methods for Liberalizing Depreciation*

U.S. Department of the Treasury [1934] *Internal Revenue Bulletin Cumulative Bulletin XIII-1*

― [1970] *Tax Depreciation Policy Options Measures of Effectiveness and Estimated Revenue Losses*

― [1985] *The President's Tax Proposals to the Congress for Fairness, Growth, and Simplicity*

― [2000] *Report to The Congress on Depreciation Recovery Periods and Methods*

United States Congress House Committee on Ways and Means [1980] *Accounting treatment of the investment tax credit and accelerated depreciation for public utility ratemaking purposes*

White House [1954] *Economic Report of the President Transmitted to the Congress*

― [1981] *Report on the Program for Economic Recovery*

青柳文司 [1969]『会計士会計学 改訂増補版』同文舘

伊藤公哉 [2013]『アメリカ連邦税法 (第5版)』中央経済社

浦野晴夫 [1988]『アメリカ減価償却論』, 中央経済社

― [1996]『会計原則と確定決算基準主義』森山書店

大石桂一 [2000]『アメリカ会計規制論』白桃書房

木内佳市 [1957]『減価償却論』同文舘

企業活力研究所 [2006]『諸外国における減価償却制度に関する調査研究』

小森瞭一［2002］『加速償却の研究』，有斐閣

小山内一木［1996］「アメリカ税務減価償却制度」『商学論叢（日本大学大学院）』第 21 号

須田徹［1998］『アメリカの税法（改訂六版）』中央経済社

平島鹿蔵［1983］『アメリカ合衆国における減価償却制度の研究』電力中央研究所研究報告

平林喜博［2005］『近代会計成立史』同文舘

古田美保［2015］「任意償却制度の現状と問題点」『税研』第 31 巻第 3 号，53-58頁

本庄資［2007］『アメリカの租税政策』税務経理協会

森川博［1978］『減価償却論』森山書店

森川八洲男［1987］「アメリカ税制改革と減価償却問題」『企業会計』第 39 巻第 4号，86-93 頁

矢内一良［2011］『米国税務会計史』中央大学出版部

矢内一良［2012］『現代米国税務会計史』中央大学出版部

柳田仁［2009］「法人税法上の減価償却に関する基礎的考察」『国際経営論集（神奈川大学）』第 37 号，17-26 頁

第 12 章　ドイツの減価償却制度

日本大学准教授　**藤井　誠**

Ⅰ　は じ め に

　ドイツ語において減価償却を意味する語は Abschreibung であるが，schreiben の動名詞である Schreibung は「書くこと」，「記入すること」という日本語に訳される。そして，Ab は「分離」を表し，ここでは「除去」の意味を持つことになる。すなわち，Abschreibung の語源的な意味としては，「除去記入」という直訳がなされることになるだろう。ドイツの減価償却に関する文献では，貸借対照表評価 (Bilanzbewertung) の文脈において，しばしば「減価記入」という訳語が用いられている (黒田 [1987] 257 頁等)。Abschreibung には「消却」の訳語が当てられるべきであり，固定資産の最終的な使用価値の喪失あるいは物理的な使用不能という事実に着目して，経済的な価値の減少を意味する「減価」を意味するドイツ語が Abnutzung であるという記述もみられる (木村 [1965] 45 頁)。

　また，Absetzung für Abnutzung という表現は，ドイツ所得税法 (Einkommensteuergesetz：EStG) において用いられ，「消耗または損耗のための取り消しないし消却」という意味となり，ここでも「消す」という内容が含意されている。

Abschreibung という用語は固定資産の減価配分手続としての減価償却のみを意味するに留まらず，棚卸資産や金融資産を含め，広く資産価値の減少を記入することを意味する（黒田［1987］257頁）。資産の当初認識とその後の評価（Zugangs-und Folgebewertung）に関する内容を規定するドイツ商法は，設備資産等のみならず無形資産はもちろんのこと，棚卸資産および金融資産をも含めているのである（Handelsgesetzbuch：HGB §253）。

このほか，Abschreibung に類似する意味を持つ Wertberichtigung が用いられることがあり，Wert は「価値」を，Berichtigung は「正しくすること」すなわち「修正」をそれぞれ意味する。この2つの用語は，ともに簿価の切り下げを意味するものであるが，Abschreibung が直接法を，Berichtigung が間接法を意味するものとして用いられるという相違点もある（黒田［1987］257頁）。

以上を踏まえ，減価償却という研究課題に鑑み，本稿においては一般的な意味での減価償却の対象となる固定資産に係るドイツの減価償却制度とこれに関連する内容を取り扱うこととしたい。したがって，棚卸資産や有価証券，金銭債権の減価記入については特に必要のない限り言及しない。なお，本稿において，Abschreibung と Absetzung für Abnutzung はともに取得原価を資産の使用期間に配分するという趣旨のものであること，そして，価値を減少させる記入を行うという点において共通性を見出せるため，特段の必要性がない限りにおいていずれも「減価償却」の訳語を当てることとする。

Ⅱ　法人所得関連税制

株式会社（Aktiengesellschaft：AG）および有限責任会社（Gesellschaft mit beschränkter Haftung：GmbH）等の法人は，その稼得する所得について，以下の税を負担しなければならない。

① 　法人税（Körperschaftsteuer）
② 　営業税（Gewerbesteuer）

③ 連帯付加税（Solidaritätszuschlag）

法人税は直接的には法人税法（Körperschaftsteuergesetz：KStG）に規定されているが，所得の決定（Ermittlung des Einkommens）について，同法は所得税法および法人税法の定めるところによるものとしたうえで（KStG §8 Abs.1 Satz 1），その所得（Gewinn）は，所得税法の一般的な所得概念規定（Gewinnbegriff im Allgemeinen）において，資本の増減を除き，事業年度末における事業財産（Betriebsvermögen）と前事業年度末における事業財産との差額であると規定され（EStG §4 Abs.1 Satz 1），商法上の貸借対照表（HGB-Bilanz）の利益を起点として，税法規定による所要の修正を施して計算される（KStR §29）。

1980 年に 56% であった法人税率[1]は，1990 年に 50%，1999 年に 45%，2001 年に 25% と段階的に引き下げられ，2008 年以降現在までの税率は 15% であり，1980 年当時と比較するとおよそ 4 分の 1 の水準となっている。これに呼応して，法人税と所得税の二重課税調整や減価償却等の規定変更による課税ベースの拡大が図られてきている。

地方税である営業税は，営業税法（Gewerbesteuergesetz：GewStG）に規定されており，日本の事業税に類似する性質の税目である。営業税率は，全国一律の 3.5% に加え，市町村毎に設定する最低税率 200% から最高税率 490% の賦課率（Hebesatz）が適用される。賦課率は人口の多い大都市の方が高い傾向にある。例えば，バイエルン（Bayern）州ミュンヘン（München）市のケースでは最高税率である 490% の税率が適用されるため，一律税率の 3.5% に 490% を乗じた 17.15% が実質的な営業税率となる。

連帯付加税は連帯付加法（Solidaritätszuschlaggesetz：SolzG）において規定され，東西ドイツ統合による財政負担を国民に求める目的で，法人税額の 5.5% が付加される（SolzG §4）。

課税所得を 100 とした場合，各税額は以下の通りとなる（営業税の賦課率は

---

(1)　当時，配当利益については 36% の軽減税率が適用されており，配当軽課措置は 2001 年に法人税率が 25% となる前まで実施されていた。

最低税率と最高税率の単純平均値である345%で計算)。

① 法人税 ：100×15% ＝15
② 営業税 ：100×3.5%×345%＝12.075（200%の場合7，490%の場合17.15)
③ 連帯付加税 ：100×15%×5.5% ＝0.825

①～③の合計によって求められる法人所得課税に対する実効税率は27.9％となり，最低税率は22.825%，最高税率32.975%となる。日本の法人所得課税と比較すると，平均実効税率は近似しているものの，地方税の幅が大きいことが特徴となっている。

なお，減価償却については，個人所得を対象とする所得税法（EStG）および所得税法施行令（Einkommensteur-Durchführungsverordnung）に規定されている。そのため，所得税法も本稿において取り扱う。

Ⅲ　通常の減価償却

1　固 定 資 産

貸借対照表において固定性配列法をとるドイツでは，商法において貸借対照表の構造（Gliederung der Bilanz）を規定する中で，借方（Aktivseite）の上位に設備（固定）資産（Anlagevermögen）を配し，内部生成された法的権利やライセンスのような購入した権利ならびにのれん等の無形固定資産（Immaterielle Vermögensgegenstände），土地や建物ならびに機械装置等の有形固定資産（Sachanlagen），関係会社株式および貸付金ならびに投資有価証券等の財務資産（Finanzanlagen）の3つに区分する（HGB §266 Abs.1）。

2　取得原価・製造原価

商法は，評価基準（Bewertungsmaßstäbe）に関する規定において，減価償却の基礎となる取得原価（Anschaffungskosten）について，資産（Vermögensgegenstand）の購入（erwerben）のために果たされた費用（Aufwendungen）

であると規定している（HGB §255 Abs. 1 Satz 1）。

　所得税法は，評価（Bewertung）に関する規定において，消耗（Abnutzung）にさらされる固定資産の経済財（Wirtschaftsgüter）は，減価償却額（Absetzungen für Abnutzung）や割増償却（erhöhte Absetzungen）ならびに特別償却（Sonderabschreibungen）等を控除した取得原価または製造原価（Anschaffungs-oder Herstellungskosten）を見積もるべき（anzusetzen）であると規定している（EStG §6 Abs. 1 Nr. 1）。経済財とは，資産を意味する所得税法上の用語である（久保田［2014］42頁）。

　なお，土地は消耗または損耗する性質のものではないことから，商法および所得税法のいずれにおいても減価償却の対象とはされていない。

3　商法における減価償却

　資産の評価は個別評価が原則であり，商法は「財産対象物および負債は決算日に個別に評価されなければならない。」と規定し（HGB §252 Abs. 1 Satz 3），さらに，所得税法も原則として個々の資産ごとに評価を行うことを定めている（EStG §6 Abs. 1）。

　商法上，資産の評価額は取得原価を最高値とし，減価償却（Abschreibungen）を控除して見積もることとされ（HGB §253 Abs. 1 Satz 1），特にその使用（Nutzung）に時間的な限りがある固定資産については，計画的減価償却（planmäßige Abschreibungen）を控除した取得原価を付すべきことが規定されている（HGB §253 Abs. 3 Satz 1）。計画とは，取得原価をその資産が使用されうると予測される事業年度（voraussichtlich Geschäftsjahre）に配分（verteilen）すべきことであるとしている（HGB §253 Abs. 3 Satz 2）。

　商法において，減価償却方法に関する明文規定は設けられていないことから，後述する正規の簿記の諸原則（Grundsätze ordnungsmäßiger Buchführung：GoB）に従うことになる。GoBはいわゆる公正な会計慣行に相当するものであり，GoBにおける広範囲に及ぶ様々な減価償方法の存在がある中で，商人は選択権を有する（Preißer［2007］S. 95, Zenthöfer［2013］S. 352）。

4 税法における減価償却（Absetzung für Abnutzung：AfA）

所得税法第7条は，経済財の使用または枯渇のための減価償却（Absetzung für Abnutzung oder Substanzverringerung）について規定している。その内容は，所得獲得のために使用され，使用可能期間が1年を超える経済財（Wirtschaftsgütern）は，その使用期間にわたり毎期均等額の原価配分，すなわち定額法による減価償却（lineare AfA）がなされなければならないというものである（EStG §7 Abs. 1 Satz 1 und 2）。商法と同様に，所得税法もまた義務規定として減価償却を要求しているのである（Horschitz et al. [2007] S. 320）。ただし，商法が減価償却方法を規定していないために GoB に従うのに対し，所得税法は原則として定額法による償却を規定している点が異なる。

減価償却資産の残存価額に関する規定はなく，通常は零とされる。なお，期中に取得した資産については月割償却が行われる（EStG §7 Abs. 1 Satz 4）。

かつて，所得税法第7条は基本的償却方法である定額法（ehemaliges EStG §7 Abs. 1 Satz 1）のほかに，生産高比例法に相当する給付比例法（Leistungsabschreibung）（ehemaliges EStG §7 Abs. 1 Satz 3）ならびに逓減法[2]（degressive AfA）（ehemaliges EStG §7 Abs. 2）の適用を認めていた。定額法と逓減法の適用関係については次のとおりである。まず，逓減法から定額法への変更は認められている（EStG §7 Abs. 3 Satz 1）。この場合，変更時点における個々の資産の未償却残存価値（vorhandenen Restwert）に応じた残存使用期間（Restnutzungsdauer）を算定し（EStG §7 Abs. 3 Satz 2），その期間にわた

---

(2) 逓減法（degressive AfA）は必ずしも定率法を意味するものではなく，以下の3つの方法を包摂するものである（森川 [1987] 272-273頁）。
　① 幾何逓減法（geometrisch-degressive AfA）
　　　年次償却額は，経済財の帳簿価額，すなわち未償却残額に一定の償却率を乗じて算定される方法であり，定率法に相当するものである。
　② 算術逓減法（arithmetisch-degressive AfA）
　　　使用年数の総和を分母とし，残余使用年数を分子として算出した償却率に経済財の取得原価を乗ずる方法であり，級数法に相当するものである。
　③ 段階逓減法（Abschreibung in Staffelsätzen）
　　　事業の慣行使用年数をいくつかの段階に区分し，同一段階にある事業年度においては同一の償却率を適用する方法である。

り毎期均等額を減価償却する。通常，この変更が有効なのは，逓減法による減価償却額を定額法によるそれが上回る場合である（Zenthöfer［2013］S. 370）。これに対し，定額法から逓減法への変更は認められない（EStG §7 Abs. 3 Satz 3）。これは，納税者にとっての有利不利の問題というより，残存価値を零とする場合，逓減法では途中で定額法に切り替えることが不可欠であるという事情もあるものと思われる。

このほか，計画的減価償却の方法として，物質自体の消費（Verbrauch）をもたらす鉱山企業や採石場等を対象とする物質の消費量に応じた（nach Maßgabe des Substanzverzehrs）実体減耗（枯渇）償却（Absetzung für Substanzverringerung：AfS）が規定されている（EStG §7 Abs. 6）。現在では生産高比例法が廃止されているが，減耗償却は存置されている。周知のように，減価償却方法としての生産高比例法と減耗償却は，ともに費用性資産の取得原価を各会計期間に配分する手続である点，そして，その配分計算方法は同様であるが，減価償却は固定資産の価値の減少に着目して実施するものであるのに対し，減耗償却は固定資産の物量的な減少に着目して実施するという点で性質を異にするものである。それゆえ，複数の選択肢が認められていた減価償却方法が定額法のみとされたことは，減耗償却にまで波及しなかったと思われる。

2008年，企業税制改革法（Unternehmensteuerreformgesetz）により，給付比例法および逓減法が廃止されることとなった。この改正は，法人税実効税率の引き下げに伴う課税ベース拡大の一環である。その主たる内容は，実効税率をおよそ30％とする減税と給付比例法および逓減法の廃止による増税である。こうして，2008年以降取得の資産については定額法のみが適用されることとされたが，翌2009年にはリーマンショックに端を発する金融危機に対応する目的での景気刺激策として，逓減法の再導入が実施された（Weber und Kai［2011］S. 84）。この措置は，2009年1月1日から2010年12月31日に取得した資産に適用が認められ（EStG §7 Abs. 2 Satz 1），減価償却は帳簿価額に一定率を乗ずることにより計算されるが，通常（定額法）の

減価償却費の 2.5 倍を超えてはならず，かつ，償却率は 25% を超えてはならない（EStG §7 Abs. 2 Satz 2）。

5　使用期間（Nutzungsdauer）

　商法は，固定資産の減価償却について，取得原価の使用期間にわたる配分を求めているが，原則として期間の見積もりは企業側に任されている（HGB §253 Abs. 3 Satz 2）。しかし，例外的に見積もりが困難である無形資産については，10 年間で償却しなければならず（HGB §253 Abs. 3 Satz 3），この規定はのれんについても準用される（HGB §253 Abs. 3 Satz 4）。

　所得税法の規定する経済財の償却（Absetzung）は，事業上通常（betriebsgewöhnlichen）の使用期間に基づいて測定される（EStG §7 Abs. 1 Satz 2）。商法が単に使用期間としているのに対し，税法は「事業上通常」という表現が付される。そして，建物については，原則として年 3% の定額法償却（使用期間 33.3 年に相当）が規定されている（EStG §7 Abs. 4 Nr. 1）。また，のれん（Geschäfts-oder Firmenwert）の償却期間は原則として 15 年と定められているが（EStG §7 Abs. 1 Satz 3），この他の資産については，使用期間を直接規定している文言は存在しない。

　なお，建物については，他の資産と同様に定額法により償却されるが，以下の規定が設けられている[3]（EStG §7 Abs. 4）。

　①　事業資産（Betriebsvermögen）に帰属し，かつ，居住目的（Wohnzwecken）ではない建物で，1985 年 4 月 1 日以後（nach dem 31. März 1985）に建築申請（Bauantrag）がなされたもの：年 4%

　②　①の要件を満たさない建物

A　1925 年 1 月 1 日以後（nach dem 31. Dezember 1924）に完成した建物：年 2%

B　1924 年 12 月 31 日以前（vor dem 1. Januar 1925）に完成した建物：年 2.5%

　このように，商法は使用期間に関する具体的な規定を持たず，所得税法も

第12章　ドイツの減価償却制度　293

原則として同様の姿勢をとる。そこで，恣意的な減価償却を制限する目的で（Weber und Kai［2011］S.83-84），2001 年 1 月 1 日から，ドイツ連邦財務省（Bundesministerium der Finanzen）は，「汎用固定資産の普通償却率表（AfA-Tabelle für die allgemein verwendbaren Anlagegüter）」と「各種経済部門の普通償却率表（AfA-Tabellen für die Wirtschaftszweige）」を公表し，実務上広く利用されている。これらはいずれも固定資産の使用期間を示したものであるが，前者は機械や車両などの資産の種類毎の一覧表と資産の名称を A から Z の順で羅列したものから構成される。一方，後者は事業活動の種類毎に，廃棄物管理およびリサイクル産業（Abfallentsorgungs-und Recyclingwirtschaft）から葉巻工場（Zigarrenfabrikation）まで 101 業種に分類している。ただし，これらの表はほとんどの一般的な資産を対象としている（Haase und Steierberg［2012］p.22）ものの，必ずしもあらゆる資産を表示しているわけではない。

連邦財務省の AfA-Tabellen 前文における説明によれば，これは強制力のある法規範（bindende Rechtsnorm）ではなく，経験的知識（Erfahrungswissen）に基づいた固定資産の使用期間を推定するための補助手段（Hilfsmittel）である。しかし，納税者が見積もった使用期間がこれと異なる場合には，納

---

(3)　このほか，以下のような規定が設けられている。

　納税者によって製造されまたは完成の年の終了までに取得された EU または欧州経済協定（EEA）が適用される他の加盟国にある建物については，以下に示す，逓減法による減価償却費を算出する（EStG§7 Abs.5）。

　① 　1994 年 1 月 1 日よりも前に建築申請が行われ，または，その日よりも前に契約を締結して，正当に取得した建物（合計 25 年で償却）。

　　A　完成年度とその後の 3 年間　　：年 10%
　　B　次の 3 年間　　　　　　　　　：年 5%
　　C　その後の 18 年間　　　　　　 ：年 2.5%

　② 　1995 年 1 月 1 日よりも前に建築申請が行われ，または，その日よりも前に契約を締結して，正当に取得した建物（合計 50 年で償却）。

　　A　完成年度とその後の 7 年間　　：年 5%
　　B　次の 6 年間　　　　　　　　　：年 2.5%
　　C　その後の 36 年間　　　　　　 ：年 1.25%

　③ 　事業資産に帰属し，かつ，居住目的ではない建物で，1985 年 4 月 1 日以後に建築申請がなされたものという条件に該当しない建物で，納税者の居住目的を果たすものについては，さらに詳細な規定が存在する。

税者はその見積もりに合理性があることを示す必要があるため，AfA-Tabellen は実質的な法定使用期間表として機能している。逆に言えば，合理のある経済的理由を証明できるのであればこれを逸脱することも可能ということである（Haase und Steierberg [2012] p. 22）。

6 少 額 資 産

　他の資産から独立して使用可能な少額資産については，取得価額により2つに区分され，それぞれ以下のように取り扱われる（EStG §6 Abs. 2 a Satz 1 und 2）。なお，金額の判定は日本の消費税に相当する付加価値税（Mehrwert-steuer：MWSt）を除いて行う。

　①　取得原価が150ユーロ以下の資産

　　取得年度において全額が損金に算入される。

　②　取得価額は150ユーロ超1,000ユーロ以下の資産

　　合計取得価額（Sammelposten）を基礎として，5年間での均等償却を行う。

　なお，2010年1月1日以降に取得等した得価額410ユーロ以下の少額固定資産については，即時に全額（voller Höhe）を損金（Betriebsausgaben）として処理する方法を選択的に認める規定が導入された（EStG §6 Abs. 2 Satz 1 und 2）。

7 無形資産およびのれん（Geschäfts-oder Firmenwert）

　2008年の商法改正前，無形固定資産については，企業外部からの有償取得の場合のみ取得原価によって資産計上することが認められ（ehemaliges HGB §255 Abs. 4 Satz 2 und 3），自己創出（selbst geschaffene）の無形資産はその計上が禁止されており，のれんも同様であった（ehemaliges HGB §248 Abs. 2）。のれんは，原則として資産計上して翌年度から25％を償却率として定額法償却，すなわち取得年度を含めて5年間での償却，あるいは，即時償却または使用可能期間での償却が求められていた（ehemaliges HGB §255

Abs. 4 Satz 2 und 3）。

図表 1　BilMoG 前の商法規定

項　目	自己創出	有償取得
の　れ　ん	B/S 計上禁止 ehemaliges HGB §248 Abs. 2	B/S 計上選択権 ehemaliges HGB §255 Abs. 4
その他の無形資産		B/S 計上義務 ehemaliges HGB §246 Abs. 1

　2008 年改正により，自己創出の無形資産について，資産計上を選択することが認められることとなった（HGB §248 Abs. 2 Satz 1）。また，開発費の資産計上についても選択権が認められる（HGB §255 Abs. 2 a Satz 1）。なお，ブランドや印刷権，出版権，顧客リストおよびこれらに類する無形資産，研究費の資産計上は禁止される（HGB §248 Abs. 2 Satz 2, §255 Abs. 2 Satz 4）。

　有償取得ののれんについてはこれを資産計上すること，そして，他の固定資産と同様に使用可能期間にわたっての計画的減価償却が義務化された（HGB §246 Abs. 1 Satz 4）。のれんの償却については，使用期間が有限であるというのみであり具体的な使用期間に関する規定はないが，減価償却期間に関する説明を注記において示さなければならない（HGB §285 Nr. 13）。

　なお，既述のように，見積もりが困難である無形資産については，10 年間で償却しなければならず（HGB §253 Abs. 3 Satz 3），この規定はのれんについても準用される（HGB §253 Abs. 3 Satz 4）。

図表 2　BilMoG 後の商法規定

項　目	自己創出	有償取得
の　れ　ん	B/S 計上禁止 HGB §248 Abs. 2 Satz 2	B/S 計上義務 HGB §246 Abs. 1 Satz 4
その他の無形資産	B/S 計上選択権 HGB §248 Abs. 2 Satz 1 usw.	B/S 計上義務 HGB §246 Abs. 1

　所得税法において，無形資産の貸借対照表計上義務は有償取得の場合に限定され，自己創出の無形資産は計上が禁止される（EStG §5 Abs. 2）。また，

所得税法ではのれんの償却期間は 15 年と規定されている（EStG §7 Abs. 1 Satz 3)。

図表 3　所得税法規定

項　目	自己創出	有償取得
の　れ　ん	B/S 計上禁止	B/S 計上義務
その他の無形資産	EStG §5 Abs. 2	EStG §5 Abs. 2

Ⅳ　例外的な減価償却

1　計画外減価償却（außerplanmäßige Abschreibungen）

商法において，使用が時間的に有限であるか否かにかかわらず，固定資産の潜在的に継続する（voraussichtlich dauernder）価値の低下（Wertminderung）については，その低い価値をもって（mit dem niedrigeren Wert）計画外減価償却が実施されなければならない（HGB §253 Abs. 3 Satz 5)。この規定は，使用期間が有限であることを条件としないため，棚卸資産や土地等も適用対象となる。なお，金融資産について生じた計画外減価記入は，恒久的な価値の低下（dauernder Wertminderung）が予想されない場合であっても計上することが可能である（HGB §253 Abs. 3 Satz 6)。

評価損計上事実が消滅した場合には，戻入れを行わなければならない（HGB §253 Abs. 5 Satz 1)。ただし，のれんについてのみ，戻入れが禁止されている（HGB §253 Abs. 5 Satz 2)。

2　部分価値減価償却（Teilwertabschreibungen），異常償却（Absetzung für außergewöhnliche technische und wirtschaftliche Abnutzung：AfaA）

所得税法は，持続的な価値の減少が見込まれる場合には，経済財（流動資産を含む）につき部分価値（Teilwert）に基づくより低い価値での評価を認めている（EStG §6 Abs. 1 Nr. 1 Satz 2)。この部分価値償却は，商法における計

第12章　ドイツの減価償却制度　297

画外減価償却に相当するものであるが，選択権があるとことに商法との違いがある。

　部分価値とは，税法に固有の概念であり（井上［1988］81頁），時価を意味するものであるが（Jochum und Thiele［2013］p. 46），より具体的には，「事業全体の取得者が，その取得を継続するとの想定のもと，購入総額の枠内においてそれぞれの経済財に付す価額である」と規定されている（EStG §6 Abs. 1 Satz 3）。部分価値の上限は，計画的減価償却累計額を控除した再調達価額であり，下限は個別売却価額を意味する（井上［1988］82, 112頁）。そして，評価損計上事実が消滅した場合には，価値回復が行われなければならない（EStG §6 Abs. 1 Satz 4）。

　このほか，所得税法では，もう一つの例外的な減価償却である「異常な技術的および経済的摩耗のための償却」（Absetzung für außergewöhnliche technische und wirtschaftliche Abnutzung：AfaA）の適用が認められている（EStG §7 Abs. 1 Satz 7）。

3　特別償却（Sonderabschreibungen），割増償却（erhöhte Absetzungen）

　所得税法第7条は，使用または枯渇のための減価償却（Absetzung für Abnutzung oder Substanzverringerung）について規定しているが，続く第7 a条では，増加償却および特別償却のための一般規定（Gemeinsame Vorschriften für erhöhte Absetzungen und Sonderabschreibungen）が定められている。なお，従前存在していた規定の多くは削除されており（EStG §7b, 7c, 7d, 7e, 7f und 7k），現在ではかなり限定的なものとなっている。

　①　特別償却（Sonderabschreibungen）（EStG §7a Abs. 4）

　特別償却は普通償却と合わせて適用可能であり，中小企業振興目的の投資控除および特別償却（Investitionsabzugsbeträge und Sonderabschreibungen zur Förderung kleiner und mittlerer Betriebe）が規定されている（EStG §7g）。

　②　割増償却（erhöhte Absetzung）（EStG §7a Abs. 3）

割増償却は普通償却に代替して適用可能であり，再開発等地域における建物に係る増加償却（Erhöhte Absetzungen bei Gebäuden in Sanierungsgebieten und städtebaulichen Entwicklungsbereichen）に関する規定（EStG §7h），歴史的建造物に係る増加償却（Erhöhte Absetzungen bei Baudenkmalen）（EStG §7 i）に関する規定が設けられている。

V 基準性原則

1 基準性原則（Grundsatz der Maßgeblichkeit）

所得税法は，「法律の規定に基づいて帳簿記入を行い，定期的な決算を行う義務を課される事業者，あるいはこの義務のない事業者は，税務上の選択権の行使あるいは他の方法が選択されない範囲において，事業年度末に商法の正規の簿記の諸原則（GoB）により表示されるべき事業財産を計上しなければならない。」と規定している（EStG §5 Abs. 1 Satz1）。すなわち，税務貸借対照表（Steuerbilanz）は商事貸借対照表（Handelsbilanz）に基づいて作成されることを規定しており，これを「商事貸借対照表の税務貸借対照表に対する基準性原則（Grundsatz der Maßgeblichkeit der Handelsbilanz für die Steuerbilanz）」という。基準性原則は，単に課税所得の計算を商事貸借対照表における利益を起点とすることを意味するに留まらず，商事貸借対照表の評価が税務貸借対照表の評価の前提となることを意味し，税務貸借対照表は商事貸借対照表から HGB に優先する特別規定（Sonderbestimmungen）による微調整（Feinabstimmung）により（Weber und Kai［2011］S. 75），すなわち，誘導的に（武田［1962］64頁）作成されることをいう。

また，所得税法は，「課税所得計算における税法上の選択権は，商法上の年次決算書と一致して行使されなければならない」（ehemaliges EStG §5 Abs. 1 Satz 2）として，税法規定が商法において詳細に規定されていない場合に，税法規定による処理を商事貸借対照表に反映させることを要求していた。これを逆基準性原則（Grundsatz der Umgekehrten Maßgeblichkeit）という。

なお，後述する BilMoG により，逆基準性原則は撤廃されている。

2 正規の簿記の諸原則（Grundsätze ordnungsmäßiger Buchführung：GoB）

ドイツ商法（HGB）は，記帳義務（Buchführungspflicht）に関する規定において，正規の簿記の諸原則（GoB）を規定している（HGB §238 Abs. 1）。その内容は，「すべての商人は，帳簿を作成し，その帳簿に商行為および財産の状況を正規の簿記の諸原則に従って明瞭に（ersichtlich）記載しなければならない。」というものである。さらに，同法は「年次決算書は，GoB に基づいて，明確かつ簡潔に作成されなければならない」旨を規定している（HGB §243 Abs. 1 und 2）。

また，既に述べたように所得税法は基準性原則規定の中で，GoB が商事貸借対照表だけなく，税務貸借対照表にも及ぶことが明文化されている（EStG §5 Abs. 1 Satz 1）。

GoB は，簿記のみならず，正規の貸借対照表作成の諸原則（Grundsätze ordnungsmäßiger Bilanzierung）として，貸借対照表の作成局面においても適用される広範な概念であり，その主な内容は次のとおりである（Pilz［2009］S. 85）。

① 完全性（Vollständigkeit）
② 相殺禁止（Saldierungsverbot）
③ 貸借対照表真実性（Bilanzwahrheit）
④ 貸借対照表明瞭性（Bilanzklarheit）
⑤ 貸借対照表継続性（Bilanzkontinuität）

このように，ドイツの「正規の簿記の諸原則（GoB）」と日本の企業会計原則における「正規の簿記の原則」は名称こそ極めてよく似ているものの，前者が真実性の原則をも内包するより広い意味で使われるのに対し，後者は真実性の原則の下位に位置づけられ，その相違が複数形と単数形の違いとして表されている。

3 貸借対照表法現代化法
(Bilanzrechtsmodernisierungsgesetz：MilMoG)

2009年，貸借対照表法現代化法（MilMoG）が成立し，2010年1月1日開始事業年度より適用されている。BilMoGはドイツの大多数を占める証券市場において資金調達を行っていない公開企業（publizitätspflichtigen Unternehmen）につき，市場と投資家に対して，明瞭であり，かつ，より簡便でよりコストのかからないIFRSの代替基準を与えるものとされる（Werber [2011] S. 77）。

BilMoGにおいては，HGBが頂点となり，分配可能計算と租税上の所得算定の基礎としてあり続けることを前提に，HGBにIFRSとの同等性を与えようとすることが意図されている（BilMoG, Problem und Ziel）。

BilMoGは，HGB決算書により大きな説得力を与え，International Financial Reprting Standards：IFRS／International Accounting Standards：IASに接近させつつも，分配計算（Ausschüttungsbemessung）および課税所得決定（steuerliche Gewinnermittlung）のための基礎と位置づけることを止めていない（Weber und Kai [2011] S. 77，木下 [2008] 132頁）。すなわち，BilMoGに込められた意図は，IFRSへの全面的なコンバージェンスを志向するのではなく，HGBを頂点とする実現主義を含むGoB，そして，基準性原則の堅持にある。

HGBとIFRSの適用関係は，次の表に示すとおりである。上場企業にIFRSの適用を強制するとともに，個別決算書の開示に関してのみIFRSの選択適用を認めていることは，IFRSの利用目的の範囲を情報開示に限定しているのであり，配当および課税目的には適用を認めないことを意味するものといえよう。

第 12 章　ドイツの減価償却制度　301

図表 4　会計基準の適用関係

区　分	連結財務諸表	個別財務諸表
上 場 企 業	IFRS（強制）	HGB （ただし IFRS 公表を妨げず）
非上場企業	IFRS と HGB の選択	HGB （ただし IFRS 公表を妨げず）

　BilMoG によっても，従前と同様に基準性の原則は堅持されているため，現在も HGB により作成される個別財務諸表は，従前通り配当可能利益算定及び課税所得の計算の起点となる。しかし，問題が指摘され続けていた逆基準性原則は廃止され，税法上の選択権は商事貸借対照表から独立して実行されることとなり（Zinn［2012］p.12），商事貸借対照表に影響を及ぼすことはなくなった。これにより，商事貸借対照表と税務貸借対照表の乖離が進むこととなっている（Zinn［2012］p.12）。

　なお，BilMoG により，所得税法の基準性原則規定にそれまでなかった「税務上の選択権（steuerlichen Wahlrechts）の行使（Ausübung）あるいは他の評価（Ansatz）が選択されない範囲において」という文言が挿入され（EStG §5 Abs.1 Satz 1），さらに，「課税所得計算に際して，税務上の選択権が行使されるための前提条件（Voraussetzung）は，商法上の経済財は特に継続的に収録されるべき目録（Verzeichnisse）において示されることである」という文が追加された（EStG §5 Abs.1 Satz 2）。この目録においては，①取得または製造日，②取得原価または製造原価，③行使された税務上の選択権の規定，④見込まれる減価償却額の 4 項目が示されなければならない（EStG §5 Abs. 1 Satz 3）。

　以上のことは，BilMoG によって逆基準性が廃止されたに留まらず，基準性原則にも変化が生じさせた。BilMoG 前の基準性原則は，商事貸借対照表と税務貸借対照表では同じ減価償却方法が選択されなければならないという一貫性の原則が存在した（Preißer［2007］S.96）。しかし，一連の改正は，商法上の選択権から税務上の選択権が離脱することを税法が容認したことを意

味する。すなわち，逆基準性の廃止は基準性原則の拘束性を弱めるという結果をもたらしたのである。

商法は，19世紀以来，債権者保護（Gläubigerschutzprinzip）を主目的に据えており，この点において税法とは異なるものの，資産（Vermögensgegen-stand）の評価（Bewertung）においては，両者とも取得原価主義（Anschaffungswertprinzip）を採用しており（Pilz［2009］S. 88-89)，公正価値評価を基本とするIFRS／IASとは本質的に異なる。そのため，投資家への情報提供目的に限定してIFRS／IASの適用を認めるが，それはとりもなおさず，取得原価主義，そしてこれを表裏一体である実現主義（Realisationprinzip）の堅持であるといえるのである。

Ⅵ 備忘価値（Erinnerungswert）

1 備忘価値の目的

ドイツでは，減価償却を実施する際に残存価値[4]は零とされるのが通常であるが，この場合，1ユーロの備忘価値（Erinnerungswert）を付すのが一般的である。貸借対照表項目の減価償却を0ユーロまでで続行するのでなく，貸借対照表項目毎に1ユーロの備忘価値を残すことは，商法だけでなく税法の目的にも適うものであるとされる（Horschitz et al.［2007］S. 320)。

備忘価値については，日本の法人税法に同様の規定が見られるものの（法人税法施行令第61条第1項二)，イギリスやアメリカには存在しない。改めていうまでもなく，備忘価値として1ユーロを付すのと，残存価値を1ユーロとするのでは，意味は全く異なる。

法人がその所有する資産につき，減価償却を終えてもなお備忘価値を付すことについて，商法ならびに所得税法は規定を置いていない。備忘価値は，ドイツにおいて古くから行われている「1マルク勘定」に由来するものであ

---

(4) 残存価値をドイツ語で表すとRestwertとなるが，この用語は各営業年度末における減価償却を実施した後の未償却残額を意味するものである。

第12章　ドイツの減価償却制度　303

り，「嘗ては財産としての価値を有していたものが，いまやそれが無価値の
ものであるのだが，これを1マルク勘定として表示することにより会計上の
記録として保存しておこうとする思考に基づくものであり，簿外資産の発生
を防止するためのものである」とされる（山下［1959］549頁）。

2　備忘価値の起源

　備忘価値の起源はさらに遡ることができる。1890年代後半から20世紀初
頭にかけて，それまではほとんど見られなかった秘密積立金が，固定資産の
100％減価償却という会計処理により急速に普及するという実態があった
（津守［1961］53-54頁）。そして，このような過大な減価償却は，貸借対照表
における帳簿価額よりも大きい価値を有する資産が実際には存在するのであ
るから，実際の価値と帳簿価額との差額が貸借対照表に表示されないことと
なり，同時に，貸方側にも同額の秘密積立金が潜在することになる。

　実際には貸借対照表に姿を現さない秘密積立金は，それ自体必ずしも好ま
しからざるものというわけではなく，経済的合理性のある減価償却が実施さ
れれば，「恣意的ではない」秘密積立金が生じることになる（Preißer［2007］
S.95）。しかし，過度な減価償却は過大な秘密積立金を創出することになる。

　100％減価償却を実施するのであれば，何も1マルクの備忘価値を残す必
要などないように思えるが，あえてそうするのは，備忘価値をはるかに超え
る価値のある資産が実際には存在することを示すという目的があるからに他
ならない。過大な減価償却とこれに伴う秘密積立金の生起は，利益の減少と
いう結果を来たし，法人にとっては，①配当の抑制，②賃金水準の抑制，③
税負担の抑制という3つの恩恵を得ることが指摘されている（津守［1961］
65頁）。

　その結果，法人内部に留保される金額が増加することになり，債権者にと
っては有益なものとなる。このことは財務諸表における利益が歪曲されたも
のであるという重要な問題を抱えながらも，債権者の保護という観点からは
肯定されるものといえ，その名残が現在の会計慣行においても見出されると

考えられる。

　このように，備忘価値を付すという会計処理は，まず実務の中において芽吹き，次いで一般に公正妥当な会計処理（GoB）として一般化したというのである（津守［1961］51-52頁）。かくして，100％減価償却と秘密積立金に端を発した備忘価値はGoBとなり，これが商事貸借対照表に記載されることを経て，基準性原則によって税務貸借対照表に謄写されることになるのである。

3　備忘価値の評価単位

　ここまで備忘価値の歴史的経緯について整理し，その機能として，秘密積立金の設定と財産管理の観点からの簿外資産の防止という2つがあることを述べてきた。しかし，ここで留意すべきは，備忘価値を付す対象となる資産の評価単位についてである。備忘価値を付すべき単位は個々の資産（einzelne Wirtschaftsgut）ごとではなく，貸借対照表項目でよいとする見解がある（Horschitz et al. ［2007］S.320）。しかし，減価償却に関する文献において掲載されている設例の類においては，個々の資産に必ず1ユーロの備忘価値が付されているのである（Knobbe-Keuk［1993］S.194, Preißer［2007］S.102, Zenthöfer［2013］S.368 usw.）。

　備忘価値の目的と評価単位の関連性について，まず，秘密積立金の計上を目的とするならば備忘価値は貸借対照表項目単位となり，つぎに，簿外資産の防止を目的とするならば備忘価値は個々の資産となる。このように，備忘価値には2つの系譜が存在するのであり，それぞれ適合する評価単位が存在するにもかかわらず，この備忘価値の2つの目的が次第に曖昧になり，それに引っ張られる形で，備忘価値の評価単位もまた混沌としてきたものと推察される。

　なお，秘密積立金の計上を目的とする場合であっても，備忘価値を個々の資産単位で付すことにそれほど大きな問題は生じない。しかし，逆の関係，すなわち，簿外資産の防止を目的としながら貸借対照表項目を単位とするこ

第 12 章　ドイツの減価償却制度　305

とは成り立たない。したがって，秘密積立金の計上と財産管理という 2 つの
目的を共に達成させるためには，個々の資産毎に備忘価値を付すことが相当
であると思われる。

4　備忘価値不要論

　備忘価値については，実務家の間から不要なのではないかとの考え方も出
ている。既に述べたように，備忘価値の機能は簿外資産の存在を防止するこ
とにあるが，それならば以下に述べる固定資産一覧表（Anlagengitter）によ
って代替可能なのではないかというのである。

　固定資産一覧表は，商法の貸借対照表および損益計算書の注釈（Er-
läuterung der Bilanz und der Gewinn-und Verlustrechnung）において規定され，
貸借対照表の付録（Anhang）として位置づけられるものである（HGB §284
Abs. 1 und 3）。固定資産一覧表には，資産毎に以下の内容が記載される。

① 　年（Jahr）
② 　資産項目（Anlageposten）
③ 　固定資産取得原価／製造原価（Anfangsbestand Anschaffungs-oder Her-
　　stellungskosten：AHK）
④ 　追加取得原価（Zugänge AHK）
⑤ 　除却取得原価（Abgänge AHK）
⑥ 　振替取得原価（Umbuchungen AHK）
⑦ 　現在および過去の減価償却累計額（kumulierte Abschrei-bungen des ak-
　　tuellen und der vorigen Geschäftsjahre）
⑧ 　帰属（Zuschreibungen）
⑨ 　当事業年度の簿価（Buchwert des laufenden Geschäftsjahres）
⑩ 　前事業年度の簿価（Buchwert des vorigen Geschäftsjahres）
⑪ 　当事業年度の減価償却（Abschreibungen des aktuellen Geschäftsjahres）

　以上のような詳細な情報が記録されるため，備忘価値を付す必要性はない
のではないかという実務上の意見も理解できなくはない。しかし，固定資産

一覧表は，財務諸表監査の場面におおける監査人に対する説明，あるいは，税務調査に際しての税務当局に対する説明としては有効であっても，仕訳帳および元帳とは異なる付随的な位置づけのものに過ぎないのであり，簿記の主要な役割の一つである財産管理の観点からは，固定資産一覧表が主要簿に代替するには至らないものと思われる。

Ⅶ　お　わ　り　に

　商法の減価記入（Abschreibung）と所得税法の減価償却（AfA）規定との関係はつぎのように整理される。

図表5　商法の減価記入規定と税法の減価償却規定の関係

商　　法（HGB）	所得税法（EStG）
計画的減価償却（義務） （planmäßig Abschreibungen） 〔HGB §253 Abs. 2 Satz 1〕	普通減価償却（AfA）（義務） 減耗償却（AfS）（義務） 〔EStG §7 Abs. 1 und 6〕
計画外減価償却（義務） （außerplanmäßige Abschreibungen） 〔HGB §253 Abs. 2 Satz 3〕	部分価値償却（Teilwertabschreibungen）（選択） 〔EStG §6 Abs. 1〕 臨時償却（AfaA）（選択） 〔EStG §7 Abs. 1 Satz 7〕
規定なし	特別償却（Sonderabschreibungen）（選択） 割増償却（erhöhte Absetzungen）（選択） 〔EStG §7a Abs. 3 und 4〕〕

　ドイツでは，特に今世紀に入ってからの法人税率の急激な低下による税収減を補うべく課税ベースの拡大が図られてきた。その具体的な方策の一つとして減価償却における定額法一本化が実施され，特別償却・割増償却といった政策的減価償却規定は大幅に縮減された。この点は，日本の近年の税制改正における議論でも同様の傾向が見られる。ただし，減価償却の本質が原価配分にあることに鑑みれば，減価償却方法を変更したとしても全期間を通じた全体計算において損金算入される金額に変化は生じない。

第 12 章　ドイツの減価償却制度　307

　所得税法は，減価償却方法について毎期同額の原価配分を要請しており，減価償却方法として定額法を原則とし（Jochum und Thiele［2013］p. 46, Ardizzoni et al.［2005］p. 2027），逓減法等は例外的な位置づけとされてきた。このことは，日本では設備資産等について定率法が法定減価償却方法とされていることと大きく異なる。すなわち，定額法一本化という方策は，ドイツにおいては例外規定の削除，あるいは，原点回帰なのである。

　なお，減価償却方法について，2008 年に定額法一本化という措置がとられた翌年の 2009 年に，景気刺激策として暫定的に逓減法が復活したことは，減価償却規定が商法および税法における理論的な減価配分手続という理論的側面とは別に，固定資産の自己金融効果と呼ばれる再投資に関連する側面が強調されたものと考えられる。

　備忘価値については，秘密積立金の計上が普及の起因となって，GoB に収容されて税務貸借対照表に現れてくるという経緯を辿り，ここに財産管理の要請が介入しているという事実が，備忘価値の評価単位の相違として顕在化しているものと思われる。

【参考文献】

　・Ardizzoni, Marco et al.［2005］*German Tax and Business Law*, Sweet and Maxwell, London.

　・Haase, Florian and Daniela Steierberg［2012］*Tax law in Germany*, Verlag C. H. Beck, München.

　・Horschitz, Harald, Walter Großund Bernfried Fanck［2007］*Bilanzsteuerrecht und Buchfuehrung 11. Auflage*, Schäffer-Poeschel Verlag, Stuttgart.

　・Jochum, Heike und Philipp J. Thiele［2012］*Introduction to German Tax Law*, Richard Boorberg Verlag, Stuttgart.

　・Knobbe-keuk, Brigitte［1993］*Bilanz-und Unternehmenssteurrecht*, Verlag. Dr. Otto Schmidt, Köln.

　・Pilz, Gerald［2009］*Bilanzen lesen und verstehen*, Verlag C. H. Beck, München.

- Preißer, Michael [2007] *Unernehmenssteuer-recht und Steuerbilanz-recht 6. Auflage*, Schäffer-Poeschel Verlag, Stuttgart.
- Weber, Manfred und Kai Uwe Paa [2011] *Bilanzen*, Haufe-Lexware, Freiburg.
- Zenthöfer, Wolfgang [2013] *Einkommensteuer 11. Auflage*, Schäffer-Poeschel Verlag, Stuttgart.
- Zinn, Benedikt [2012] Tax Accounting in germany, Diplom-Kaufmann Benedikt Zinn im Herbst-/Wintersemester 2012/2013
- 井上康男 [1988]『西ドイツ法人税会計論』森山書店。
- 木村和三郎 [1965]『新版減価償却論』森山書店。
- 久保田秀樹 [2014]『ドイツ商法現代化と税務会計』森山書店。
- 黒田全紀編著 [1987]『西ドイツ新会計制度』同文舘。
- 武田隆二 [1962]「ドイツ税法における所得計算原理」『国民経済雑誌』第 106 巻第 3 号, 60-86 頁。
- 津守常弘 [1961]「ドイツ独占確立期における自己金融と決算政策 (一)」『經濟論叢』第 88 巻第 5 号, 51-66 頁。
- 森川八洲男 [1987]「諸外国における減価償却制度 (西ドイツ)」『日税研論集』第 5 号, 261-287 頁。
- 山下勝治 [1959]「備忘価額の会計機能」『企業会計』第 11 巻第 4 号, 549 頁-555 頁。

減価償却課税制度

日 税 研 論 集　第 69 号　（2016）

平成 28 年 9 月 20 日　発行

定　価　（本体 3,426 円＋税）

編　者　公益財団法人　日本税務研究センター

発行者　宮 田 義 見

東 京 都 品 川 区 大 崎 1 - 1 1 - 8
日本税理士会館 1 F

発行所　公益財団法人　日本税務研究センター

電話（03）5435-0912（代表）

製　作　第一法規株式会社